KB069642

버림받음, 고통 그리고 회복

여성을 위한 회복 안내서

버림받음,
고통
그리고 회복

여성을 위한 회복 안내서

Vikki Stark 저 | 서미아 역

학지사

역자 서문

부부상담을 하면서 남편과의 관계 속에서 절망으로 신음하고 고통으로 몸부림치는 여성 내담자들을 접할 때마다 그 고통의 깊이가 얼마나 깊은지, 그 눈물이 얼마나 아프고 쓰린지 느낄 수 있었다. 어느 날 상담실에 찾아온 중년의 아내를 잊지 못한다. 어떤 어려움이 있는지 질문했을 때 "선생님, 제가 우리 남편을 너무 많이 사랑해요."라는 첫마디를 내놓고 한동안 눈물을 흘렸다. 오랜 기간 남편을 믿고 사랑했던, 상담실 문을 두드리는 시점에서 조차 남편을 사랑하는 아내들에게 '버림받음'의 경험은 죽음의 고통보다도 더한 고통일 것이다. 오랜 기간 이러한 고통 가운데 있는 여성들에게 도움이 될 서적을 찾았고, 순간의 망설임도 없이 번역을 결정하게 되었다.

21년 동안의 안정적인 결혼생활을 하며 자신이 한 남성의 사랑받는 아내라고 굳게 믿고 있던 여성에게 "이제 우리 결혼생활은 끝났어. 나는 당신을 떠날 거야. 내 여자 친구와 동거를 시작하기로 했어."라는 말은 그 어떤 여성에게도 사실로 들리지 않았을 것이다. 그랬다. 이 책의 저자인 비키 스타크는 어느 날 갑자기 이별을 통보하고 집을 떠나 버린 남편으로 인하여 혼란과 고통 가운데 방황하는 자신의 모습을 구체적으로 기술하고 있다. 자신의 고통을 이해하기 위하여, 그렇게 갑자기 떠나 버린 남편을 이해하기 위하여 '버림받은 아내들'에 대하여 탐구하기 시작하였고 그 탐구 자료들은 이 책을 쓰게 된 배경을 이루고 있다.

이 책은 '버림받음'이 시작되는 지점에서 고통을 경험하는 과정, 아내를 버리고 떠나가는 남편들의 특성, 자녀들의 반응, 상처로부터 회복에 이르기까지의 폭넓은 내용을 담고 있다. 이 책을 읽기 전에 독자들의 이해를 돕기 위한 몇 가지를 제시하고 싶다. 첫째는 이 책에서 'WAS'라는 줄임말로 표기된 용어다. 이는 '아내를 버리는 현상(Wife Abandonment Syndrome)'에서 첫 글자만 따온 용어로서 글자 그대로 남편이 아내를 버리는 현상을 의미한다. 둘째, SWAP이라는 용어에 대한 이해다. 이는 '갑작스럽게 버림받은 아내들 프로젝트(Sudden Wife Abandonment Project)'의 첫 글자를 의미한다. 저자는 WAS를 당한 아내들의 이야기를 탐구하기 위하여 웹사이트를 개설하고 그 여성들을 직접 만나 면담을 하였는데, 이 프로젝트를 SWAP이라고 한다. 이 책은 WAS를 당한 아내들이 얼마나 혼란스럽고 고통스러운지를 깊이 있게 다루는 한편, 그들의 회복과정을 또한 체계적으로 기술하고 있다. 이 책의 2장에서는 특별한 두 단계를 다루고 있는데 하나는 회복과정을 거쳐 가는 단계를 날씨에 비유하여 8단계를 제시하고 있고, 다른 하나는 회복을 위해 '앞으로 나아가기 위한 7단계'를 제시하고 있다. 이 단계들은 이 책의 전체적 내용 속에서 기술되고 있다.

이 책에서 기술되는 중심인물은 크게 두 대상으로 구분된다. 하나는 비키 스타크 저자 자신이고, 다른 하나는 SWAP 참여자들이다. 두 대상 모두 WAS라는 공통된 경험을 하였기에, 버림받은 자로서의 고통과 절망을 절절하게 기술하고 있다. 이러한 기술들은 실제 경험에서 비롯된 것이기에 더욱 실감있게 다가와서 번역을 하는 동안 역자 자신도 울고 웃기를 거듭하였다. 번역을 하고 교정을 할 때마다 내면이 치유되는 카타르시스를 경험하며 어딘지 모르게 남아 있는 알지 못할 깊은 상처와 고통이 회복되는 것을 느낄 수 있었다. 많은 여성 내담자와 상담자, 그리고 상담을 공부하는 학생들은 이 책을 통해 부부관계에서 '버림받음'이 어떠한 경험인지를 이해할 수 있을 것이며, 그 회복과정에 대해서도 알게 될 것이다. 나아가 역자가 경험한 바와 같이 이 책을 읽는 동안 내면에 의식으로 무의식으로 깊이 자리한 고통과 아픔들이 치유되는 경험을 하게 될 것이다.

이 책이 출판되는 것에 대해 많은 분들께 감사를 드린다. 늘 따

듯한 격려로 교육자의 길을 보람있게 걸어갈 수 있도록 해 주시는 단국대학교 장충식 이사장님께 깊은 감사를 드린다. 결혼 60주년인 회혼(回婚)을 맞이하면서 부부가 어떤 길을 걸어야 하는지를 몸소 보여 주시는 모습에 깊은 존경을 드린다. 이 책의 원고를 하나하나 섬세하게 교정해 주신 학지사의 김순호 부장님과 교정을 함께해 준 안혜상 선생님, 구혜진 선생님께 감사의 마음을 전한다. 곁에서 늘 힘이 되어 주는 언니들, 정서중심상담을 공부하는 제자들, 늘 삶의 순간순간을 소중하게 느끼도록 해주는 남편, 현아, 일주에게도 고마움을 전한다.

마지막으로 떠나버린 배우자로 인하여 깊은 고통 가운데 있는 여성들과 용서할 수 없는 상처에도 불구하고 부부관계를 회복하기 위하여 몸부림치는 많은 여성에게 이 책을 전하고 싶다.

2016. 2.
역자 서미아

차 례

어머니 친구분들로부터의 지혜

"감히 말하자면 몇 년 동안의 인생 경험을 통해 보건대
내 인생에서 일어난 며칠은, 때로 밖에서 보기엔 절망적이지만
결국에는 굉장히 건설적인 일들이었다.
그저 나 스스로가 그때엔 그걸 볼 지혜가 없었던 것뿐이다."

– 릴리언 워첼

"당신 삶에서의 이러한 '방해'가 당신을 약하게 만들지 않되,
다만 당신을 이전 21년보다 훨씬 더
행복하게 할 새로운 출발과 삶으로 인도하길 바란다."

– 아이다 쿡

01

내 남편, 홀로그램[*]

2006년 가을은 내 인생에서 가장 행복한 순간들 중 하나였다.
나의 첫 책, 『나의 자매, 나 자신(*My Sister, My Self*)』이 막 출간되었고
나는 미국 전역에 있는 서점과 지역 문화센터들을 순회하며 내 책
의 주제인 자매 관계에 대해 설명하는 투어를 막 마친 참이었다.
순회 일정을 짜면서, 많은 여성이 참여하는 라디오 방송을 들으며
탁 트인 도로를 달리는 일이 얼마나 멋진 일인지는 상상하는 것만
으로도 즐거웠다. 미국 대륙을 3천 마일이나 가로질러 운전하는
현실이 내가 기대했던 것보다 훨씬 힘들다는 것이 드러났지만 적
어도 나에겐 대비책이 있었다. 매일 밤 나누는 전화 통화에서 21년
간 나와 함께한 남편은 나를 응원해 주었고 내가 얼마나 자랑스러

---

[*] 어떤 물체의 3차원 입체상이라는 뜻이다. 이 책에서는 갑작스러운 결별을 알리는 남편의 전체적
인 모습을 의미한다.

운지 말하며 항상 나를 격려했다.

　가끔 외로웠던 도로 위에서의 3주가 끝난 후, 나는 캘리포니아에서 동부로 가는 야간 항공기를 탔고 울면서 남편의 품속으로 다가가 안겼다. 집에 와서 너무나 안심이 되었고 그를 보아서 너무나 행복했다. 그 주 막바지에는 순회 일정 중 딱 한 차례만이 남았었고, 그건 내가 가장 간절히 기대하던 일정이었다. 내가 사는 몬트리올에서 책을 공식적으로 출간하는 것이었다. 내 친구들이 모두 오기로 되어 있었고(그중 몇 명은 뉴욕에서 비행기를 타고 왔다), 언론인들도 올 예정이었다. 또한 내 책의 근간이 되었던 '자매 프로젝트'에 참여했던 여성들 중 다수 역시 참석할 예정이었다. 약 100명 정도의 사람들이 올 것으로 예상되었다. 그것은 금의환향처럼 보였다. 내 인생 최고의 날이었다.

　공항에서 집으로 돌아온 후, 남편은 나를 집에 내려주고 바로 직장으로 서둘러 떠났다. 평소와 달리 좀 이상한 일이었다. 대개 그는 우리 둘 중 하나가 여행에서 돌아오면 커피 한 잔이라도 하면서 그동안 있었던 일에 대해 이야기하는 것을 좋아했기 때문이다. 나는 샤워를 했고 욕조에서 길고 까만 머리카락 한 올을 발견했지만 대수롭지 않게 여겼다. 나중에 나는 긴 머리를 가진 딸과 통화를 하며 별 생각 없이 그 애에게 최근에 집에 온 적이 있는지 물어보았다. 그 애는 내가 없는 동안 집에 온 적이 없었다고 대답했고 나는 그 일에 대해 잊어버렸다.

　그날 하루 나는 여행의 피로를 풀며 곧 다가올 책 출간에 대한 기대감으로 보냈다. 그날 오후, 남편이 퇴근하고 돌아왔을 때 그를 꼭 끌어안으며 말했다. "생선을 샀어." 그는 나를 이상하게 쳐다보며 말했다. "이제 끝났어." 나는 그를 쳐다보며 물었다. "뭐가 끝났는데?" 그는 대답했다. "이 결혼생활 말이야. 이제 끝났어. 나는 당신을 떠날 거야. 내 여자친구와 동거를 시작하기로 했어." 겁에 질린 채, 나는 그 단어들이 그의 입을 떠나 공중에서 바스라지는 것을 보았다. 쿵! 충격이었다! 나는 내가 사는 거실에서 이런 모양으로 당하기 위해 도로 위에서 23일간을 보냈던 것이다.

내 남편은 그가 불행하다거나 아니면 날 떠날 것이라는 것에 대한 언급을 한 적이 전혀 없었다. 이 일이 있기 전 몇 달 동안 그는 연하장에 "나의 온 마음을 다해 당신을 사랑해."라든지 "당신이 주는 수많은 기쁨에 대해 감사해." 그리고 "당신은 내 삶의 주춧돌이야. 예전에도 그랬고, 지금도 그렇고, 항상 그럴 거야!" 같은 애정 표현을 늘 썼다. 폭로의 그 순간까지도, 나는 그를 깊게 사랑했고, 그도 그럴 것이라고 믿었다. 만약 5분 전 누군가가 내 어깨를 톡톡 쳐서 내 결혼생활에 대해 물어본다면 나는 열광적으로 내 남편이 다른 모든 남편들과 비교해 봐도 손색없이 나를 사랑하며, 얼마나 주의 깊고 믿을 만한 사람인지, 또 그를 만난 것이 얼마나 행운이었는지를 설명하며 눈물을 그렁댔을 것이다. 그런데 이런 일이 생길 거라고는 전혀 생각지도 못했다.

사는 동안 어머니의 알츠하이머나 남편의 건강 문제와 신장 이식수술 등과 같은, 많은 난관을 함께 견뎌 내며 유대감을 쌓았기 때문만이 아니라, 그는 항상 도덕과 품위의 현신인 것처럼 행동했기 때문에 나는 그를 완전히 신뢰했다. 모두가 남편을 진실함의 가치를 지향하는 사람이라고 믿었다. 6년간이나 그가 나에게 거짓말을 하고 나를 배신했다는 것을 받아들이기가 힘들었다.

그는 내가 듣고 싶지도, 들을 필요도 없는 세세한 내용을 계속해서 설명해 나갔다. 5년 전 그가 이식수술을 받아야 한다는 것을 알았을 때, 그는 여자친구와 헤어졌다고 했다. 내가 그를 돌보길 바랐기 때문이다. 하지만 그가 회복하고 난 후 그들은 재결합했다. 2년 후 안식년 동안 자기가 얼마나 나를 그리워하며 외롭게 있는지 말했음에도 불구하고, 그는 여자친구와 함께 남아프리카에 있었다. 내가 여행하는 동안 그가 그렇게 즐거워하며 자세히 들려주었던 버몬트에서의 '나홀로' 하이킹 주말은 결국 그들의 로맨틱한 휴가였다. 그의 여자친구는 내가 출판 투어를 하는 동안 내 집에서 지내며 내 주방에서 저녁식사를 만들었고, 내 침대에서 잤다.

부부상담 전문가로서 나는 이 결혼이 끝났음을 곧장 알았다. 나는 그와 싸우거나 그에게 저항하지 않았다. 나는 남편이 아무런 준비도, 논리적 설명도, 그리고 그 어떠한 후회도 없이 가장 잔인한 방식으로 이 모든 사실을 나에게 털어놓는 동안 그저 조용히 앉아있었다. 그는 그가 하는 행동이나 그동안 우리가 함께했던 삶에 이것이 얼마나 큰 영향을 주는지에 대해 전혀 알지 못했다. 그의 말과 행동은 마치 나에게 칼을 꽂고, 피를 흘리는 나를 무심하게 쳐다보는 것처럼 느껴졌다. 나는 항상 그를 보호하고 위로해 주는 역할이었다. 이제 나는 혼자였다.

나는 정신적으로 심한 충격을 받았다. 내 몸 역시 완전히 엉망이었다. 정신적 상처는 육체적 아픔을 남겼으며 감당할 수 없을 정도였다. 지난 몇십 년 동안의 행복했던 결혼생활을 재정립하고, 남편에 대한 새로운 시각을 통합하려고 노력하는 동안 내 정신은 망가진 듯했다. 그의 얼굴은 익숙했지만, 내 앞에 서 있는 현실의 그 남자는 낯설었다.

그는 곧장 떠나길 바랐지만, 나는 내가 생각을 정리하는 동안만 남아 있어 달라고 그에게 부탁했다. 그는 소파에서 하룻밤을 보냈다. 다음 날 그는 그의 물건들을 전부 쓰레기통에 넣었고 내 삶에서 떨어져 그의 여자친구의 품속으로 떠나갔다.

갑작스럽게 버림받은 아내들 프로젝트

이것이 내 남편이 우리의 결혼생활에서 극적으로 떠났을 때 나의 경험이다. 하지만 내가 인생에서 가장 충격적인 경험으로부터 심한 고통을 받았음에도 불구하고, 나의 일부분은 한 발짝 물러서서 전문가의 시점에서 이를 바라보고 있었다. 나는 20년도 넘게 결혼 및 이혼 상담가였으며, 그간 목격한 이혼도 다수였다. 사실 6년 전에 남편이 바람을 피우기 시작했다는 것을 말했을 즈음, 나는 이혼 가족들을 위한 상담센터를 막 설립한 참이었다.

나는 내담자들을 통해 관찰한 것들과 내가 직접 경험한 것을 비교했지만 결코 이해할 수 없었다. 대부분의 사람은 어느 한쪽이 외도를 하면 배우자가 모를 수가 없다고 생각한다. 내 경우엔 아니었다. 그토록 정밀하게 관찰했음에도 불구하고 나는 미심쩍은 구석을 찾아낼 수 없었다. 이상하게도 가장 헌신적인 배우자를 자랑하곤 하던 아내들에게는 부정에 대한 남편들의 고백과 이에 따르는 비정한 이별의 순간까지도 그들의 남편들은 가장 이상적이었다는 것이다!

결혼생활에 그렇게 헌신적인 것처럼 보였던 남자가 하룻밤 사이에 화가 난 낯선 이가 되는 것에 대해 나는 좀처럼 마음을 가라앉힐 수가 없었다. 이를 알아내기까지는 내가 쉴 수 없으리라는 것을 고통스러운 와중에 깨달았다. 그리하여 며칠이 몇 주처럼 길게 느껴지게 되었고 나는 버림받은 아내들에 대해 탐구하기 시작했다. 다른 여성들에 대해 읽고 이들과 이야기를 나누면서 주목할 만한 그림이 천천히 자리 잡기 시작했다. 내 남편의 이상한 행동 역시 명백히 행복했던 결혼생활을 갑작스럽게 버리고 아내를 등지는 다른 남성들의 방식과 들어맞는 것처럼 보였다. 그 유사점은 기묘했다! 나는 이 방식을 '아내를 버리는 현상(Wife Abandonment Syndrome: WAS*)'이라고 명명했다.

---

* 앞으로 편의상, 원문에 적힌 줄임말대로 WAS라고 표기한다.

그들과 이야기를 나누면서 남편들이 결혼생활에서 떠나 버린 과정에 어떤 공통점이 있다는 것을 알 수 있었다. 결혼생활이 끝남을 알리는 단어 선택이나 이별 이후의 행동에서부터 그들이 불륜 상대로 고르는 여성의 유형까지 비슷했다. 그래서 나는 『나의 자매, 나 자신』에서 했던 것처럼 좀 더 배우기 위한 연구를 시작하기로 결심했다. 나는 정보를 제공하고, WAS를 위한 지역사회 게시판과 설문지를 공유하기 위해 www.runawayhusbands.com이라는 웹사이트를 개설하고, 또한 여성들을 직접 만나 면담을 시작했다. 오래지 않아 많은 이야기가 쏟아져 나오기 시작했다.

내가 알기도 전에, '갑작스럽게 버림받은 아내들 프로젝트(Sudden Wife Abandonment Project: SWAP*)'가 시작되었다. 면담을 끝낼 무렵, 나는 400명이 넘는 사람들로부터 이 프로젝트에 관해 듣게 되었다. SWAP 참가자들은 대부분 버림받은 여성들이었지만, 나는 아버지들이 떠난 아이들에게도 설문지 응답을 받게 되었으며, 아내들이 떠난 남편들 그리고 심지어 아내를 떠난 당사자인 남편들에게도 직접 응답을 받았다.

웹사이트를 방문한 여성들은 그들이 경험하고 있는 악몽에 대해 조금이나마 누군가를 도와줄 수 있다는 점에 대해 커다란 위안을 받았고, 얼마든지 도우려 하였다. 다음은 그들이 남긴 글이다.

---

* 앞으로 편의상, 원문에 적힌 줄임말대로 SWAP라고 표기한다.

나는 당신의 웹사이트를 방문해서 게시된 글과 충고를 읽고 눈물을 흘렸어요. 사람들이 제가 겪고 있는 것들을 진정으로 이해하고 있는지, 당신의 사이트에 있는 몇몇 정보를 읽기 전까지는 확신할 수 없었어요.

당신의 웹사이트는 이 시기를 버텨 내는 데 힘이 되어 주었어요. 제 남편이 '도망칠' 거라고는 전혀 생각한 적도 없었고, 그가 도망쳤을 땐 굉장히 의기소침해 있었죠. 다른 여성들도 제가 겪고 있는 것과 같은 것을 경험한다는 걸 아니까 도움이 됩니다. 제가 혼자가 아니라는 것을 알게 되어 위로가 돼요.

이 연구와 WAS에 대해 읽게 되어 정말 기뻐요. 저에게 너무나 익숙한 것들이에요. 너무나 많은 사람이 이런 일들이 명확한 징조도 없이 일어난다는 것을 믿지 못해요. 어떠한 징조가 있음에도 불구하고 자신의 결혼은 늘 영원할 거라고 믿게 돼요. 굉장히 혼란스럽고 절망적인 사건이죠. 당신의 책이 자기 자신에 대한 의심과 오랫동안 지속될 수 있는 부적응에 대해 조금이나마 도움이 되길 바라요."

WAS에 대한 기사를 신문에서 읽었을 때 굉장히 충격을 받았습니다. 제 이야기와 완벽히 똑같았거든요. 제 이야기를 들려드림으로써 우리가 이를 이해하고, 여기서 성장하여 나아갈 수 있도록 도울 수 있다면 좋겠어요.

당신의 셰르파*가 되겠습니다

WAS는 아무 예고 없이, 갑자기 남편이 아내를 떠나 버리는 행동 양식을 나타낸다. 극적인 폭로와 함께, 남편은 그가 보여 주곤 했던 부드러운 태도를 분노나 폭력으로 대체해 버린다. 그는 대개 여자친구와 곧장 동거를 시작하거나 혼란에 빠진 아내를 완전한 절망의 상태에 남겨 둔다. 이것은 의심의 여지도 없이 아내의 인생에 한 획을 그을 중요한 사건이고, 회복하는 것은 고통스러운 일이다. 하지만 많은 여성이 이 사건을 통해 그들 자신을 긍정적이고 풍요로우며 새로운 방식으로 재창조할 수 있도록 이끈다.

당신은 아마도 삶의 어떤 시점 중, 트럭에 치인 것과 같은 상황에서 답을 찾기 위해 이 책을 집어 들었을 것이다. 대체 무슨 일이 일어난 건지, 그리고 더 중요한 것은 그 일에 대해 어떻게 대처해야 할지 알아야 한다. 당신의 남편이 지난주에 떠났든 아니면 지난 세기에 떠났든, 당신은 당신 삶에서의 그 장을 남기고 떠나야 한다. 그건 당신이 감정에 잠겨 그를 추억하지 말라는 이야기가 아니다. 당신도 인간이기에 어쩔 수 없다. 그건 단지 당신이 남편을 이전처럼 자주 생각하지 않고, 그리고 그런 순간에 그만큼 아프지 않게 되는 것을 의미한다. 당신이 일단 회복되고 난 후에는 남편이 떠난 직후 느끼곤 했던 매스꺼운 감정들을 더 이상 느끼지 않은 채

---

* 히말라야에 사는 부족으로 등반가를 위해 길을 안내하거나 짐을 운반해 주는 사람.

추억하게 되는 것이다.

당신이 가장 믿었던 사람에게서 배신당한 것으로부터 회복하는 것은 아주 어려운 일이다. 당신은 상처 입은 자존감으로부터 어떻게 삶을 재구축할 것인지를 생각해 내야 한다. 전문 치료에서조차도 당신이 어떤 일을 겪고 있는지를 정말로 이해하거나 상담해 줄 사람은 극히 적다. 이 고통과 집착, 분노와 비참함을 넘어서서 삶의 다음 장으로 나아가는 데 당신은 온 힘을 쏟게 된다. 이 책은 회복단계를 통해 당신을 이끌어서, 당신이 멈춰 서지 않도록, 그리고 당신이 지금 상상하는 것보다 훨씬 더 나은 미래를 가질 수 있음을 확신하도록 도울 것이다.

버림받는 것은 우선 정체성에 있어서 위기를 가져온다. 스스로에 대해, 그리고 지각하던 세계에 관해서 '당연히 주어진 것'으로 받아들이던 것이 점점 의심스러워진다. 남편으로부터 사랑받는다는 감정은 그의 감사하는 시선을 통해 당신 자신에게 자존감을 불어넣어 주었다. 그리고 그가 당신을 거부했을 때 당신의 첫 반응은 그에 대한 분노보다는 아마 그의 부정적인 시선을 내재화함으로써, 그가 원했던 아내가 되지 못했던 스스로에 대한 실망이었을 것이다. 하지만 곧 냉정을 되찾고 난 후에, 좋은 아내가 되기 위해서 완벽할 필요가 없다는 점을 당신은 깨닫게 될 것이다. 그가 행복하지 않았다면 그는 당신과 함께 이러한 자신의 감정에 대해 대화를 나누었어야 했다.

이제 결혼생활은 끝났고, 당신은 남편의 평가가 옳은 것이라고 받아들이는 것을 그만두어야 한다. 당신이 어떤 아내였고, 어떤 여성인지에 대해 스스로 가치판단을 내릴 필요가 있다. 이에는 용기가 필요하다. 자신이 어떤지에 대해 다른 사람이 알려 주는 것은 스스로의 의견을 믿는 것보다 훨씬 쉽기 때문이다. 다른 사람이 당신에 대해 어떤 의견을 가진다고 해서 이것이 꼭 진실은 아니라는 것을 알아야 한다.

좋든 싫든 간에 이 새로운 현실에 적응하기 위해 많은 면에서 변화할 필요가 있다. 다음은 당신이 해내야 할 몇 가지 감정적 과제들이다.

- 인간 본성에 대한 당신의 믿음을 고쳐라. 이제 당신은 어떤 사람들은 기만적이다는 것을 배웠다.
- 자신을 존중하라. 버림받았다는 감정, 공허함, 그리고 당신의 자리를 차지한 그 여성보다 혹은 다른 기혼 여성들보다 자신의 가치가 덜 하다는 느낌을 받지 말아야 한다.
- 자립적이고 독립적인 생활에 익숙해져라.
- 미래에 대해 좋은 일을 기대하라. 당신이 항상 혼자서 비참할 것이라고 지레 짐작하지 마라.
- 긍정심을 유지하자! 씁쓸함이나 피해자적 사고방식을 가지지 마라.

당신에겐 이 충격적인 사건을 성장과 변화를 위한 기회로 삼을 능력이 충분히 있다. 일단 당신에게 무슨 일이 일어났는지 이해하고, 삶이 늘 기대한 대로만 움직이지 않는다는 것을 받아들이고 나면, 새로운 문이 열리며 미래는 자신의 손 안에 있다는 것을 알게 될 것이다. SWAP 참가자들의 이야기를 들으며, 나는 참가자들의 상당수가 한 발짝 물러서서 자신의 삶을 재정립하고 기대하지 못했던 새로운 방향으로 나아간 것에 놀랐다. 상처, 분노와 상실감, 그리고 이 모든 부당함에도 불구하고, 결론적으로 새롭게 얻은 삶에서 앞으로 무엇을 할 것인지는 당신에게 달려 있는 것이다. 하지만 우선, 그 지점까지 당신을 이끌기 전에 할 일이 있다.

엘리자베스 길버트가 『먹고 기도하고 사랑하라(Eat, Pray, Love)』에서 행복에 대해 다음과 같이 썼다.

> 행복은 스스로 노력한 결과물이다. 이를 위해 싸우고, 노력하고, 고집을 부리고, 때로는 행복을 찾아서 온 세계를 돌아다녀야 한다. 자기 스스로의 축복을 위해 가차 없이 의사표현을 해야 한다. 그리고 행복의 단계를 한번 이루고 나면, 이를 유지하는 데 해이해져서는 안 된다. 영원한 행복을 위해 늘 앞으로 헤엄치는 엄청난 노력을 보여야 하는 것이다.

당신이 이 여행을 떠날 때, 나는 당신의 셰르파가 될 것이다. 내가 필요한 물건들을 나르고 무거운 짐을 들겠지만, 이때 당신은 나와 함께 길을 걸어야만 한다. 우리는 넘어질 것이다. 어쩌면 때로 물러나야 할 수도 있다. 하지만 마지막에는 산 정상에서 보이는 풍경을 즐기며 우리가 그곳에 닿기까지 얼마나 노력했는지에서 오는 만족감을 느끼게 될 것이다.

WAS의 특징

① 이별 전에, 남편은 주의 깊고, 신경을 써 주는 배우자처럼 보인다. 아내는 남편을 진실하고 믿을 만한 사람으로 인식한다.

② 남편은 그가 불행하다거나 결혼생활을 끝낼 것이라는 언질을 주지 않으며, 아내는 자신이 견고한 관계를 유지한다고 믿는다.

③ 남편은 일상적이고 가정적인 대화 도중 불쑥 결혼생활을 끝낼 것이라고 말한다.

④ 그 결정에 대해 제시하는 이유들은 말이 맞지 않으며, 과장되고, 사소하거나 거짓이다.

⑤ 남편이 아내에게 자신의 의도를 밝혔을 즈음, 결혼생활의 끝은 이미 기정사실화된 것이며, 남편은 대개 빨리 이사를 가 버린다.

⑥ 남편의 행동은 급작스럽게 변화하여, 아내에게 남편은 잔인하고 비열한, 낯선 사람이 된 것처럼 느껴진다.

⑦ 남편은 조금의 후회도 보이지 않는다. 오히려 그는 자신을 피해자처럼 표현할 수도 있으며 아내를 비난한다.

⑧ 거의 모든 경우에서 남편은 불륜을 저지르고 있었다. 그는 대개 애인과 동거를 시작한다.

⑨ 남편은 재정적으로든 감정적으로든 아내를 도우려는 노력을 전혀 하지 않는다. 마치 아내에 대한 긍정적 배려가 갑자기

전부 사라진 것처럼 군다.

⑩ 계획적으로 남편은 결혼생활에 대해 평가절하하며, 부부가 공유했던 삶에 대해 이전에 내렸던 긍정적 평가를 전부 부정한다.

02
변화의 단계

WAS에서 회복하는 것이 단순하고 일관된 순서를 따르는 것은 아니다. 때로 당신은 생생한 꿈이나 라디오에서 들리는 음악에도 한숨을 쉬게 될 것이다. 남편이 떠난 이후의 시간을 생각하고 "벌써 다 극복한 줄 알았는데……."라고 하면서 당신 자신에게 점점 참을성을 잃을 수도 있다. 친구들은 당신이 이제 전진해야 할 때라고 말하며 슬픔에서 헤어 나올 만큼의 시간을 정해 주려고 할 것이다. 그 말을 듣지 마라.

우린 모두 다른 존재이고, 그 다른 배경이 삶의 경험에 있어서 우리가 반응하는 방식을 정하게 될 것이다. 당신은 가족과 친구들로부터 격려를 받겠지만, 결국 자신만의 방식으로 이 일을 해내야 한다. 다른 선택은 없다. 대부분의 사람이 생각보다 회복하는 데 오래 걸린다. 남편이 떠난 이후부터 몇 년 동안이나 계속 회복하려고 노력 중이라면 조금은 쉬어 주는 것도 중요하다. 당신이 지난 몇십 년간 쌓아온 현실을 재창조하는 것은 굉장히 복잡한 작업이다.

다음은 당신이 회복과정에서 거쳐 갈 '변화단계'를 대략적인 기상학적 표현으로 풀어낸 것이다. 당신은 이 단계를 오갈 것이며, 어떤 날은 굉장히 좋을 것이고 또 어떤 날은 굉장히 나쁠 것임을 명심하라. 당신의 단계가 어디인지, 그리고 회복과정을 추적하는 것에 대한 가치는 이중적인 특징을 보일 수 있다. 우선 당신은 혼돈 가운데에도 어떠한 구조가 있음을 알게 될 것이며, 이에 안심할 수 있을 것이다. 또한 당신의 기분이 좋지 않더라도 그것은 단지 회복과정의 일부일 뿐이며, 영원히 지속되진 않을 것이고 희망을 주게 될 것이다. 다음 8단계들을 살펴보고 당신이 지금 어느 단계쯤에 있는지 알아보자.

- 쓰나미 단계: 갑작스러운 이별 통보에 처음 얻어맞은 순간이다. 익사하는 느낌이 들고 충격에 빠질 것이다.
- 토네이도 단계: 이 일이 일어나지 않도록 하거나, 아니면 최소한 이해라도 하기 위해 몇몇 절박한 해결책을 찾느라 당신의 머리는 미친 듯이 빙빙 돌 것이다. 광적이고 위험한 시기다. 제정신이 아니다.
- 뇌우 단계: 공격받은 느낌이 들고, 부당하고 두렵고 다음 번개가 언제 칠지 몰라 전전긍긍한다. 당신의 감정은 분노(번개)에

서 슬픔(비)으로, 그리고 두려움(바람)으로 변해 갈 것이다.

- 눈보라 단계: 인생이 어렵고, 차갑고, 알기 힘들고 험하게 느껴진다. 당신은 디딤돌을 잃어버렸다. 미래가 없고 시간이 느리게 흘러간다. 당신은 얼어붙은 채로, 그냥 하루하루를 겨우 버텨 낸다. 다시 보통의 기분으로 돌아갈지 의심스러워진다.

- 안개 단계: 당신의 내부는 아직도 회색빛이지만, 기분은 이전처럼 강렬하진 않다. 당신의 감정과 실랑이하는 것에 지쳤고, 이제 당신의 정신은 천천히 제대로 작동하기 시작한다.

- 여우비* 단계: 좋은 날과 나쁜 날이 번갈아 지나면서, 얼어붙었던 세상이 조금씩 녹기 시작하고, 색을 되찾기 시작한다.

- 이른 봄 단계: 힘들었던 흔적이 조금 남아 있기는 하지만, 새로운 기회들이 조금씩 찾아오기 시작한다. 당신의 삶이 변화를 위해 천천히 준비를 갖추어 나가는 것을 느낄 수 있다.

- 따뜻한 여름 단계: 새로운 삶을 향해 변화를 일구어 냈으며, 기대를 가지고 미래를 바라본다. 자신만의 행복을 만들어 내는 방법을 배웠다.

---

* 맑은 날에 오는 비.

전형적이지 않은 이혼

WAS가 여성에게 이토록 엄청난 상처를 주는 것은 남편이 동의
도 없이 결혼생활을 떠나 버린 것 때문만이 아니다. 오히려 이별을
하는 방식 때문이라고 볼 수 있다. 그의 떠남이 너무나 갑작스러운
것이고, 아내가 자기 스스로 좋은 결혼생활을 유지한다고 믿어 왔
다는 것이 이것을 그토록 파급력 있게 만든다. 남겨진 아내가 그
결혼관계에서 생겼던 문제에 확실히 일조했을지언정, 중요한 것은
비밀을 가진 남편이 아내도 모르는 사이에 거짓말을 했다는 점이
다. 세상에는 흑과 백, 그리고 명백히 옳은 것과 틀린 것이 있다.
그리고 남성이 자신의 아내에게 결혼생활이 위기라는 것을 알려
주지도 않고 그대로 떠나 버리는 것은 전혀 옳은 일이 아니다.

WAS와 관련이 없는 전형적인 이혼의 경우, 결혼생활은 몇 달에
서 몇 년에 걸쳐 불안정할 수 있다. 부부는 아마 서로 다투고 싸웠
거나, 무거운 정적의 진공에서 숨 막히는 경험을 했을 것이다. 아
이들은 엄마와 아빠 사이에 무슨 일이 있다는 것을 고통스럽게 자
각한다. 긴장감이 고조되면서 성관계는 창밖으로 날아가 버렸을
것이다. 상황이 점점 더 악화되면, 부부는 상담을 시도해 보기도
했을 것이다. 아마도 이혼의 위협이 싸움 도중에 튀어나왔을 것이
다. 그리고 드디어 파국에 이르렀을 때, 부부는 어쩌면 슬픔에 위
안이 섞인, 전쟁의 상처를 가지고 있었을 것이다.

하지만 WAS로 인한 이혼은 전혀 전형적이지 않다. 다음은 결혼

생활을 강제로 끝내야만 하는 경우에 보이는 점들이다.

● 가치관의 충격

버림받은 여성은 감정적으로뿐만 아니라 경제적으로, 그리고 직업, 자녀 관련 문제 같은 부분에서 전혀 준비가 되어 있지 않다. 그녀는 완전히 충격에 빠진다.

● 무력감

결혼생활이 끝났음을 깨닫게 된 여성은 어느 방법으로든 결혼생활의 회복을 위해 노력하며 그 사건에 영향을 줄 수 있는 몇 가지 생각을 하게 된다. 부부상담을 제안하거나, 전문서적을 읽는다. 하지만 이것이 결혼생활의 끝임을 끝난 다음에야 깨닫는다면 완전히 무력해진다.

● 완전하지 않은 끝

결혼생활이 끝나가는 시점에서 남편과 계속 함께 지내는 여성은 그녀가 겪고 있는 과정에 대해 남편과 대화할 수 있는 기회가 있다. 그들은 아직 한집 아래 함께 있기 때문이다. 하지만 WAS의 경우, 여성은 어떠한 말을 할 기회조차 박탈당한다. 남편은 대개 이미 떠나 버렸기 때문이다.

● 기만

거의 모든 WAS의 경우, 남편은 불륜을 저지르고 있다. 또한 그

는 자신을 보호할 준비를 몰래 할 사치까지도 누릴 수 있다. 아내
에게 자신의 계획을 알리기도 전에 말이다.

● 흔들리는 현실

아내가 자신의 삶에서 믿어 왔던 남편이, 그녀를 위하는 진실된
사람이라는 것이 단지 사랑하고 보살피는 배우자인 '척'에 불과했
다는 것을 깨닫는 순간 믿음은 붕괴된다. 진실이 밝혀지고 나면,
아내는 현실을 받아들이는 자신의 시각조차도 신뢰하기 힘들어
진다.

● 재정의되는 과거

어느 이별이든 현재와 미래에 영향을 미친다. WAS의 경우, 여
성은 과거에 있었던 일까지도 의심하게 된다. 불륜 때문에, 진짜로
어떤 일이 일어나고 있었던 것인지 알아내기 위해 그녀는 탐정이
된다. 남편과 함께했던 시간에 대하여 남편이 부정적인 시각을 보
였기 때문에, 이를 다시 이해해 보려고 노력한다. 이는 그녀가 직
접 살아왔던 경험과는 아주 다르기 때문이다.

● 자녀에게 미치는 영향

아이들 역시 굉장한 영향을 받으며, 그중에서도 버림받은 느낌
을 받기 쉽다. 아버지가 떠날 것이라는 주의를 받은 적이 없었기
때문이다. 이는 그들 자신의 현실관을 의심하도록 만든다. 불륜 상
대의 존재가 아이와 아버지의 관계를 현저하게 바꿔 버린다.

● 친구들에게 미치는 영향

누가 이 결말에 책임이 있는가를 생각하면서 다른 부부들도 종종 흔들리게 된다. 친구들은 견고하다고 생각했던 자신들의 결혼생활을 되돌아보고 '만약 그렇게 행복해 보였던 그녀의 남편이 떠날 수 있다면, 내 남편도 그럴 수 있지 않을까?'라고 생각한다.

41세의 조지아는 6년 전에 남편이 떠났다. 그녀는 그들의 결혼생활에 대한 그녀만의 이야기가 회복될 때까지, 남편이 그녀의 과거를 어떻게 재정의했는지, 그리고 그녀가 어떻게 그가 바꿔 버린 결혼생활의 이야기와 함께 살아갔는지에 대한 예시를 보여 주었다.

처음에 저는 우리 결혼생활에 대한 남편의 관점을 받아들였고, 그에 대한 것이나 함께했던 시간에 대해 좋은 기억을 마음속에서 지워 버렸습니다. 그에 대한 증오가 몇 년 동안이고 저를 집어삼켰어요. 그러던 어느 날, 제가 결혼생활을 하면서 매일 차던, 그리고 남편이 떠난 이후 더 이상 차지 않던 시계를 집어 들었어요. 남편이 제게 결혼선물로 주었던 시계였고, 그의 이름 첫 자와 우리 결혼기념일이 새겨져 있었죠. 저는 그걸 보석상에 가져가서 그 문구를 지울 수 있는지 물어보았어요. 불가능하다고 하더군요. 그 시계를 다른 보석상에 가져가도 대답은 마찬가지였어요. 이걸 세 번이나 되풀이했고 전 결국 실망해서, 직접 이 문구를 긁어내리려고 집으로 돌아왔습니다.

그 시계를 바라보며, 어떤 이유 때문에 그 문구를 없애지 못하는 게 아닐까 하는 생각이 갑자기 들었습니다. 어쩌면 제가 그 문구를 없애고 싶지 않은 걸지도 모른다는 것을요. 제 안의 전구에 불이 켜지는 순간이었고, 그 순간 진정한 치유의 과정이 시작되었습니다. 그 문구는 저의 회복과 결혼생활, 그리고 제가 깊게 사랑했던 남편에 대한 제 스스로의 기억을 기리는 상징이 되었습니다.

그 남자는 저를 떠나던 날 제 안에서 죽었고, 제가 한 번도 긍정적으로 바라보지 않았던 사람, 그리고 제가 알지도 못하는 사람으로 대체되었습니다. 그는 저와 함께 부모의 노릇을 하긴 하지만 그 이외에 저는 그를 거부했습니다. 하지만 그 어떤 것도, 누구도, 제가 사랑했던 남편과 제가 온 마음과 영혼을 쏟아 부었던 결혼생활에 대한 기억에 손댈 수는 없었어요. 제가 가장 기대하지 않았던 부분에서부터 시작된, 이 시각은 수년간 저를 피해 왔던 평화를 제게 가져다주었어요. 이제 저는 그 문구를 제가 사랑했던 남편을 되새기며 보게 되었습니다. 매번 좋은 느낌입니다.

조지아가 그녀를 잠식하고 있던 분노를, 그녀의 결혼생활에 내재된 부드러운 기억을 추억할 수 있는 상태로 바꾸기 위해 얼마나 노력했는지 알 수 있다. 그녀는 치유과정에서 전환점을 맞이했다. '내면의 전구에 불이 켜지는 순간'에 그녀는 이전에 가졌던 사랑의 감정을 다시 느끼도록 스스로를 허락했다. 하지만 이 깨달음이 그 남자에 대한 조지아의 방어적 태도를 바꾸지는 않았다.

이게 얼마나 복잡한 일인지 이제 알겠는가! 비록 결혼이 오래 전에 끝났어도, 조지아는 분노에 더 이상 잠식되지 않기 위해서, 엄청나게 많고 힘든 양의 감정적 노동을 해야만 했다. 그건 그녀가 이전 결혼생활 동안에 느꼈던 남편에 대한 사랑을 기릴 수 있도록 허락했지만, 그녀가 믿지 않게 되어 버린, 똑같은 남성에 대해서는 태도를 그대로 유지하게 만든다. 조지아는 끔찍하게 씁쓸한 감정과 씨름했고, 이를 넘어서는 데 성공했다. 같은 남성에게 두 가지 상반되는 감정을 느낀다는 것을 알게 되었을 때에서야 그녀는 안정을 얻게 되었다.

여기까지 다다르기 위해, 조지아는 그녀의 남편이 변해 버렸기는 하지만, 그녀가 한때 느꼈던 사랑은 진심이었다는 것을 인정해야만 했다. 그 부분은 정말로 마음이 아프다. 감정적으로 볼 때, 모든 것이 거짓이었다고 말하는 편이, 한때는 그게 아름다웠고 이제는 놀랍게도 돌이킬 수 없도록 사라져 버렸다고 말하는 것보다 훨씬 덜 고통스럽기 때문이다.

앞으로 나아가기 위한 7가지 단계

WAS 이후의 몇 달간은 아마 인생에서 가장 힘든 시간일 것이다. 이러한 끔찍한 버려짐은 정신적으로 충격을 준다. 당신 삶의 모든 부분에 영향을 미칠 것이다. 스스로의 생각에 고통받게 된다. 감정들이 제멋대로 튀어나온다. 몸은 끔찍하고 역겨운 기분이 든다. 그 가운데에서 이 고통이 언젠가 끝나리라고 믿는 것은 사실상 불가능하다. 삶은 끝없는 투쟁이고, 당신이 겪고 있는 것을 한 단어로 표현할 수 있는 것은 비참함뿐이다. 나도 알고 있다. 겪어 봤으니까.

아마 스스로 이렇게 생각할 것이다. '사람들은 세상에서 이보다 더 잔인한 일도 견뎌 내는데, 이제 그만 불평해야지.' 끔찍한 일들이 일어난다는 것은 사실이다. 하지만 그 사실이 당신이 겪고 있는 삶을 바꾸어 버린 사건을 과소평가하게 만들 수는 없다. 당신과 친밀한 관계를 가졌고, 사랑받고 위로받던 사람 때문에 당신의 삶이 혼돈에 빠졌다는 사실은 내적인 안정감에 깊은 상처를 남긴다.

우리는 태어나기도 전에 신뢰하는 법을 배운다. 신뢰는 우리를 돌봐 주고 우리를 살아 있도록 한 어머니와의 관계를 정의하는 것이다. 신뢰가 없다면 아기는 끔찍한 위험에 빠질 수 있다. 결혼 같은 친밀한 관계를 시작하기 위해, 우리는 우리의 세계에 받아들일 사람이 신뢰할 만한 사람이라는 것에 단단한 확신을 필요로 한다. 그리고 일단 그 확신이 들면, 우리가 한때 어머니와 가졌던 그 원초적 유대를 재창조하여 방어태세를 낮출 수 있을 만큼 안전한 기분을 느끼게 된다. 이처럼 의지하며 안정감을 유지하던 상대가 갑작스럽게 우리를 무방비하게 남겨 둔 채 떠나 버리고 의도적으로 상처 입혔다는 것을 알게 되면, 우리가 다른 사람을 믿어도 괜찮다는 인생의 교훈을 의심하게 된다.

『이별에서 치유까지의 여행(The Journey from Abandonment to Healing)』에서, 수잔 앤더슨은 갑작스럽게 사랑하던 상대를 잃는 경험을 마약중독에서 벗어나는 것에 비유한다. "사랑을 포기하는 것은 헤로인을 끊는 것과 마찬가지다. 극심한 갈망과 당신이 잃은 사랑에 대한 동요가 일어난다. 아프고, 욱신거리고, 사랑했던 사람이 돌아오기를 열망하게 된다. 인간은 유전적으로 애정에 대한 강력한 욕구를 물려받는다. 끊어진 관계는 유대에 대한 욕구까지 끝내지 못한다. 사실 관계를 잃는 것은 오히려 이 욕구를 강화한다."

누군가를 신뢰하는 것이 괜찮다는 믿음을 다시 가지게 되는 것은 몹시 고된 과정이며, 특히 성장과정에서 또 다른 배신을 당했던 경험이 있다면 훨씬 더 힘든 일이다. 아동학대나 유기를 경험한 여성들은 남편에 대한 믿음을 통해서 이를 극복하려고 노력하지만, WAS로 인해 더욱 상처를 받게 된다. 이때 오랜 시간 동안 변하지 않는 사랑을 가진 다른 사람들과의 의지할 만한 다른 관계들을 확인하는 것이 회복에 도움이 된다. 배우자와의 친밀한 애정이 우리의 삶에 있어서 가장 기초적인 것으로 종종 비추어지지만, 부모, 형제, 자녀, 아니면 친구들과의 의지할 만한 유대는 당신을 치유하는 데 큰 도움을 줄 것이다.

당신도 전진할 수 있다. 많은 여성이 더 자유롭고 행복한, 그리고 그들 자신을 자랑스럽게 하는 새로운 삶을 창조하며 더 나은 상태로 발전해 나갔다. 당신이 회복되기 위해 꼭 이루어야 할 '앞으로 나아가기 위한 7가지 단계'는, 당신을 버린 남편으로부터 감정적으로 해방되고, 새로운 현실을 받아들이며, 독립적인 사람으로서 인생을 마주할 자신감을 얻도록 도울 것이다. 이것들은 다음과 같다.

- 1단계: 이 혼돈이 영원히 지속되지 않을 것이라는 것을 깨닫자(쓰나미 단계를 해결해야 한다).
- 2단계: 이 결혼생활이 완전히 끝났다는 것을 받아들이자(토네이도 단계를 해결해야 한다).
- 3단계: 남편이 이제 돌이킬 수 없게 변해 버렸다는 것과 당신을 더 이상 신경 쓰지 않는다는 것을 받아들이자(뇌우 단계를 해결해야 한다).
- 4단계: 왜 남편이 어떤 수단을 써서라도 자신의 행동을 정당화하려고 하는지 이해하자. 과거에 있었던 일을 다르게 서술한다거나, 거짓말을 하거나, 당신을 공격하는 것까지도 포함해서 말이다(눈보라 단계를 해결해야 한다).
- 5단계: 마땅히 받아야 할 인정과 사과를 받으려는 것을 포기하자(안개 단계를 해결해야 한다).
- 6단계: 초점을 과거보다는 미래에 맞추자(여우비 단계와 이른 봄 단계에 해당된다).
- 7단계: 비혼자로서의 새로운 삶을 즐기자(따뜻한 여름 단계다).

개인적인 경험으로 볼 때, 이 7개의 단계들이 필요하긴 해도 이루기는 어렵다. '도망치는 남편들' 웹사이트에서 테레사는 최근 나에게 그녀가 노력했던 경험에 대해 이메일을 보냈다.

당신이 제시한 단계들 말인데요.
1단계는 어쩌면, 제가 할 수 있는 것들일 거예요.

하지만 2단계는 정말 할 수 없을 것처럼 느껴져요. (이제 2년이나 지났는데도요.)

3단계는 이미 기정사실이죠. 2번을 믿지 않는데도요.

4단계는 네, 이해할 수 있어요.

5단계는 기대도 하지 않아요.

6단계는 말하는 게 행동하는 것보단 쉽죠. ……그는 둘 다 해당됐어요.

7단계는 저는 혼자인 게 싫어요. 여기서 제가 즐길 수 있을 만한 것이나 얻을 수 있을 만한 건 아무것도 없어요.

이별 이후의 2년간 테레사는 아직도 이 상황에 얽매여 있다. 아마도 그녀는 이 혼돈의 상태가 영원하지 않을 것이라는 걸 깨달았지만 그녀가 보기에 아직도 그녀의 삶은 꽤나 혼란스럽고, 그래서 그 결혼이 끝났다는 것을 받아들일 수 없는 것처럼 보인다. 그러한 부정에도 불구하고 테레사는 그녀의 남편이 변해 버렸다는 것을 알고 더 이상 그녀를 신경 쓰지 않는다는 것도 안다. 그녀는 왜 남편이 자신의 행동들을 정당화해야 하는지 이해하지만 사과를 바라지는 않는다. 또 그녀의 남편은 테레사의 과거이자 미래였다. 그래서 테레사는 그가 없는 그녀의 새로운 삶을 받아들이는 것에 어려움을 겪고 있다. 또한 그녀는 혼자 있는 것을 싫어한다. 그녀는 삶에서 일어난 수많은 변화에 감정적 싸움을 벌이고 있다.

3단계, 4단계, 5단계를 달성하기 위해서는 무슨 일이 벌어졌는지에 대한 이해가 필요하다. 어떻게 남편의 감정이 갑자기 변화했을까? 그리고 왜 이러한 결말에 대해 당신과 함께 대화를 나누지 않고 그냥 떠나 버렸을까? 나는 각 WAS의 경우마다 어떤 일이 정확히 일어났는지 전부 알 수는 없다. 하지만 이에 관련해서 많이 생각하고 대화하고 조사한 결과를 토대로, 어떠한 이유로 남편들이 이렇게 극적인 방식으로 결혼생활을 끝내는지에 대한 나의 생각을 함께 나누고자 한다.

03
지킬 박사와 하이드

로버트 루이스 스티븐슨의 소설 『지킬 박사와 하이드(*Dr. Jekyll and Mr. Hyde*)』는 인간 본성의 이중성, 즉 선과 악이 한 인간 내에 공존할 수 있는지를 탐구하여 19세기 영국 독자들을 사로잡았다. 우리가 누군가를 '지킬과 하이드'라고 부른다는 것은 그 사람이 '상황에 따라 굉장히 다른 도덕관을 보여 준다.'는 것을 의미한다. 그들은 그 다름을, 심지어 스스로에게조차도 곧잘 감춘다. 그는 지킬 박사, 즉 사회적으로 그럴듯한 면모만 내비치며, 자신의 하이드 같은 성격을 양심으로부터 떼어 내버리고, 부정하며 마음속 깊은 곳에 묻어 둔다. 그 그림자를 감추기 위한 긴장감은 본능의 파괴적인 해방의 순간까지 참을 수 없을 만큼 점점 커지게 된다.

남겨진 아내들 중 대다수가 떠나 버린 남성이 좋은 사람일 뿐만 아니라 아주 멋진 남편이었다고 말하곤 한다. 굉장히 깊은 애정을 지녔고, 가족에게 엄청난 헌신을 보이며, 의심의 여지없이 지역의 대들보 같은 존재(목사, 의사, 교수, 어린이 야구단 코치 등)였다는 것이다. 상당수가 자신들의 남편이 로맨틱했으며, 자신의 친구들이 부러워할 만한 남편감이었다고 주장한다. 사람들은 그 부부들을 부러워했고 모든 걸 다 갖추었다고 여기곤 했다.

최근 일리노이의 노스웨스턴 대학교의 연구진은 도덕적 우월감을 갖는 것과 악행을 저지르는 것에 대해 죄책감을 느끼지 않는 것의 상관관계를 연구했다. 그리고 그 결과는 아주 놀라웠다. 스스로를 특별히 선하다고 생각한 사람이 더욱 이타적일 것이라고 예상했지만, 오히려 그 반대라는 것이다. 본인을 특출나게 선하다고 평가하는 사람들은 몇몇 특정한 상황에서 도망치거나 스스로의 부도덕적 행위에 면죄부를 주었다. '벌써 할 만큼 했어.'라는 사고방식을 가졌기 때문이다. '난 이미 충분히 좋은 일들을 많이 했으니, 내가 완벽하길 바라지 마!' 이와 마찬가지로 결혼생활에서 갑작스럽게 떠나 버리는 남성들 역시 자신들이 가졌던 좋은 평가가 지금 저지르는 작은 악행을 충분히 만회할 수 있을 것이라고 생각할 수 있다.

수백 개의 SWAP 인터뷰에 대한 분석을 토대로 WAS 남성들은 여성에게 상호 배반적인 감정을 동시에 가지고 있다는 결론을 내릴 수 있었다. 그들은 아내를 절실하게 필요로 하며, 일종의 받침대로 사용하지만, 마음속으로는 자신들이 아내를 필요로 한다는 사실을 증오한다. 그 강한 욕구는 스스로를 나약하게 느끼도록 만들기 때문이다. 그 연약한 자존심은 무조건적 지지를 필요로 한다.

남편들은 일상생활에서 그저 스쳐 지나가는, 아내로부터의 단순한 비판이나 불평을 치명적 공격으로 받아들이기도 한다. 아무것도 모르는 아내들은 남편이 굉장히 막강한 존재라고 생각하게 되고, 남편은 아내가 인식조차 하지 못한 채 자신을 작고 무능한 존재로 만드는 것을 두려워하게 된다.

이는 남편과 그의 어머니와의 어린 시절 관계에서 기인할 가능성이 높다. 어린 소년들은 어머니의 지지를 항상 갈구한다. 우리 사회는 남자아이들을 여자아이들과 다른 방식으로 사회화한다. 여자아이들이 감정적으로 어머니와 가까운 관계를 유지하는 것은 용인될 뿐만 아니라 오히려 권장되고 있는 반면, 비슷한 친밀감을 남자아이들이 보이는 경우, 이는 바람직하지 못한 것으로 간주한다. '마마보이'라는 표현은 다소 비난조를 띠고 있으며, 남자아이들은 나약하게 보이지 않기 위해서, 이러한 애정을 감추려고 노력한다. 하지만 그렇다고 해서 남자아이들이 여자아이들과 다르게 어머니로부터 상냥함과 격려를 받을 필요가 없다는 뜻은 아니다. 남자아이들은 태어날 때부터 이러한 모순점에서 벗어날 수 없다. 안정감을 위해 어머니의 따뜻함을 바라게 되면, 그들은 남성으로서의 정체성을 의심받는 것을 감수해야 하기 때문이다. 사회가 권장하는 대로 어머니와 거리를 두게 되면, 그들은 두려움과 나약함을 느낄 수 있다. 인류학 교수이자 『여성혐오: 남성의 병폐(*Misogyny, the Male Malady*)』의 저자인 데이빗 길모어는 어린아이가 어머니를 필요로 하는 것과 비슷한 맥락으로 남성과 여성의 친밀한 관계에 대해 다음과 같이 말한다.

남성은 파도치는 바다에서 조난당한 선원처럼, 무력하게 여성에게 매달려야 한다. 모든 욕구와 인사불성의 상태에서 구원받기 위해, 그는 그녀를 절박하게 필요로 한다. 그는 온전히, 그리고 필사적으로 그녀에게 의지하게 된다. 하지만 문제는 여기에 있는데, 남성은 무엇인가를 이루기 위해서는 여성과 떨어질 줄 알아야만 한다는 것이다. 그가 진정한 남성으로 받아들여지기 위해서는 여성과의 유아기적 공생관계로 퇴보하고자 하는 욕구를 극복해야 한다.

길모어의 해석은 몇몇 남성들이 가지고 있는 강렬하고 양면적인 여성과의 관계가 어디서 기인하는지 이해할 수 있게 해 준다. 그들은 어머니의 보호로부터 너무 일찍 벗어나 버린 것이다. 그때 입은 상처는 자매가 있는 경우 더욱 심화된다. 자매는 남자아이가 소외당하고 있을 때, 어머니와 친밀한 유대를 유지할 수 있는 질투의 대상이기 때문이다.

보호자에서 반대자로

1991년 『갑작스러운 결말: 행복한 결혼에서 아내의 거부(Sudden Endings: Wife Rejection in Happy Marriages)』를 쓴 매들린 베넷은 도망치는 남편들이 자기혐오에 가득 차 있으며, 그 감정을 견디기 위해 아내들에게 자신을 꾸며 낸다고 설명한다. 남편들은 아내들이 자신을 증오하며, 자신을 끌어내리려고 하고 있다고 스스로를 속인다. 나아가 베넷은, "도망치는 남편들은 평소 아내에게 못마땅했던 점들이나 아내에 대한 분노를 합리화시키는 것"이라고 쓰고 있다. 또한 그녀는 자신의 '도망치는' 남편이 어떻게 변화하였는지에 대해서 "보호자 아서가 반대자로 변화했다. 그는 내 존재를 참아 줄 수 없어 하며, 하는 말마다 우리의 과거를 모욕하고 내 미래를 위협하는 적으로 바뀌었다."라고 말한다.

결국 도망쳐 버리는 남성들은 떠나기 전에 결혼에 대해 굉장히 이상적인 시각을 가진 것처럼 보이며, 아내가 자신감을 증진시킬 수 있을 만한 결혼생활을 제공해 주길 기대한다. 남성이 중년의 위기를 맞이하고 자신이 약해지고 있다는 사실을 마주하게 되면 그는 아내가 자신을 보호해 주지 않았다는 것에 무의식적으로 그녀를 비난할 수도 있다. 스스로에 대한 환멸이 자라기 시작하면서 강인해진 중년의 아내를 향한 반감 역시 생겨나게 된다. 어떤 부분에서는 스스로의 분노가 정당하지 않다는 것을 알기에 그는 이를 숨기며, 정점에 다다를 때까지 이 분노를 혼자 쌓아 둔다. 그리고 나면, 그는 스스로의 정체성을 지키기 위해서, 자신의 권위를 떨어뜨리는 존재로부터 벗어나기 위한 결단을 내리고 만다.

결혼생활을 유지하는 '동안' 남성들은 커져 가는 분노를 대수롭지 않게 여긴다. 하지만 일단 떠나기로 결심한 이후에는 아내를 무너뜨리는 것이 필요하다고 여기게 된다. 그는 '막강한' 아내가 자신의 자존심에 더 이상 상처를 입히지 못하도록, 되도록이면 빨리 떠나려 한다. 도망치면서 그는 아내가 보복해 올 수 없도록 가능하면 최대한 아내에게 상처를 주려고 한다.

매들린 베넷이 자신에 대한 남편의 불만을 설명한 것을 보면, 남편은 그녀가 자신을 의도적으로 끌어내리고 있다고 생각했음을 알수 있다.

> 아서가 우리의 결혼생활에 대해 하는 불평에는 집요하고, 흔들리지 않는 확신이 있었다. 그건 그가 한 번도 자신이 하고 싶은 대로 한 적이 없었다는 것이다. 아서는 자신이 순교자라고 믿었다. 내가 볼 때 양보와 타협은 이성적인 두 사람 간에 주고받기 식으로 이루어지는 것이지만 그의 관점에서 볼 때 그건 부담스럽고 교활한 아내에게 완전히 굴복하는 행위였던 것이다.

나도 똑같은 일을 겪었다! 나는 남편의 의견을 매우 존중했으며 대부분의 경우 그가 옳다고 믿었다. 나는 꽤나 태평한 사람이었으며 우리는 거의 싸운 적이 없었다. 가끔 내가 그의 의견에 반대하면 그는 곧잘 이런 식이었다. "당신 또 나를 나쁜 사람으로 만들고 있군." 그런 그에게 나는 내 주장을 더 밀고 나가지 않고 물러서곤 했다. 아이들 중 하나가 내가 한 말에 동의하면 그게 아무리 사소한 일이어도 그는 늘 '나를 완전히 몰아가네.'라는 입장을 보이곤 했다. 내가 같은 일을 재차 끄집어 내면 그는 '날 괴롭히고 있잖아.'라는 말로 나를 멈추게 했다. 나는 항상 이러한 말들에 크게 놀랐다. 가끔 내가 몇 달 혹은 몇 년 전에 있던 문제를 다시 언급하기라도 하면, 그는 내가 너무 쪼아 댄다고 몰아세우기 일쑤였다. 그는 어떠한 비판도 못 참아 했으며, 내가 어떠한 이견이라도 제시할 참이면 자신을 공격하는 것으로 받아들였다. 그는 결혼생활의 현실에서 일어난 모든 사건에 참여하고 있었지만, 어째서인지 내가 모든 것을 조종한다고 받아들였다.

나는 내 남편이 너무나 애정이 넘쳐서 내 손을 잡지 않고는 집에서 차까지 열 걸음도 못 걸을 거라고 농담하곤 했다. 그가 떠난 후에, 나는 그가 결혼생활 도중에는 그렇게 애정이 넘치게 굴었음에도, 왜 후회도 없고 내가 안중에도 없는 것처럼 구는지 이해하기 위해 무진 애를 썼다. 나는 결국 한 가지 결론에 다다르게 되었다. 나에 대한 그의 강력한 애정은 기생충 같았다. 그는 내가 절실히 필요했고, 소중한 자신의 삶을 위해 나에게 붙어 기생했다. 그것은 사랑하는 사람에 대한 것이 아니라, 그에게 정체성을 부여하고 그 안의 공허함을 채워 줄 양육자에 대한 행위였다. 나와의 관계가 끝나자, 그는 다음 '숙주', 즉 그의 여자친구를 향해 나섰다. 그는 그녀에게 그만큼 단단하게 들러붙어, 그녀의 정체성을 빼앗으며, 그가 나와 함께하던 시절 지지했던 가치들을 갑자기 혐오하게 되었다. 나는 그가 또다시 새로운 아내에게, 마치 나한테 그랬던 것처럼 사랑이 넘치고 헌신적인 남편으로 스스로를 꾸며 댈 것이라는 것을 확신한다.

　그래서 이게 내 책의 출판기념회와 무슨 관련이 있을까? 내 책의 출판기념회 사흘 전 그가 떠났다는 것을 기억하라. 내가 무슨 일을 할 수 있었을까? 출판기념회를 취소할 수도 없었다. '자매 프로젝트'에 참여했던 많은 여성이 그 행사를 기대하고 있었고, 나는 정말 그들을 실망시키고 싶지 않았다. 또 그 행사가 열리기로 한 서점은 이미 내 책을 수백 권 주문해 놓았었다. 하지만 더 중요한 것은 내가 그 책을 쓰는 데 3년이 넘는 시간을 투자했다는 것이었다. 내 남편은 내게서 그만큼이나 많은 것을 빼앗아 갔고, 이것까지 그가 가져가게 둘 수는 없었다. 내가 그 행사에 가서 지난 3주 동안 미대륙을 일주하면서 했던 것과 똑같은 일을 해야만 한다는 것을, 나는 알고 있었다. 하지만 내가 알고 있었던 또 다른 사실은, 내가 이 행사를 그대로 진행한다면, 모든 친구가 나에게 남편은 어디 있는지 물을 것이라는 점이었다. 나는 그 책을 그에게 헌정했었으니까. 거짓말을 할 수는 없었다.

　대부분의 버림받은 배우자들은 지인들에게 바로 전화를 걸어 자신의 소식을 알리지는 않는다. 하지만 그 사흘간, 나는 내 친구들 모두에게 전화를 걸어 당일 왜 내 남편이 오지 않을 것인지를 설명해야만 했다. 내가 지금까지 해야만 했던 일 중에서 가장 힘든 일이었다. 내 친구들은 분노에 차서 계속해서 이유를 물었고 6년간의 불륜을 저질렀으면서도 내가 즐거운 시간을 보낼 수 있을 출판기념회까지의 고작 며칠간을 참아 주지 않았던 점에 대해 화를 냈다. 하지만 나는 그 분노를 가늠하는 단계까지 다다르지 못했었다. 그때 나는 그저 놀라서 멍해 있었고, 상처받은 상태였다.

내 출판기념회는 여러모로 성공적이었다. 그것이 어떻게 가능하도록 스스로를 다독였는지는 모르겠지만, 나는 재미있고, 마음이 따뜻해질 만한 낭독을 했으며, 관중들은 이를 좋아했다. '자매 프로젝트'에 참여했던 여성들은 무슨 일이 일어났었는지 전혀 눈치 채지 못했다. 내 딸들과 친구들은 처음에 나를 아주 걱정했지만, 내가 이 일을 성공적으로 해내고 있다는 것을 곧장 알아챘다. 많은 이가 내가 재미있는 이야기를 하고 내 책에 대해 이야기하는 것을 보며 눈에 눈물을 머금었다. 모든 것이 사랑이 가득한 파티처럼 돌아갔다.

나는 변화된 상태에 있었다. 이야기를 하던 도중, 내 남편이 나와 함께 이 행사를 즐기러 왔으면 좋았을 거라는 생각이 머리를 스쳤다. 그 몽상이 나를 괴롭혔기에, 내가 무슨 말을 하는지 잊어버렸고 잠시 공황 상태에 빠져들었다. 하지만 나는 짐짓 허세를 부려 이 위기를 모면했으며 아무도 이를 알아차리지 못했다. 그날 사진 속의 나는 아무렇지 않아 보이지만, 자세히 들여다보면 내 어린 딸이 내 어깨를 감싸듯 보호하고 있는 걸 볼 수 있다. 아주 신나고 성공적인 출판기념회였다. 그러나 고통스럽고, 기묘하고, 긴장되는 초기 단계의 정점이었고 내가 모든 노력을 기울이도록 만든, 새로운 인생의 새로운 장을 여는 힘겨운 시작이었다.

이 책의 목표는 당신에게 어떤 일이 일어났는지, 그리고 이에 대해 어떻게 대처해야 할지를 알려 주는 데 있다. WAS를 겪은 다른 여성들의 이야기를 읽는 것은 당신이 무슨 일을 겪고 있는지를 명확하게 하는 데에 도움을 줄 것이다. 그들의 이야기에서 당신 자신의 경험을 발견하게 될 것이며, 이로써 혼자라는 느낌을 덜어 낼 수 있을 것이다. WAS에 대한 나의 해석은 삶의 혼란기에 있는 당신에게 뼈대를 제공할 것이다. 하지만 이해만 해서는 충분하지 않다. 나는 당신이 이 경험을 의미 있고 뜻 깊은 것으로 바꿀 수 있도록, 그리고 당신에게 실행 가능한 기술들과 효과적인 전략을 제공하여 이것이 가능하도록 돕고 싶다. 만약 당신이 이것들이 무엇인지 미리 살짝 보고 싶다면, 참아 내기 위한 방법들과 회복하기 위한 전략들로 가득 찬 커다란 냉장고를 10장에서 볼 수 있다.

다음은 세 명의 SWAP 참가자들이 남편과의 이별 경험을 성장의 기회로 삼은 것에 대한 발언들이다.

> 저는 종종 사람들에게 지금의 내가 되기 위해서라면 이 일을 반복할 용의가 있다고 말해요. 처음에 나는 똑똑하고 확신에 찬 여성에게 밀려, 버림받은 멍청한 주부처럼 느껴졌죠. 하지만 나는 가까운 이웃들과 친구들로부터 굉장히 많은 격려를 받았습니다. 또 직업의 세계로 돌아가기 위해, 그리고 내 경력을 좀 더 쌓기 위해서 대학 수업을 듣고 난 이후, 내가 멍청하지 않다는 것과 마음만 먹으면 무엇이든 해낼 수 있다는 것을 알게 되었어요!

그건 제가 경험한 것 중에서 가장 슬픈 일이었어요. 아직도 완전히 극복하지는 못했습니다. 하지만 나는 어느 정도 회복되었어요. 나는 이 관계의 끝에서 굉장히 푸대접을 받고 있었다고 느꼈어요. 아직도 가끔 그가 나에게 그랬다고 믿을 수 없어요. 얼마나 실망스러웠는지! 하지만 나는 엄청난 자유, 빛 그리고 홀가분함을 느껴요. 나는 내 자신이에요. 저는 인생을 친절하게 살려고 노력해요. 이렇게 밝은 기분을 왜 이제야 느끼는지 모르겠어요.

저는 제 존재에 대해 깊이 고민했고 제가 얼마나 강한 존재인지 알게 되었어요. 저는 정말 강한 존재이고 그걸 알아요. 어떤 것도 그와 같은 방식으로 저를 무너뜨릴 수 없어요. 그것도 저를 망가뜨리진 못했으니까요! 제 앞에 무엇이 있든 저는 아주 강하고, 제가 해야 할 일은 제자리를 단단히 차지하는 것이에요. 그러면 저는 괜찮을 거예요.

04
마취 없는 절단수술

몇 년 전 어느 가을날 나는 정말 이상한 경험을 했다. 뉴욕의 지하철을 타고 퇴근하던 중이었는데, 당시 읽고 있던 『쇼군(Shogun)』이라는 책을 드디어 자리에 앉아 읽을 수 있게 되어서 굉장히 기뻤다. 일본의 봉건시대에 푹 빠져서 나는 고개를 들지 않고 마음속으로 지나치는 역의 개수를 세고 있었다.

내릴 역에 이르러서도 나는 여전히 책 내용에 빠진 채로 지하철에서 급하게 내렸다. 하지만 길에서 놀라운 것을 발견했다. 내가 알고 있는 모퉁이가 웬일인지 이상하고 낯선 곳으로 바뀌어 있었다. 내가 너무나 잘 알던 가게들과 거리 대신 눈앞의 광경은 전혀 알지 못하는 것들뿐이었다. '무슨 일이 일어났던 걸까?' 충격에 빠져서 나는 다른 현실세계에 혹시 빨려 들어간 게 아닐까 고민했다.

'내가 다시 집으로 돌아갈 수 있을까? 내가 미쳐 버린 걸까?'

이 기묘한 현상을 논리적으로 이해해 보려고 내 정신은 빠르게 움직였고, 나는 곧 알게 되었다. 책을 읽고 싶은 간절한 마음에 나는 원래 타야 했던 차가 아닌 급행선을 탔고 내가 내려야 할 역을 지나쳐서 내린 것이다. 내 실수를 깨닫자마자 혼란스러웠던 세상이 멈추었고 나는 진정했다. 혼자 웃으면서 나는 책을 마저 더 읽을 생각에 행복해하며 지하철역으로 돌아갔다.

수년간 함께 지내던 남편이 갑자기 "다 끝났어."라고 말하는 것이 위로가 되는 경우는 그 어디에도 없을 것이다. 당신은 낯선 이 세계에 갇혀 버린 것이다. 이곳의 풍경은 당신이 알지 못하는 것이고, 새로운 땅에서 낯선 이가 되는 처지에 놓여 있다.

폭 로

7월 마지막 주 금요일 밤이었어요. 우리 아들의 열세 번째 생일 딱 사흘 전이었죠.

저는 2월 6일, 오후 5시에 그 소식을 들었어요.

2006년 11월 8일, 시카고 기준으로 자정 바로 전에 그가 나에게 메일을 보냈어요.

1991년 10월 3일, 저는 출근하려고 아침 5시에 일어나서 커피 한 잔을 마시려고 부엌으로 갔다가 그의 쪽지를 발견했어요.

2004년 9월 14일 화요일에 그는 직장에서 점심시간이 끝나자마자 저에게 전화를 걸었어요.

10월 16일 일요일 아침 여섯 시에 남편은 출근하려고 일어났어요. 제가 오늘 저녁 먹으러 일찍 들어오냐고 묻자 그가 돌아오지 않을 거라고 대답했어요.

수차례의 인터뷰를 하면서 SWAP의 참가자들은 자신의 삶이 궤도를 벗어나기 시작한 순간을 말해 주었다. 이 일들이 얼마나 오래된 것이든 간에, 여성들은 낙인이 찍힌 것처럼 모든 것을 자세히 기억하고 있었다. 그녀가 어디에 있었는지, 그녀가 무엇을 하고 있었는지, 무슨 말이 오갔는지, 방 조명의 밝기나, 커피가 끓던 냄새까지도. 모두 그녀의 감각과 기억 속에 영원히, 그리고 현실적이고 분명하게 남아 있다. 그 충격적인 순간을 그녀는 계속해서 쉬지 않고 몇 달 동안이나 재생해 보고, 여기서 의미를 찾아내려고 애쓸 것이다. 하지만 그녀가 그 순간을 아무리 자세히 쪼개서 들여본다고 해도, 아무런 대답을 찾을 수 없을 것이다. 재조정 작업은 혼란에 빠진 아내가 이 일에 대해 집착하게 되면서 전혀 생산적이지 못하게 된다. 마치 바위가 도로 굴러떨어질 것을 알면서도 계속해서 이것을 정상에 올려놓아야 하는, 그리하여 영원히 고통받는 시시

포스*같은 처지에 놓이게 된 것이다. 그녀는 무슨 일이 일어났는지 이해하고 그 고통에서 벗어날 수 있길 바라면서도, 어느 여성이 표현했듯 '파멸의 날'을 계속해서 돌아보고 있는 것이다.

몇몇 SWAP 참가자들의 경우 그 순간은 내리치는 단두대에 서는 것 같은 잔인함이 함께했다. 즉, '마취도 없이 절단수술을 하는' 잔인한 표현으로 묘사되는 감정이었다. 나 스스로가 그랬듯, 이 아내들은 결혼생활이 끝났다는 일방적인 통보를 받기 전까지는 아무것도 알지 못했다. 어떠한 의심도 품지 않은 채로 그녀들은 더없이 행복한 무지 속에 빠져 살았다. 이 극적인 사건이 밝혀지려는 순간에도 아무런 준비 없이 그녀들의 눈은 완전히 가려져 있었다.

한편으로, 다른 사람들은 이러한 결말을 '수천 번 칼에 베이는 듯한' 경험이라고 묘사한다. 이 여성들 또한 자신들의 결혼생활이 안전하다고 믿었지만, 남편들이 폭탄선언을 하기 전 무엇인가가 잘못되어 간다는 것을 미리 알아차렸다. 이들은 차고 문을 여는 키를 찾기 위해 남편의 책상을 뒤지다가 문자메시지나, 호텔 영수증이나, 러브레터들을 발견하게 된 여성들이다. 그리고 그들은 그 이후 며칠에서 몇 달에 걸쳐 수치스럽게 사건을 캐내야만 했다. 아마도 비난과 부정이 오고 갔을 것이며, 마지막에는 남편이 결국 "이제 끝났어."라고 선언했을 것이다.

이 두 가지 경우 모두 아내들은 자신의 결혼생활의 파국에서 순

---

* 코린트의 사악한 왕으로, 사후에 지옥에 떨어져 큰 바위를 산 위로 밀어 올리는 벌을 받아 이 일을 한없이 되풀이해야 했음.

진한 행인 역할을 하게 되었다. WAS의 다섯 번째 특징이 여기서 분명히 드러난다. 남편이 자신의 의도를 아내에게 밝혔을 때쯤에는 결혼생활의 끝이 이미 기정사실화된 것이다. 남편은 독단적으로 이 결정을 내리며, 끝이라는 소식은 갑작스럽게 전달된다. 남편이 입을 연 순간 아내의 운명은 벌써 결정되어 버린 것이다. 아내는 이 일에 대해 발언권을 잃고 어쩌다 이 지경이 되었는지도 알지 못한다.

단두대 스타일

단두대 스타일의 결말은 '수천 번 칼로 베는 방식'보다 훨씬 충격적이면서도 간단한 방법이다. 이 경우에 아내는 이 사건이 이미 끝이라는 것을 억지로 받아들여야만 하기 때문이다. 물리치료사인 나탈리는 그녀의 남편인 짐이 떠났을 때 49세였다. 남편은 51세였고 제약회사의 매니저였다. 그들은 22년간 함께였으며 학교에 다니는 나이의 딸이 둘 있었다. 나탈리는 자신의 결혼생활을 다음과 같이 묘사한다.

> "저는 제 남편과 우리가 함께하는 삶을 사랑했어요. 저는 그가 제 가장 친한 친구라고 생각했어요. 그를 아꼈고 우리는 멋진 인생, 아름다운 가정, 그리고 많은 웃음을 함께했죠."

그녀는 남편을 '아주 관대하고, 친절하고, 명랑하고 긍정적인' 사람으로 표현하였다. 그녀는 짐이 대립 상황을 싫어하며 문제에 대해 토론하는 것을 피하곤 했다는 것을 알았다. 하지만 돌아보면 그녀는 모든 것이 '괜찮았다'고 생각했기에, 그가 갑자기 이별 통보를 한 것에 큰 충격을 받았다.

> 저는 컴퓨터로 그날 제 예약손님 목록을 작성하고 있었어요. 그가 저에게 다가와서 "나 떠날 거야."라고 말하더군요. 저는 계속 타이핑을 하며 "그래? 어디 가는데?" 하고 말했죠. 그가 하이킹이나 출장을 간다고 생각했기 때문이에요. 그가 말했어요. "아니, 나는 당신을 떠난다고." 나는 말로도 표현 못할 충격과 엄청난 슬픔으로 그를 올려다보며 말했습니다. "오, 짐." 저는 그 순간과 그날을 죽는 날까지도 잊지 못할 겁니다. 저는 완전히 충격에 찢겨지고, 폭발하고, 산산조각 나는 기분이었습니다. 도저히 믿을 수 없었어요.

짐이 그들의 22년간 결혼생활의 끝을 알릴 때의 그 괴상한 무심함은 많은 도망치는 남편들이 이별 소식을 전할 때 전형적으로 보이는 태도다. 혹자는 수년간의 친밀한 관계였다면, 좀 더 격식을 갖춘 태도를 보여야 한다고 주장할지도 모른다. 고작 몇 달간 데이트를 한 상대라도 헤어질 때엔 좀 더 진지한 대화를 기대하는 것이 보통이니까. 예를 들어, 짐은 어쩌면 "나탈리, 할 말이 있으니 거실로 나와 줘."라거나, "당신의 기분을 상하게 하고 싶진 않지만, 중요하게 할 이야기가 있어."라고 말할 수도 있었다. 짐의 무뚝뚝한 선언은 나탈리가 이 일을 너무 진지하게 받아들이지 않게 하려는 그 나름의 이상한 시도였다. 어쩌면 짐은 이 내용을 일상적인 대화에 슬쩍 끼워 넣는다면 그녀가 알아채지 못할 수도 있다고 생각했을지도 모른다. 나는 이것을 결혼생활을 끝내는 '뜻밖의 방식'이라고 부른다.

다음은 몇몇 다른 예시다.

● 헤더(28세, 7년간의 결혼생활)

우리는 토요일 아침에 일어나서 장을 보러 가려고 준비 중이었습니다. 그가 속옷 바람으로 양말을 신으며 침대 위에 앉아 있었고, '이 짓거리도 더 못하겠다.'라는 식의 말을 했어요. 그리고 난 그가 무엇에 대한 말을 하는지도 이해할 수 없었죠. 장보기? 쇼핑?

● 제니퍼(43세, 23년간의 결혼생활)

지난 11월, 제가 설거지를 하는 와중에, 알란은 커피를 마시며 갑자기 떠날 거라는 말을 했어요. 저는 제가 잘못 들은 줄 알았죠.

● 애비 게일(38세, 14년간의 결혼생활)

토요일, 그는 노조협상을 마치고 돌아왔습니다. 저는 그에게 와인을 마시고 싶냐고 물어보았고, 그는 "이제 더는 못하겠다."고 말했죠. 저는 "와인 마시는 거 말이야?" 하고 물었어요. 그는 결혼생활을 끝내고 싶다고 대답했습니다.

● 애니타(42세, 4년간의 결혼생활)

어느 오후 그가 직장에서 전화를 걸었는데 어투가 냉담하더군요. 저희는 짧게 대수롭지 않은 대화를 나누었어요. 입씨름도 없었고, 그냥 소소한 말을 하고 있었는데 그가 갑자기 말했어요. "이제 더는 못하겠다." 저는 "뭘 더 못 하는데?" 하고 말했지만, 저는 그게 우리가 하는 멍청한 대화에 대해서 한 말인 줄 알았어요. 그리고 그가 "나는 이 관계를 더 유지할 수 없어."라고 말했습니다. 그리고 저는 "뭐라고? 왜? 무슨 뜻이야?" 하고 물었고, 그는 "그냥 못하겠어."라고 대답했어요. 그리고 그게 제가 말 그대로 마지막으로 그와 나눈 대화였어요. 제가 근무 중일 때 그는 집에 가서 자신의 짐을 챙겨 나갔어요. 절대로 제 전화를 받지도 않았고요. 왜 이 일이 일어났는지에 대한 아무런 대답도 듣지 못했어요. 그 이후로 그를 본 적도 없어요.

내 경우도 이와 같은 방식으로 끝이 났다. 내가 생선을 샀다고 하는 말에 남편이 '이젠 끝났어.'라는 말로 대답했을 때, 나는 정말로 그가 무슨 말을 하고 있는지 알지 못했다. 나를 포함해서 이런 일을 겪는 여성들은 왜 항상 그렇게 혼란스러워할까? 그건 정말이지 생각할 수도 없었던 남편들의 폭로로 결혼생활이 끝나 버렸기 때문이다.

그런데 왜 남편들은 우리가 알아듣기를 바라면서도 이처럼 불합리한 방식으로 자신들의 결론을 선언하는 걸까? 왜냐하면 어느 순간부터 그들에겐 떠나려는 계획이 마음속에서 우선순위를 차지하게 되었고, 그동안 애정이 넘치고 그토록 신경 써 주었던 아내들이 이러한 결론 역시 마법처럼 저절로 알아차려 줄 것이라고 짐작해 버리기 때문이다. 남편들이 보기에 결혼이 끝장난 것은 너무나 자명하고, 그건 아내들에게도 마찬가지일 것이기 때문이다. SWAP 참가자인 타히라는 "그는 이미 나를 여섯 달 전에 떠났어요. 그냥 말해 주는 걸 잊어버렸을 뿐이죠."라고 말했다.

시카고 대학교의 연구원인 조셉 하퍼는 「이혼에 있어서 갈등의 상징적 기원들(The Symbolic Origins of Conflict in Divorce)」이라는 통찰력 있는 기사에서, 떠나는 배우자가 결혼생활을 어떻게 재정의하는지에 대해 설명했다. 그는 먼저 이별을 제시하는 쪽이, 그들의 결정을 정당화하기 위해 성스러운 결혼을 없던 일로 만들어 버린다고 적는다. 그들은 그들의 결혼을 원래 하지 말았어야 할 것으로 재구성함으로써 이 일을 해낸다. 그는 사람들이 이혼의 유일한 이유로 불륜만을 제시하는 것을 들어 본 경험은 별로 없다. 그 대신 그들은 자신들의 어려움이 보다 뿌리 깊은 것으로 생각하고, 자신들의 관계가 구조적 결함에 의해 흔들리고 있다고 생각하게 된다고 말한다. 하퍼는 계속해서, "부정적인 면에만 집중하게 되고, 자신들의 결혼생활에 결함이 있고 거짓된 것이라는 생각을 하게 되면서, 먼저 떠나 버리는 배우자들은 이혼이 불가피한 것이라고 느끼게 된다. 이혼은 과거가 낳은 당연하고, 자연스럽고, 운명적이고, 논리적인 산물이 되어 버린다."고 적고 있다. 버림받은 배우자는 결혼생활에 대해 다른 시각을 가지고 있을 수 있지만, 떠나 버린 배우자에게는 이러한 결말이 너무나 분명하게 보인다. 그래서 떠나는 배우자들은 상대가 자신들의 결론에 동의하지 않고 가끔 이를 방해하려 할 때 실망하며, 심지어 엄청난 당혹감을 느끼기도 한다.

많은 남성이 똑같은 말을 하는 것에 정말 놀랄 따름이다. "이제 '이 일'도 더는 못하겠다." 이때 '이 일'은 '내가 이 결혼생활에 자발적으로 남아 있는 척하기'를 의미한다. 부부관계를 유지하는 것은 큰 친밀감을 요구하는데, 이러한 가식은 어느 순간 제아무리 의식을 완전히 분리시킬 수 있는 사람이라고 해도 오래가기 힘들다. 남편은 이미 오랜 시간에 걸쳐 떠나려는 생각을 해 왔다. 처음엔 그가 자신의 정체성을 부부관계 안에서 생각하기 때문에 불가능해 보였지만 여자친구의 도움으로 아내를 떠나는 것이 점차 가능해진다. 어느 날 잠에서 깨어 그것이 가능할 뿐만 아니라 피할 수 없는 것이라고 생각하게 될 때까지 말이다. 소설가 러셀 뱅크스는 이 과정을 "남편은 스스로가 그동안 기만당하고 속아 왔거나 아니면 아내 때문에 현혹당했다고 여기며, 이제 그는 자신이 깨어나 현실을 똑바로 볼 수 있다고 생각하게 된다."라고 해석한다. 남편은 아내와 함께하는 것을 하루도 버틸 수 없을 때까지, 결혼생활에 대한 부정적인 면을 점점 강조하면서 망설임을 넘어 차츰 자신의 새로운 도전을 시작할 준비를 하게 된다.

하지만 그는 내 친구가 '예상치 못한 결과물들의 법칙'이라고 부르는 그것까지는 계산하지 못한다. 자신의 소식이 어떻게 아내에게 영향을 주고, 더 중요하게는 그녀를 어떻게 바꿀 것인지에 대한 점이다. 남편은 자신의 행동이 인간으로서의 아내를 망가뜨릴 수 있다는 점에 대해서 중요하게 여기지 않는다. 너무나 자기 자신에게만 집중하여 아내의 현실은 그에게 와 닿지 못하는 것이다. 무엇보다도 그에게 가장 중요한 것은 아내가 자신을 방해하지 못하게 하는 것이다.

자기 뜻을 선언하기 전에 도망치는 남성들은 침묵 속에 고통스러워한다. 그들은 갈등을 피하고 싶어 하기 때문에 자신의 쌓여 가는 불만을 말하지 않지만, 결국 이 회피 성향이 어느 순간 분노의 형태로 드러나게 된다. 이상적인 남편의 역할을 해내고 있는 와중에도 그는 이중생활을 하고 있겠지만 그는 그 분노를 혼자만 간직하려고 노력한다. 하지만 한시라도 빨리 떠나려는 결심이 서고 나면 수년간 참아 왔던 분노를 더 이상 감출 이유가 없어지는 것이다.

칼로 수천 번 베여서 죽는 죽음

'칼로 수천 번 베여서 죽는' 결말에서는 고통스러운 과정이 느닷없이 시작된다. 아내는 혼란에 빠져 희망과 절망 사이를 롤러코스터처럼 오가는 경험을 하게 된다. 38세의 나디아는 7년간 결혼생활을 함께했던 남편인 션에게 무슨 일이 일어나고 있는지 알아내기 위해 몇 주 동안이나 노력했지만 남편은 아무 일도 아니라고 말할 뿐이었다. 하지만 나디아가 션이 외도하고 있다는 증거를 들이대자 션은 결혼생활을 유지하려고 노력하기보다는 이미 마음이 떠나 버렸음을 밝히면서 그녀에게 충격을 주었다.

나디아에게 결혼생활이 어떠했는지 물어보면, 그녀는 "안정적이었어요. 우리는 항상 좋은 '팀'이었습니다. 협력하고 절대 싸우지 않았어요. 우리는 항상 대화를 나누고 원활한 의사소통을 했어요 (적어도 전 그렇게 생각했어요)."라고 답했다. 여기 이 모든 것이 어떻게 부서졌는지에 대한 이야기가 있다.

12월 중반부터 저는 뭔가가 이상하다는 느낌을 받기 시작했습니다. 그는 모든 것이 괜찮다고 저를 안심시켰죠. 그리고 저는 컴퓨터에서 무엇인가를 발견했어요. 그건 그가 온라인 데이트 사이트에 남긴 활동 내역들이었어요. 이 점에 대해서 그는 곧바로 설명했죠. 그도 그럴듯해서 저는 그냥 그를 믿었습니다. 여전히 의심스럽긴 했지만, 그가 새해 출장에서 돌아오고 저에게 어떻게 대하나 보기로 했죠. 그가 돌아온 날 밤, 자신의 작업용 컴퓨터로 저에게 무엇인가를 보여 주더군요. 그가 지난 몇 주간 데이트했던 내용들을 발견했습니다. 제 친구에게 다른 친구의 전화번호를 묻는 것도 포함해서요. 그녀에게 우리 관계가 끝났다고 말하고, 2주 뒤에 이사를 나갈 거라고요. 저는 아무것도 몰랐어요. 비슷한 시기에 그는 저에게 깜짝 생일파티를 열어 주고, 모든 것이 괜찮은 척 행동하면서도 그는 벌써 아파트에 세를 들어 놨어요.

그 내용을 찾고 나서 저는 그에게 물어봤어요. "그래서, 언제 떠나는 거야?" 그가 답했습니다. "화요일에……." 그때는 일요일 저녁이었습니다.

나디아의 결혼생활은 갑작스럽게 끝나긴 했지만 그녀는 뭔가가 일어나고 있다는 느낌을 받고 있었다. WAS의 단두대 스타일을 경험한 여성들과 비슷하게 그녀는 자신이 좋은 결혼생활을 유지한다고 믿었다. 남편의 불만은 한 번도 명확히 표현된 적이 없었지만 일단 그가 떠나려는 마음을 먹자 나디아는 아무런 말도 할 수 없었다. 그는 나디아가 알아차릴 즈음에 벌써 따로 아파트를 구했기 때문이다.

다음은 '칼로 수천 번 베여서 죽는' 식의 이별을 경험한 다른 예시들이다. 아내가 남편들이 남긴 단서들을 풀어내고 그들에게 정면으로 맞섰을 때의 일이다.

● 섀런(47세, 23년간의 결혼생활)

남편에게 우리 막내아들 또래의 여자친구가 있었어요. 그녀가 남편에게 사랑을 고백하는 메일을 발견하게 되었죠. 제가 설명을 요구하자 그는 제 오해라고 주장했습니다. "안녕, 내 사랑. 나에 대해 속속들이 알잖아요. 당신 없는 저는 완벽하지 않아요."에서 제가 무엇을 오해했는지는 아직도 설명을 듣지 못했어요.

● 발레리(39세, 18년간의 결혼생활)

남편은 저에게 일 때문에 아주 늦게 퇴근할 거라고 말했습니다.

저녁거리를 가져다주려고 그의 사무실에 들르려고 했지만, 그는 거기에 없었어요. 사실 빌딩 전체의 불이 꺼져 있었습니다. 저는 밤 10시까지 거기에 앉아서 그가 돌아오나 보려고 기다렸어요. 그는 오지 않았죠. 남편은 밤 11시 30분쯤 집에 돌아왔습니다. 누구랑 있었냐고 물어보았죠. 그는 "아무도 아니야." 대답했습니다. 저녁을 먹으러 나갔고 쇼핑을 하러 갔었다고요. 그게 거짓말이라는 건 알고 있었습니다.

● 수지(53세, 12년간의 결혼생활)

어느 주말 그는 기분이 매우 좋지 않았습니다. 그가 그런 적은 한 번도 본 적이 없었을 정도로요. 마치 그가 다른 사람인 것 같았습니다. 더 이상 그는 제 손을 잡거나 제 팔꿈치를 감싸고 함께 길을 건너주지 않았어요. 어떠한 애정이나 보살핌도 없었고, 엄청난 적의만 남았죠. 그에게 계속 무슨 일이냐고 물었지만, 그는 "아무것도 아니라고." 대답했습니다. 지옥 같은 2주가 지났고, 어느 날 밤 저는 신용카드 명세서를 보게 되었습니다. 두 번의 호텔요금 결제가 있었어요. 모든 것이 하얗게 번지는 듯, 저는 현기증을 느꼈고 엄청난 충격을 받았습니다. 모든 것이 안개에 휩싸인 것 같았어요. 모든 작은 단서들이 떠올랐고, 저는 그것을 믿을 수 없었습니다. 그리고 저는 휴대 전화 이용요금을 포함한 전화요금 명세서를 열었습니다. 제가 모르는 번호에 전부 밑줄을 그어 놓았고, 이 번호에 전화를 걸었죠. 그가 집에 왔을 때 당연히 그는 모든 것을 부정했고 그 요금들과 전화통화를 둘러대기 위해 교묘히 꾸민 이야기를 저에게 풀어냈습니다. 그는 그날 저녁 떠났고 그 뒤로 돌아오지 않았습니다.

아내가 먼저 갈등을 시작하는 쪽이 되도록 만들기 위해서 남편은 무수한 단서들을 남겨 놓는다. 그리고 이로써 남편은 그 주제를 먼저 꺼낼 필요도 없게 된다. 결혼으로부터 뒷문으로 도망쳐 버리는 것이다. 그리고 단서들의 존재가 아내로 하여금 무슨 일이 일어나는지 캐고 다니게 만들기 때문에, 많은 남편은 이러한 아내의 행동에 분노를 표현하며, 그녀에게 화를 낼 만한 완벽한 핑계거리를 만들게 된다. 이는 갈등의 초점이 불륜이 아닌, 아내의 비밀을 밝히기 위한 행동으로 옮겨 가도록 한다. 즉, 좋은 방어는 곧 좋은 공격이라는 말 그대로다. 여성들은 죄책감을 느끼는 경향이 있기 때문에 혼란에 빠지게 된다. 그녀들은 여기서 남편의 불륜보다는 자신들의 소소한 잘못으로 사안이 옮겨 가도록 내버려 두고 만다.

'칼로 수천 번 베여서 죽는' 방식을 통한 이별의 두 번째 타입은, 불륜 사실이 발각되고 난 이후에도 남편이 아내를 곧장 떠나 버리지 않을 때를 말한다. 때로 이런 공백기는 그의 여자친구 역시 자신의 결혼생활을 끝내는 기간이기도 하다. 그 기간 동안, 아내는 잔인한 시험에 들게 된다. "만약 당신이 이걸 해내면, 내가 남을지도 몰라."

미국의 전 국무장관 매들린 올브라이트는 자신의 회고록 『여성 장관(Madam Secretary)』에서 '칼로 수천 번 베여서 죽는' WAS의 전형적인 이별로서, 남편이 자신을 어떻게 떠났는지를 보여 준다. 올브라이트의 남편은 자신이 떠날 것을 선언했고, 이미 마음은 올브라이트를 떠나 그의 연인에게 가 있음에도 불구하고 결혼생활은 아슬아슬하게 명목을 유지하고 있었다. 올브라이트는 이렇게 회고한다.

> 이후 몇 달간은 아주 독특한 방식의 고문이었다. 확실히 조는 결단력 있는 선택을 한 것처럼 생각했겠지만, 그가 자신의 여자친구와 함께 애틀랜타로 떠난 이후 자신이 무슨 일을 하고 있는 건지 잘 모르거나 자신이 떠난 방식에 대해 불편함을 느끼는 것이 분명했다. 그래서 그는 나에게 전화를 걸었다. 그것도 매일. 그는 나를 사랑했다, 사랑하지 않았다 하는 걸 반복했다. 그는 나에게 자신의 감정을 퍼센트로 말해 주었다. '난 당신을 60퍼센트 사랑하고 그녀를 40퍼센트 사랑해.' 그리고 다음 날엔 '난 그녀를 70퍼센트 사랑하고 당신을 30퍼센트 사랑해.'라는 식이었다.

여성으로서 그리고 아내로서 그녀에 대한 이런 식의 평가가, 올브라이트의 자신감에 얼마나 치명적 영향을 미치게 되었는지는 이루 다 설명할 수 없다. 이런 식으로 이별을 겪는 아내들은 자신의 삶에서 가장 중요한 시험에 실패했다는 사실 때문에 아무것도 모른 채로 있었던 아내들보다 더 큰 타격을 입는다.

문밖으로

휴대 전화를 통한 이별 통보

놀랍게도 한 연구에 따르면 상당수의 남성이 통화나 이메일, 문자메시지, 심지어는 메모지로 이별을 통보한다고 한다. 어떤 남성들은 자녀를 통해 그 소식을 전달하기도 한다. 51세의 지나는 딸과 함께 휴가를 떠나러 가는 참이었고, 남편인 페르난도가 그들을 공항으로 데려다주고 있었다. 그는 잘 가라고 그녀에게 키스했고, 여행을 잘 다녀오라고 인사하며 그들이 돌아올 때 공항으로 마중 나오겠다고 말했다. 그것이 페르난도의 마지막 모습이었다.

우리가 집에 도착했을 때, 아들이 저에게 남편이 서부로 발령이 났다고 전했습니다. 언제 돌아올지는 모른다고요. '정말 이상하네.'라고 생각했어요. 며칠 뒤 페르난도는 저에게 이메일을 보냈고, 그가 하는 말이 이상하게 느껴졌어요. 일주일 후 그가 전화를 걸어 왔지만 정말로 그가 낯설게 느껴졌죠. 저는 앨버커키에 있는 그의 아들에게 메일을 보내서, 이 상황에 대해 설명하고 뭐 자세히 아는 것이 없냐고 물었는데 아들은 아는 것이 없다고 했습니다. 하지만 2주 뒤, 아들이 우리 둘이 헤어졌다는 사실을 들었다며 전화를 했습니다. 정말로 충격적이었지요. 남편은 저에게는 아무런 말이 없었거든요.

폴린은 25년간이나 함께였던 남편이, 주방 카운터에 남겨 둔 쪽지를 통해 이별 통보를 해 왔다고 했다. "토요일이었고 저는 학교에서 팬케이크로 간단히 아침식사를 했죠. 오후 두 시쯤 전화를 걸었고 그는 저에게 장보기 목록을 알려 주었습니다. 모든 것이 괜찮은 것처럼 느껴졌죠. 오후 네 시쯤 집에 돌아왔을 때, 아무도 집에 없었어요. 저는 주방에서 봉투 두 개를 발견했습니다. 하나는 저에게 그리고 다른 하나는 아들에게 쓴 것이었습니다. 그는 제게 본인이 떠나야만 했고 우린 더 이상 공통점이 하나도 없다고 적었더군요. 사실 제가 그 말을 듣기도 전에 그는 떠나 버렸습니다."

린지는 남편이 유콘으로 출장을 간 사이에 이메일로 소식을 듣게 되었다. 그는 자신이 "행복하지 않았고, 그래서 부부관계를 포기해 버렸고, 이건 새로운 여행을 떠나는 셈이다."라고 말했다. 수는 "저는 그를 직장에 데려다주고, 우리 사이는 모든 것이 괜찮았어요. 그는 저에게 키스하고 저를 사랑한다고 말했습니다. 그리고 두 시간 이후 전화를 걸어, 저에게 재차 사랑한다고 말한 뒤, 문자를 보내 우린 이제 끝났고 저더러 은행계좌 정보를 남겨 두고 떠나라고 했어요."라고 말했다.

미리 알려 주지도 않고 갑작스럽게 떠나는 남편들에게는 겁쟁이 같다는 말이 어울리긴 해도, 아내를 앞에 두고 직접 말할 용기도 없는 이들에게는 잔인하다는 말이 더 적당하다고 본다. 아내들의 입장에서 남편이 당장 떠난다는 소식을 듣는 것도 힘들지만, 뭐라고 말 한마디 할 수 있는 기회조차도 없는 것은 몇천 배 더 고통스럽기 때문이다. 이런 '뺑소니' 식의 폭로전에서 희생자가 된 여성들은 자신을 보호할 기회를 박탈당한 것처럼 느끼게 되고 이는 회복과정을 더욱 힘들게 한다.

서로 어울리지 않는 사수자리와 염소자리!

"이젠 끝이야."라는 말과 함께 바로 밖으로 나가 버리는 남편이 있는 반면, 그 말을 하고 잠시 아내와 머무는 남편도 있다. 아내와 잠시 함께 있는 남편들은 계속 설명을 요구받게 된다. 이것은 종종 고통스러운 대화나 다툼으로 이어지게 된다. 내가 인터뷰했던 아내들은 남편들이 이별 이유를 제대로 설명했다고 말하는 경우가 거의 없었다. 그 반면, 정당화를 위해 제시된 이유들은 보통 여성들을 혼란스럽게 하여 완전히 말도 안 되는 이유들을 그녀가 끝없이 곱씹으면서 계속 슬픔에 빠져 있도록 만든다.

WAS의 네 번째 특징은 '떠나는 것에 대한 이유들은 말이 맞지 않으며, 과장되고 사소하거나 거짓'이라는 것이다. 떠나는 남편들은 보통 사태를 모면하기 위해 이것저것 반박할 수 없는 '사실'인 설명들을 섞어 내지만, 이러한 변명들은 결혼생활을 끝내는 중대 사건을 설명하기에는 절대 충분할 수가 없다. 다음은 SWAP 참가자들이 남편으로부터 들은 변명들이다.

그는 제가 '뒷문에 신발을 너무 많이 놔뒀다.'고 했어요.

그는 제가 장보기 목록에서 세제를 이상한 곳에 적어 둬서 자기가 직접 거기에 동그라미를 쳐 놓고 다시 가지러 가야 했다는 식의 이상한 핑계를 댔어요. 그는 우리가 두 번째 개를 데려오지 않아서 행복하지 않았다고 했어요. 버려야 되는 꽃병에 꽃을 꽂아 놓은 것이 잘못이었어요. 주방 카운터에 음식을 조금 흘려 놓고 닦지 않았기 때문이었어요.

저희는 막 새로운 동네로 이사를 한 참이었습니다. 그가 떠난 이유는 정말 애매했어요. '이 동네 운전자들을 정말 참을 수가 없어.' '여기 상사들이 정말 마음에 안 들어.' 하고 말이에요.

그는 한 살짜리 보스턴 테리어 강아지가 우리에게 필요 없다고 했어요.

남편은 제 무릎 때문에 절 떠난다고 했어요. 그는 등산에 미쳐 있었는데, 제가 무릎수술을 받고 난 이후, 의사들이 저에게 더 이상 등산을 하면 안 된다고 했거든요.

그는 우리가 같은 노후대책 계획을 세우지 않는다고 했어요.

그는 38년의 결혼생활이 지나고 난 뒤에야 사수자리와 염소자리가 서로 어울리지 않는다는 것을 깨달았대요.

자기 딸이 지난여름 파혼했기 때문이래요. 그녀가 결혼을 했었다면 저와 함께 있었을 거라고요.

그는 제가 디너파티에서 너무나 사적인 이야기들을 해 대서, 대화의 지적 수준을 낮추어 버렸기 때문이라고 말했어요.

그가 저를 떠나는 이유요? 그 불륜 상대였던 여자가 저보다 더 종교에 충실한 사람이었기 때문이었어요. 네, 맞아요. 그 종교는 간음을 죄악으로 삼고 있는 종교였죠.

매들린 올브라이트 전 국무장관은 남편의 정당화를 다음과 같이 묘사한다. 폭로 이후 몇 달간, 남편은 애인과 아내 중 어느 쪽을 선택할지 고민하고 있었고 그는 퓰리처상의 저널리즘 부분에 입후보된 상태였다. 올브라이트는 이렇게 회상한다. "조는 상을 받고 싶어 했습니다. 하루는 그가 엄청난 제안을 해 왔어요. 만약 그가 퓰리처상을 받게 되면 저를 떠나지 않는다고요. 만약 상을 받지 못하면 우리는 이혼하게 될 거라고 했습니다." 그리고 그가 상을 타지 못했다는 것을 알게 된 날, 그는 정말로 떠났다. 올브라이트는 "만약 퓰리처상 심사위원회가 다른 결정을 내렸다면 정말로 내 결혼생활이 구원받을 가능성이 있었는지 모른다."고 적었다. 그는 자신의 결정을 외부요인에게 맡겨 버리고는 "내 잘못이 아니었어. 나는 떠났어야만 했다고! 나는 퓰리처상을 받지 못했으니까!"라고 주장할 수 있는 핑계를 만들었다. 이는 엄청난 부조리인 것이 분명하지만, 주의를 돌리는 데엔 성공적인 전략이 되기도 한다. "어린 여성들이 나를 우러러보고 내가 매력적이라고 하면서 같이 자기도 하는데 그냥 놓치기엔 너무 아깝잖아."라고 말하는 것이 너무 어려운 것이다.

버림받은 아내들은 남편들이 내놓은 이유들을 이해하는 데 너무 절박해서 이 기묘한 정당화를 굉장히 고통스러운 것으로 받아들인다. 많은 아내가 버림받은 자체보다 그럴듯한 이유조차 없다는 사실이 더욱 힘들게 느껴진다고 말한다. 특히 남편들이 떠나기 직전의 순간까지도 애정이 넘치는 모습을 보였다면, "당신을 더 이상 사랑하지 않아."라는 단순한 한마디마저 혼란스럽게 느껴지기 마련이다. 한 여성은 그녀의 남편이 떠난다는 말을 하는 동안에도, 남편이 이틀 전에 깊은 사랑을 표현하는 카드와 함께 주었던 열두 송이 장미를 바라보고 있었다고 회고했다.

서로 맞지 않는 정보들을 곰곰이 생각하는 것은 굉장히 지치는 일이다. "그는 바로 어제 저를 사랑한다고 말했는데 오늘 저를 떠나요." 이것은 완전 미친 짓이다. 그리고 그 미친 짓에는 이유가 따른다. 아내가 '가스등 밝히기'라는 감정적 학대를 겪게 될 즈음 이것이 나타나게 된다. '가스등 밝히기'라는 단어는 1944년 잉그리드 버그만의 영화 〈가스등(Gaslight)〉에서 따온 것인데, 영화에서 기만적인 남편이 매일 밤 다락방에서 가스등을 몰래 깜빡이기 때문이다. 아내가 남편의 이상한 변화를 지적하면 남편은 아내에게 기분 탓일 거라고 말한다. 의도적으로 아내의 현실감각을 약화시키면서 그는 아내로 하여금 자신이 미쳐 간다고 믿게 만든다. WAS의 상황에서 가스등을 밝힌다는 것은, 이별을 정당화하기 위해 남편이 허튼 변명을 계속 우겨 대고 아내가 스스로 정신이 나갔다고 믿게 만드는 것으로 볼 수 있다.

아내는 남편이 그간 무엇을 하고 있었는지 방금 알게 된 사실(기만과 불륜)보다는 남편이 지금 하고 있는 말(혼란스러운 정당화)에 집중하게 되면서 흔들리게 된다. 폭로의 순간에 아내는 남편에 대한 신뢰를 뿌리치고 갑작스럽게 그가 거짓말을 하며 자신의 이익을 위해 그녀를 조종하고 있다는 사실을 깨닫기는 사실상 불가능하다. 그에 대한 아내의 시각을 바꾸는 데에는 길고 힘든 시간이 필요하다. 그렇기에 그가 하는 말이 아내가 인식하는 현실에 들어맞지 않더라도, 아내는 그 말을 이해하고 상황에 끼워 맞추려 애를 쓴다. 그런데 이는 불가능하다.

SWAP에 직접 참여했던 몇몇의 도망친 남편은, 자신이 오랫동안 행복하지 않았기 때문에 떠난 것이라고 말했다. 그들은 정말로 왜

인지는 모르겠지만 삶에 불만족스러워하고 있었다. 『짜증내는 남성 신드롬(*The Irritable Male Syndrome*)』의 저자 제드 다이아몬드는 '스위치 올리기'에 대해 설명한다. '스위치 올리기'는 몇몇 남성이 갑작스럽게 결혼생활을 끝내 버리는 이유로서 감정적 변화를 이야기한다.

남성이 '이제 더 이상 결혼을 유지하고 싶지 않다.'는 결정을 내릴 때, 그는 종종 왜 그런지에 대한 논리적인 사유를 가지고 있지 않다. 그는 그냥 그런 기분이 들었고, '그냥 더 이상 이렇게는 못살겠어. 좋은 결혼생활이었고, 내가 편지에 적은 말들은 전부 진심이었어. 나는 어제 그녀를 사랑했지만 오늘 일어나니까 그 감정은 전부 사라졌어.'라고 말할 것이다. 제드 다이아몬드는 나아가 "인간의 뇌는 늘 이유를 원한다. '나는 벌써 떠나기로 마음먹었어.'라고 말하는 이면에는 '나는 이에 대한 이유가 있어야만 해.' 하는 면이 있다. '내 인생은 즐거웠고 나는 내 아내를 사랑했지만, 이제는 그만뒀어.'라고 말하는 것은 앞뒤가 맞지 않기 때문이다. 이유가 있어야만 한다."라고 말한다. 그래서 결국 남편은 말이 되든 아니든 아무 이유나 붙들고 아내가 이를 믿고 그를 자유롭게 놔두기를 바라게 되는 것이다.

부재는 냉담함을 낳는다

내가 저술한 책 『나의 자매, 나 자신(*My Sister, My Self*)』을 홍보하는 출간투어를 하던 23일간 어느 날, 남편은 집에 머물면서 책상을 정리했다. 내가 돌아온 다음 날 아침, 한 달에 두 번 와 주는 청소부였던 잉그리드가 나에게 남편이 이사를 나가냐고 물어보았다. 나는 웃었다. "아뇨, 그는 직장에 있어요. 왜 그런 질문을 하세요?" 그녀는 대답했다. "비키, 나는 당신 집에서 아주, 아주 오랫동안 일했는데, 그의 책상이 그렇게 깨끗한 것은 처음 봤어요." 잉그리드가 옳았다. 그날 오후 남편은 퇴근하고 돌아와서 나에게 잔인한 소식을 전했다.

WAS에 대한 조사를 시작하기 전, 내가 집에 돌아오는 일정과 남편이 떠나는 날이 의도적으로 겹친 것이라고는 생각조차 하지 않았다. 하지만 이러한 폭로가 어느 한쪽이 잠시 떠난 이후에 보통 일어났다는 SWAP 참가자들의 이야기를 계속해서 들으면서, 그 둘의 상관관계를 더 이상 부정하기 힘들어졌다. 대부분의 남성이 잠시 떨어져 있다가 이별을 선언했다. 부부가 떨어져 있다는 사실이 남성에게 떠나려는 결심을 굳히도록 하는 것이다. 그것이 한 달간의 여행이든 아니면 짧은 주말 동안의 여행이든 간에 부부를 함께 있도록 하던 것은 그사이 사라져 버리고 만다.

가끔 그 여행들은 지극히 정상적인 것이다. "그는 아들을 데리고 아스펜으로 스키를 타러 갔어요." "그는 멤피스에 있는 자기 형을 만나러 갔어요." "제 남편은 석사학위를 따기 위해 원격수업을 받기로 하고, 오리엔테이션을 받으러 덴버로 떠났어요." "저는 제 딸과 2주간 휴가를 떠났었어요." "그는 제가 핼리팩스에 있는 어머니의 70번째 생일을 축하하러 떠나기를 바랐어요." "그는 제 치료를 위해 과테말라에 가서 스페인어를 배우는 게 어떻겠냐고 했어요." 하지만 가끔 여행에 관한 것들이 수상쩍게 느껴지기도 한다. "제 남편은 '주말회의'를 위해 떠났어요(네, 그렇겠죠!)." "그는 '조사'를 하러 베를린으로 떠났어요(하지만 그곳에 있는 그 여자를 만나러 간 것이었죠)."

부부가 따로 시간을 보내는 동안, 떠나기로 마음먹은 남편에게는 두 가지 일이 일어날 수 있다. 그가 억지로 남편 역할을 해낼 필요가 없다는 것에 대한 안도감을 느끼거나 자신의 여자친구가 미래의 아내감으로서 어떤지 시도해 볼 수 있는 것이다. 어느 쪽이든 잠깐의 이별은 진짜 이별을 위한 리허설이 되곤 한다.

가장 잔인한 달

SWAP 인터뷰에 대한 분석은 다른 놀라운 발견으로 이어졌다. 연구에 참가했던 여성들 중 아주 높은 비율로 11월부터 1월까지의 석 달 사이에 이별을 경험했다는 것이다. 44퍼센트의 결혼이 이 기간에 파경을 맞이했는데, 이는 추수감사절, 크리스마스, 그리고 새해, 즉 휴일에 더욱 두드러졌다. 몇몇 남성은 새해 전날 떠났다. 한 남성은 추수감사절에 떠났고, 그의 아내는 "칠면조가 오븐 안에 있었고, 저는 부엌에서 애플파이를 요리하고 있었어요. 많은 손님이 오기로 되어 있었습니다. 그는 모든 손님이 오는 것을 확인하고 그들이 자기가 떠나는 것을 똑똑히 볼 수 있도록 했어요."라고 회상했다.

왜 일 년 중 그 기간이 가장 취약한가에 대해 조사하면서, 세 가지 원인을 제시할 수 있었다. 우선 남편은 휴일 동안 사람들과 어울리면서, 행복한 주인 역할을 해내는 압박을 견디지 못했다고 볼 수 있다. 두 번째로, 남편이 휴일을 가족들과 보내는 동안, 그의 여자친구가 혼자서 다음 휴일 때까지 기다릴 수 없어서 그를 닦달했을 수도 있다. 그리고 연구 참가자가 세 번째 원인을 제시했다. "어쩌면 계절에 따라 이 남성들은 겨울에 그 욕구를 느꼈을지도 모르죠. 어쩌면 그저 바깥의 황량함이 그들로 하여금 따뜻함을 찾아 다른 곳을 향하게 했을 수도 있지 않을까요?" 어느 설명이 맞든 간에, 겨울의 죽음이 결혼생활의 죽음으로 이어지는 것은 분명해 보인다.

06
슬픔의 카탈로그

내가 똑같은 일을 겪어봤기 때문에 별로 놀라지 않을 거라고 생각할지도 모르겠다. 하지만 여성들이 결혼생활의 종지부를 알리는 폭로상황에 대해 사용하는 단어나 이미지들은 나에게 큰 충격을 주었다. 그 상황들은 평범한 어구로 설명되지 않았다. '슬픈, 심란한, 파괴적인, 상처받은, 혼란스러운, 우울한' 같은 단어들이 일상적으로 사용되었고, 눈 깜짝할 새에 삶이 사라져 버렸다는 충격의 강도는 이런 단어들과 비교조차 되지 않는다. 이건 마치 맑은 여름날 가족과 함께 피크닉을 즐기고 있었는데 갑자기 10분 뒤 토네이도가 몰아쳐, 당신은 멍하니 두드려 맞고 피 흘리며 있게 되고 아이들도 정신적인 충격을 받게 되는, 당신의 삶이 산산조각 나서 흩어져 있는 꼴이다. 그리고 그 토네이도를 보낸 사람은 당신이 사랑하는 남편인 것이다. 이건 농담이 아니다. 정말로 그렇게 느껴진다. 한 SWAP 참가자는 "그 이야기를 듣고, 트럭에 치인 듯한 느낌

081

이 들었어요. 정말 굉장히 놀라운 일이죠. 이 비유들 말이에요, 그것들은 사실 비유적인 표현들이 아니거든요. 정말로 그렇게 느끼게 돼요. 산산조각 나거나 트럭에 치인다거나 심장을 찔린다는 것들이요. 정말로 큰 트럭에 치인 것처럼 느껴졌어요."라고 말했다.

만약 당신이 비위가 좋지 않다면 다음 몇 장 정도를 그냥 넘기기를 권하고 싶다. SWAP 참가자들이 자신의 괴로움을 표현하기 위해서는 다소 거친 표현들을 사용할 수밖에 없기 때문이다. 아니, 사실은 당신이 이것을 읽어 보길 더욱 권하고 싶다. 그렇지 않고서는 이해할 수 없기 때문이다. 이 여성들이 어떤 고통을 겪어 왔는지 알 수 없을 것이다. 다음의 설명들은 내가 '슬픔의 카탈로그'라고 부르는 것들인데, "당신이 그 소식을 듣고 어떤 생각을 했는지, 어떤 기분을 느꼈는지 기억하나요?"에 대한 답변들이다.

저는 극심한 신체적 고통을 느꼈어요. 심장이 굉장히 빠르게 뛰어서 터질 것처럼 느껴졌습니다.

정말로 몸이 찢겨지는 감각이 들었어요.

엄청난 충격과 배신감이요. 사실 무슨 영화 같다고 생각했어요.

길을 잃은 듯한 기분이 들었습니다.

제 배를 누가 칼로 찌른 것 같았습니다.

그 소식을 듣자마자 바로 일어나서 화장실에서 토했어요.

트럭이 절 치고 지나간 것 같았어요.

제 인생이 산산조각 났습니다.

하루 종일 주체할 수 없이 눈물이 계속 났어요.

몇 달씩이나 괴로워하며 지냈습니다. 정말 아팠어요.

상처받고, 또 상처받고, 화가 났고, 혼란스러웠고, 그리워했어요.

가슴에 실제로 통증을 느끼기 시작했고 39세에 심장마비가 왔을까 봐 두려웠습니다.

심장이 아팠어요. 정말로 가슴이 아프다는 게 어떤 것인지 알게 되었습니다.

가슴이 철렁 내려앉았습니다.

그가 제 팔을 떼어 낸다고 해도 그렇게 아프진 않았을 거예요.

제가 그 소식을 듣자마자 느낀 감정이요? 마음이 너무 고통스러웠어요.

누가 제 배를 세게 한 대 친 것 같았어요. 정말로 몸이 아팠고 제 귀를 믿을 수가 없었죠. 큰 트라우마를 겪었습니다. 몸 전체에 두드러기가 생겼어요.

제가 이 끔찍한 소식을 듣고 있는 것을 다른 사람의 시각으로 바라보는 느낌이 들었어요. 정말로 비현실적이었죠.

우선 절망했습니다. 몸이 견뎌 낼 수 없는 정도의 고통을 몇 번씩이나 겪으면서 두려워졌어요.

바로 그 자리에서 제 인생을 끝내고 싶었어요.

제가 한 번도 겪어 본 적이 없는 절망감이었습니다.

절망스러웠고, 혼란스러웠고, 그저 이해가 되지 않았어요.

엄청난 충격을 받았고, 겁에 질렸고, 끔찍한 악몽을 꾸고 있는 것 같았습니다. 절대 현실일 리가 없다고요. 토하고, 울고, 내내 비현실적인 느낌을 받았습니다. 이 일이 절대 일어날 리가 없다고 생각해서요.

커다란 막대기로 내 배를 내리친 것 같았습니다.

제 존재의 밑바닥이 떨어져 나간 것 같았어요.

으스러지고 힘으로 눌리고 그다음엔 절벽에서 떨어지는 것 같은 기분이 들었습니다.

누가 제 배를 때린 것 같았어요.

제 가슴에 튜브가 달려 있고 그걸 통해서 제 모든 힘과 사랑이 빨려 나가는 장면이 떠올랐어요.

제가 한 번도 겪어 보지 못했던 경험을 했어요. 공황발작을 일으켰고, 완전히 무너져서 숨도 쉬어지지 않았습니다.

누가 제 가슴을 밟고 폐에서 공기를 전부 빼 버린 것 같았어요. 끔찍했어요.

제 삶이 폭발해 버리는 것을 지켜본 기분이었어요.

심장이 아프고 토할 것 같은 기분이 들었습니다. 속이 메스꺼웠죠. 이런 일이 일어날 리 없다고 생각했어요.

너무나 마음이 아팠습니다. 그냥 그 기분을 표현할 수가 없어요. 마음이 아팠어요.

배를 걷어차인 기분이 들었고 사실 그날 오후 몇 번 토했어요.

말 그대로 어지러워졌고, 멍하니 있었어요. 모든 것이 흐릿해졌어요.

저는 산산이 부서졌어요.

그가 제 심장을 칼로 찌르는 것 같았고 그가 내뱉은 모든 단어가 그 칼을 비틀고 있는 것처럼 느껴졌습니다.

제 심장에 칼이 꽂혀 있고 바닥으로 푹 꺼지는 기분이 들었습니다. 마비되는 느낌이 들었어요.

완전한 충격과 공포였죠.

너무나 큰 충격을 받았습니다. 제대로 생각을 할 수가 없었어요. 신체적으로도, 감정적으로도 마비된 기분이 들었어요. 제 안으로 숨어버리게 되었죠.

마음의 상처를 받았어요. 그냥 죽고 싶었습니다.

충격, 절망 그리고 완전한 불신이었죠.

정신적 충격과 적나라한 상처뿐이었습니다.

누가 제 배를 때린 것 같은 기분이 들었습니다.

지뢰를 밟은 것 같았어요. 정말로 급작스러운 일이었죠. 저는 엄청난 충격에 빠졌어요.

무거운 벽돌로 얻어맞은 느낌이었습니다.

현실감이 사라지는 기분이었어요. 마치 악몽 속에서 몸부림치는 느낌이었죠.

이상한 신체적 충격을 받았어요. 뇌가 전기충격을 받은 것처럼요.

아주 혼란스러웠고 멍했어요.

제 세계가 무너져 버렸어요.

충격을 받고 공포에 빠지고 역겨움을 느끼고 무서워지고 불신감을 느꼈죠.

몸으로 반응함

가슴이 아픈, 지뢰, 악몽. SWAP 참가자들은 이 충격적인 경험을 표현하기 위해 선명한 이미지를 사용했다. 비유들은 세 가지로 분류된다. 신체적인 것(가슴 아픔), 폭력적인 것(지뢰), 그리고 비현실적인 것(악몽)이 그것들이다. 모든 여성이 그 소식에 대해 신체적 반응을 보인 것은 자명하며, 이들의 공통점은 신체적 고통에 대한 끔찍한 느낌이었다. 만일 당신이 운이 좋아 이런 일을 겪지 않았다고 해도, 깊은 감정적 상처는 극심한 신체적 고통과 연결된다. 뇌는 너무나 강력해서 충격적인 일에 대해 듣는 것만으로도 당신의 신체를 몇 달 동안이나 혼란에 빠지게 할 수도 있다.

두 번째의 폭력적인 비유는 자신이 신체적으로든 감정적으로든 얼마나 비인간적 대우를 받았는지를 표현하는 또 다른 방식이다. 이때 일반적으로 폭발하여 산산조각이 나거나, 몸에 칼이 꽂히는 것 같다는 표현이 많이 사용된다. 이것들이 비유이기는 하지만 이 여성들에게는 실제로 그렇게 느껴진다. 표현하기는 어렵지만 정말로 그렇다.

세 번째의 비현실적인 비유는 정도의 차이가 있을 뿐 모든 이에게서 발견되었다. 자신이 알던 현실이 갑자기 없어져 버리면 버림받은 아내들은 변화된 상태에 접어들게 된다. 충격받은 채로 시간의 흐름은 들쑥날쑥해지고 몸은 이상하게 느껴지며 세상이 낯설어진다. 정상적인 사고가 불가능하기 때문에 자신이 무슨 소리를 듣고 있는지 이해할 수 없다. 생각을 하기엔 너무나 멍한 상태에 있

기 때문이다. 뇌가 그 소식들을 감당할 수 없게 된다. 그녀는 꿈의
상태로 들어서게 된다.

트라우마

독일어로 꿈은 '트라움(traum)'이라고 한다. 보통 사용되는 심리
적 트라우마에 대한 정의는 충격적인 사건으로 정신에 일어나는
손상의 일종이다. 이때의 충격적인 사건은 어떤 경험이나 지속되
는 사건 혹은 개인의 인내 한도를 넘어서거나 그 경험에 대한 생각
이나 감정을 통합할 수 없을 만큼 압도적인 것을 포함한다. 트라우
마는 다양한 사건을 통해 생겨날 수 있지만, 몇 가지 공통점을 가
지고 있다. 트라우마는 주로 실제 혹은 마음속에서 생겨난, 삶에
대한 신체적 혹은 정신적 위협에 있어서 완전한 무력감을 느끼는
것과 관계된다. 또한 개인에게 익숙한 세계관에 대한 침해나 개인
이 극도로 심한 혼란과 불안을 느끼는 경우에도 자주 일어난다. 트
라우마는 개인이나 단체가 생존을 위한 폭력에 의존하거나 이전에
겪지 못했던 배신을 경험했을 때 종종 발생하기도 한다.

이 정의는 인간이 자신의 세계에 일어난 갑작스러운 변화를 받
아들이지 못했을 때 가해지는 정신적 피해에 대해 논하고 있다. 개
인은 위협을 앞에 두고 무력함을 느끼게 되면서 이에 의지했던 사
람이 배신함에 따라 트라우마가 발생하게 된다는 것이다. WAS에
대해 이처럼 들어맞는 설명이 또 있을까?

덧붙여 과학자들은 트라우마가 실제로 뇌의 구조와 작용을 변화시킨다는 것을 확신하게 되었다. 예일대학교 약학대학의 더글러스 브렘너 박사는 "최근 연구에 따르면, 극심한 스트레스가 뇌의 해마 부분과 내측전두엽에 어느 정도의 실제 변화를 발생시키며, 이곳은 기억과 감정적 대응을 담당하는 부위들이다."라고 쓰고 있다. 그래서 여성들이 갑작스럽게 버림받을 때 겪는 심리적 트라우마에 대한 결과로, 그들은 실제로 뇌의 신체적 변화를 겪게 된다. 이 변화는 몇 달씩, 혹은 몇 년씩이나 뇌가 정상상태로, 즉 버림받기 이전처럼 작동하지 못하게 한다.

아무도 자신들의 첫 반응이 분노라고 표현하지 않았다는 것은 상당히 놀라운 일이었다. 공통적인 반응들은 충격, 비탄 그리고 배신감이었다. 아무도 "그를 죽여 버리겠어."라고 말하지 않았다. 이 여성들은 내가 직접 꽤 많은 수의 버림받은 남편들에게서 들었던 것처럼 반응하지 않았던 것이다. 여성들 사이에서 그러한 초반의 분노는 찾아볼 수 없었다. 그들 중 한 명은 "트라우마가 아니라 차라리 화를 낼 수 있었으면 좋겠어요."라고 적었다. 분노가 찾아오긴 하지만, 그것은 한참 뒤의 일이었다.

그녀의 반응에 대한 그의 반응

여성들이 지옥의 고통 속에서 괴로워하고 있는 동안, 도망친 남성들은 무엇을 하고 있을까? 31퍼센트의 남편들은 폭로 당일 떠났다. 43퍼센트는 다음 날 떠났고, 54퍼센트는 일주일 내로 떠났다. 하지만 가장 놀라운 것은, 그들 중 13퍼센트가 아내에게 말하기도 전에 떠나 버렸다는 것이다.

대부분의 남편은 그들을 반기는 여자친구들의 품속으로 곧장 달려갔다. 남겨진 아내들은 남편이 자신의 짐을 싸는 동안 보이는 행동에 대해 자주 '의기양양하다'고 표현하곤 했다. 그런데 떠나기로 한 비밀스러운 결정과 숨가쁜 도주 사이에서 그 남성들은 변하였다. 아내들이 '태평한' '알기 쉬운' '예민한' '재미있는' '사려 깊은' '논리적이고 공평한' '유머감각이 뛰어난' 그리고 '좋은 남자'라고 표현한 남편들이 지킬 박사가 하이드로 변하는 것처럼 되어 버리는 것이다. 그들은 단지 떠날 뿐만 아니라, 아내들이 자신이 한 실수들을 모두 깨달을 것을 확실히 주장하며 그 실수들이 곧 그들이 떠나는 이유라고 주장한다.

45세의 크리스틴은 전남편의 태도 변화에 큰 충격을 받았다. "저는 우리가 아주 좋은 관계를 유지했고, 강한 유대를 가지고 있다고 생각했어요. 그리고 남편이 저에게 보냈던 메시지들도 전부 그걸 보여 주고 있었고요. 그가 떠났던 날까지도 말이에요." 그녀는 그날까지도 완전한 무방비 상태였다. "그날 밤 그는 저에게 이혼하고 싶다고 말했어요. 그의 공격은 잔인하고 폭력적이었죠. 그가 절 실제로 때리진 않았지만 그가 절 때릴 수도 있다고 느꼈던 시점이 있었어요. 그는 테이블을 주먹으로 내리치고 들었다가 바

닥에 내리꽂았어요. 그는 너무나 많은 것에 대해 저를 비난했고 그
것들은 제 심장을 찔렀어요. 그 일들에 대해 엄청난 수치심을 느꼈
지요. 제가 그를 실망시켰고 결혼에 실패했다는 점들이요."

여기서 중요한 것은 크리스틴의 남편이 결혼생활에 있었던 일
에 화를 낼 자격이 없다는 것이 아니다. 어느 누구도 남겨진 아내
들이 완벽하다고 주장할 수는 없기 때문이다. 하지만 그는 마지막
까지도 자신의 불만을 표현하지 않았다. 자신의 불찰에 대한 비난
들이 날아 들어오자 그녀는 혼란에 빠졌고 상처받으며 남겨졌다.
특히 이것은 그녀의 남편이 너무나 확신에 차 있고 단호하게 굴었
기 때문이다. 한 SWAP 참가자는 "저는 그걸 믿었어요. 이 모든 일
이 제가 나쁘게 굴었기 때문이라는 것을 말이에요. 남편은 제가 그
를 만족시키지 못했던 일에 대한 것을 나열했어요."라고 말했다.

모순되게도 남편들 중에선 어떠한 후회도 찾아볼 수 없는 반면,
아내들은 종종 회한을 느낀다. 아내들은 자신이 결혼생활 도중 잘
못한 것들을 마주하면서 마음의 상처를 받는 반면, 남편들은 문제
에 대해 어떠한 책임도 지지 않으며 자신들이 떠날 때 보이는 행태
에 대해 어떠한 후회도 표현하지 않는다.

내가 피해자야!

떠나는 남성들은 자신들을 강철처럼 단단히 할 필요가 있는 것

처럼 보인다. 대부분이 몇십 년간 유지해 왔던 결혼생활의 끝에 대해 긴 대화를 나누기를 거부하였다. 그들은 단지 짧은 시간 내에 아주 적은 양의 정보만을 전달하고 그 자리를 빠져나가기를 바랄 뿐이었다. 많은 아내는 자신들이 납득할 수 있는 설명을 요구하자 남편들이 단지 자신을 빤히 냉담하게 바라볼 뿐이었다고 말했다. 떠나는 남편들은 심란한 아내들에게 공감하게 되면 자신의 결심이 흔들리게 될까 봐 남아 있는 어떠한 감정들도 차단시켜야 한다. 제드 다이아몬드는 그들이 변화를 일으킬 때, 그들은 이전으로 돌아가 좋은 사람으로서 행동해야 하는 것에 대해 두려움을 느끼게 된다고 쓰고 있다. 그래서 그들은 아주 단호하게 '아니, 나는 그럴 수 없어.' '아니, 나는 그렇게 하지 않을 거야.' '아니, 나는 당신이 울어도 상관없어.'라는 식으로 나오게 되는데, 이것은 자신이 가진 두려움으로부터 나온다고 볼 수 있다. '만약 내가 그녀와 말하게 되면, 그녀가 하는 말을 듣게 되면, 그녀에게 친절하게 된다면, 다시 이전처럼 돌아가 순응하고 싶어질 거야.'라는 것이다. 사실 이것은 그들 스스로가 갈등에 대처하지 못하기 때문이며, 스스로를 강하게 여기지 못하는 데에서 기인한다고 설명한다.

37년간의 결혼생활을 유지한 62세의 쇼나는 자신이 남편에게 "우리가 함께 보낸 세월과 함께 극복한 문제들과 함께 이룬 아름다운 가족을 생각해 달라."고 빌었다고 한다. "그는 저를 더 이상 견딜 수 없다는 듯 바라보았어요. 그리고 그는 제가 어떻게 느끼든 상관없다고 말했죠. 저는 저 혼자 이 일들을 극복하고 제 인생을 다시 꾸려 나가야 했어요."

42세의 앤 마리는 남편과 22년 동안 결혼생활을 함께했다. 남편은 그녀와 두 명의 십대 딸들을 거실로 불렀다. 그것은 모든 사람에게 동시에 아내를 더 이상 사랑하지 않는다고 말하는 경제적인 방법이었기 때문이다. "그는 자신이 오래도록 행복하지 않았다고 하면서, 자신이 행복할 '권리'가 있다고 말했어요. 그리고 그게 다였죠. 두 아이와 저는 울었고, 그는 반대편에 침착하게 앉아서 저희를 그냥 지켜보고만 있었어요."

많은 아내가 자신의 남편이 남긴 막대한 변화에 대한 설명을 만들어 내려고 노력한다. 그리고 그들 중 다수는 같은 결론에 도달한다. 뇌종양이다. SWAP 응답자들은 난파선의 선원처럼 남편들의 행동을 이 결론을 통해 설명하려고 애를 썼다. 나도 내 남편이 6년간의 불륜 동안 뇌종양으로 천천히 죽어 가고 있었을지도 모른다고 생각했다. 나는 진지하게 그가 외계인에게 납치당해서 똑같은 복제품으로 대체된 게 아닐까 하고 생각했다. 정말 그런 것처럼 보였으니까. 하지만 결국 그 설명도 나중엔 부질없었다. 단 한 가지만이 확실할 뿐이었다. 나는 이 낯선 사람이 누군지 몰랐지만 그는 내 기분을 완전히 악의적으로 무시하고 있는 것처럼 보였다. 모든 일이 가능했기에 소름 끼치도록 내 남편과 닮은 이 홀로그램의 예측할 수 없는 행동으로부터 스스로를 보호하기 위해, 나는 이 연구의 다른 수많은 여성들처럼 그가 떠나기 직전에 남편의 열쇠꾸러

미에서 집 열쇠를 빼 버렸다. 그것은 내가 이전에 늘 그랬던 것과는 달리 더 이상 순종적인 아내가 아닐 것이라는 점에 대한 암시였으며, 그는 이 사실을 깨닫자 굉장히 화를 냈다.

내 생각에 남편은 내가 자신의 결정에 대해 타당하다고 느끼지 않고 규칙을 따르지 않아서 충격을 받았던 것 같다. 첫째 날이나 그가 떠난 이후로 그는 두 번이나 쓸쓸하게 "그냥 우리가 식탁에 앉아서 물건들을 각자 나누고 그걸로 끝이었으면 좋겠어."라고 말했었다. 하지만 내가 자신의 규칙을 따르지 않을 것이라는 걸 깨닫자 상황은 지저분하게 변했다. 집을 떠나며 그는 "여기서 더 이상 살지 않으니까 당신 지출에 대해 내가 돈을 낼 필요가 없어."라고 말했다. 첫 주간 세 번, 자신의 짐을 챙기러 오가는 동안 그는 나를 위협했다. "당신은 길에 나앉게 될걸!" 후에 그는 "여기선 내가 피해자라는 걸 모두가 알게 될 거야!"라고 단언해 나를 혼란스럽게 했다. 몇 달 이후 나는 한계치에 도달했다. 외도를 사유로 나는 이혼 소송을 냈고 그는 이를 부정했다. 6년간의 불륜을 인정했음에도 말이다. 그리고 그는 정신적 학대를 사유로 이혼 맞소송을 냈다. 그의 변호사가 제출한 서류에서 그 두 단어를 읽는 그 순간이 모든 시련에서 최악의 경험이었다.

『벨 칸토(Bel Canto)』의 저자 앤 패칫은 "특별한 종류의 혼란은 잘못된 비난으로부터 생겨난다."고 설명하고 있다. 이 연구에 참여한 또 다른 여성은 혼란에 대해 이야기했다. 54세의 케이는 그녀의 남편 제이콥이 떠날 것이라는 충격적인 소식을 전하는 순간을 회상한다. "제가 이에 항의하자 그는 저에게 돌아섰어요. 저를 절대로 사랑한 적이 없었다고 말하면서, 우리가 함께했던 34년간 단 한 순간도 행복했던 적을 기억할 수 없다고요. 그리고 자신에게 일어난 나쁜 일들은 전부 완전히 제 잘못이라고 하더군요."

67세의 엘렌도 "그는 자신의 행동이 저와 아이들에게, 그리고 가족들에게 어떤 영향을 미치는지 이해하지 못하는 것처럼 보였어요. 제 생각에 그는 이 일도 그저 그런 일로 지나가고 이전처럼 인생이 흘러갈 거라고 여겼던 것 같아요."라고 회고한다.

같은 맥락으로 59세의 도로시는 "그는 제가 이 소식을 어떻게 받아들이고, 이 일이 우리 인생을 어떻게 바꿀지에 대해 굉장히 비현실적인 기대를 가지고 있었어요. 그는 제가 이 일을 그저 받아들이고, 그를 축복하며 앞으로도 우리가 친구처럼 지낼 수 있다고 생각했어요. 그는 자신이 그대로 제 사회 반경에 속해 있을 거라고 생각했고, 제 친구들이 자신을 모욕했을 때 상처를 받았죠. 그는 제가 은퇴 이후를 위해 저축해 둔 돈을 쓰기를 바랐죠. 그는 자신과 여자친구를 위한 집을 보러 다닐 때 제가 동행해 주기를 바랐어요. 당연히 저는 싫다고 했죠."라고 적고 있다.

치유를 향해 나아가기

폭로 이후로 혼란스러운 나날들을 보내면서 겪는 일들과 감정들은 WAS의 변화단계에서 첫 번째에 해당된다. 쓰나미인 것이다.

이때 거의 모든 여성이 충격을 받은 상태에 있지만, 인생의 난파된 배에서 익사하지 않기 위해 할 수 있는 중요한 과정들이 있다. 여기서 우리는 앞으로 나아가기 위한 일곱 가지 단계를 그려 볼 수 있다. 이 혼돈이 영원하진 않을 것이라는 걸 깨닫자. 자신이 똑바로 생각할 수 없는 상태라는 것과 여기서 할 일은 단지 살아남는 것뿐. 다시 제대로 생활할 수 있을 때까지 하루하루 살아 나가는 것이라는 점을 알 필요가 있다. 한 여성이 "그저 다음 일을 하세요."라는 조언을 해 주었다. 그날 할 일을 뛰어넘는 먼 미래에 대해서는 생각하지 말자. "그래, 이제 여섯 시네. 저녁식사를 해야겠다." 그저 다음 일을 해 나가다 보면 결국 당신은 탄탄한 기반을 이루어 낼 것이다.

내가 고통스러운 혼란의 소용돌이를 탈피하기 위해 사용했던 작은 트릭을 하나 공유하고 싶다. 직소퍼즐이다. 위험한 시간이 너무나 많다면 1,000피스짜리 퍼즐을 하면서 시간을 보낼 수 있다. 삶의 의미를 고민하는 것보다 파란 모자를 쓴 남자를 찾느라 오후를 통째로 보낼 수 있다. 빙고! 오래지 않아 당신은 지칠 것이고, 잠들 시간이 될 것이며, 당신은 또 하루를 살아 낸 것이다.

기억해야 할 다른 전략은 당신의 마음은 한밤중에 당신을 속일 수 있다는 것이다. 나는 항상 내담자에게 자정부터 오전 6시까지 생각해 낸 것들을 믿지 말 것을 권한다. 그 시간 동안의 생각은 왜곡되어 있다. 종종 밤새 어떤 일에 대해 괴로워하고 있었지만 상쾌한 아침 햇볕을 마주하고 나면 그 문제는 사소하게 보이곤 한다.

위험을 감수하지 말자. 당신의 안전이 때로 위험에 처할 수 있다는 것을 깨닫는 것은 중요하다. 요리를 할 때에도, 길을 건널 때에도, 차를 몰 때에도 경계를 바짝 갖추어야 한다. 집중할 수 없다면, 운전을 하지 말자. 운전을 한다면, 아주 조심해야 한다. 나는 남편이 떠난 첫 주에 아주 끔찍한 사고를 겪을 뻔했다. 또한 나는 다른 사람들도 운전을 하면서 실수를 저질렀다는 이야기를 들었다.

지금이 바로 친구와 가족들에게 도움을 요청해야 할 시기다. 특히 돌봐야 할 어린 자녀가 있다면 더욱 그렇다. 아이들을 위해 삶을 최대한 정상적으로 유지하는 것이 우선순위가 되어야 하며, 가끔 그것은 가까운 누군가를 초대하거나 저녁식사를 만들고 아이들의 숙제를 돕는 것을 의미하기도 한다. 가능하다면 아이들 앞에서 힘든 내색을 너무 자주하지 않는 것이 좋다. 아주 힘든 일이라는 것은 알지만 아이들이 잠들기까지는 비참함을 잠깐 미룰 수 있다는 점에 대해 스스로를 자랑스럽게 여길 수 있게 될 것이다.

당신은 아마 다소 미친 짓을 할 수도 있다는 것을 충분히 알고 있을 것이다. 남편의 옷을 창밖으로 던져 버리는 것이나, 한밤중에 그에게 계속해서 전화를 걸어 대는 일 같은 것들 말이다. 잠시 진정할 필요가 있다. 다음 장에서 당신은 삶을 통제하며 예전과 비슷한 정도로 돌아갈 수 있는 방법을 배울 수 있을 것이다. 하지만 당신이 지금 미친 상태라고 해도 이 상태로 평생을 살지는 않을 것이라는 점을 기억하자. 우리 어머니가 말하던 대로 "이 일도 한때뿐이다!"

버지니아의 목록

　51세의 버지니아는 고등학교 이후부터 31년간 쭉 함께였던 남편이 자신에게서 돌아섰을 때 자신이 미쳐 버릴지도 모른다고 생각했다. 그러나 세 명의 아이들을 돌봐야 했기에 그녀는 미칠 만한 여유조차 없었다. 그녀는 작고 간단한 '할 일 목록'을 만들어 항우울제에 의존하지 않으려 노력했다.

① 매일 비타민제를 복용했습니다.
② 매일 밖에 나갔습니다. 단지 뒷문 계단에 서 있는 것뿐이라도요. 가끔 산책을 나가기도 했습니다.
③ 매일 운동했습니다. 가끔은 단지 러닝머신 위에서 5분만 운동했을 뿐이지만, 어쨌든 했어요.
④ 아침에 일어난 이후로는 침대에 다시 눕지 않았습니다.
⑤ 하루에 여섯 번 억지로라도 먹으려고 했어요. 가끔은 그저 요거트 한 스푼뿐이었지만요.
⑥ 공포가 찾아오면 친구들에게 전화를 걸었습니다.

　"저는 이 여섯 가지를 종이에 적어 매일 이것들을 성취하면 체크 표시를 해 두었어요. 이게 좀 이상하게 들리는 건 알지만 정말 도움이 되었고 가끔 이 일들은 제 하루 목표가 되었지요. 결국 저는 힘을 되찾았습니다."

07
대혼란

그가 떠나고 3주 뒤, 토요일 오후 다섯 시쯤이었다. 나는 엄청난 고통에 빠져 있었고 잠자리에 들기까지는 한참이나 남았다. 나는 아무에게도 전화를 걸지 않고 아무것도 하지 않기로 결심했었다. 그저 내 감정을 피하지 않고 있는 그대로 느끼기로 했던 것이다. 나는 와인을 한 잔 따라 식탁에 앉아서 내 앞에 놓인 직소퍼즐을 (내 인생의 조각도 다시 이렇게 맞춰 놓을 수 있을까?) 바라보았다. 조용한 방 안에는 시계바늘이 움직이는 소리가 전부였다. 너무나도 고통스러웠지만, 그 고통이 날 죽일 수는 없다는 것을 알고 있었다. 그 고통은 순수한 감정이었고 제대로 된 것이었다. 21년이나 함께 보냈기에 그 감정은 당연한 것이었다. 고통이 당연한 것임을 인정하자, 고통은 서서히 멀어지기 시작했다. 나는 이후 몇 달간 고통을 기꺼이 맞이하기로 결심했고, 그것은 적어도 나에게는 이 결혼이 의미가 있었음을 뜻했다.

나와 비슷한 경험을 했다면 당신은 내가 무슨 말을 하고 있는지 정확히 알 것이다. 이 정도의 극심한 감정적 고통은 물리적인 것이기도 하다. 당신은 실제로 몸 안에서 그걸 느낄 수 있다. 숨쉬기도 힘들어지고 움직이는 데에도 엄청난 노력이 필요하게 된다. 당신의 마음은 꼼짝도 못하게 된다. 내 경우에는 몇 달간이나 지속되는 메스꺼움이 동반되었다.

42세의 캐롤리나는 자신이 원래 살던 칠레를 떠나 결혼을 위해 샌디에이고로 이사왔을 때에만 해도 굉장히 낙관적이었다. 하지만 7년이 지난 후 그녀의 남편이 예고 없이 떠나자, 넘치던 활기는 두려움, 수치심 그리고 적막감으로 뒤바뀌어 버렸다.

처음 몇 달간 나는 스스로를 타인과 완전히 격리시켰다. 친구들이 찾아와 대문을 두드리곤 했지만 나는 밖에 나가지 않았다. 아무도 마주치지 않도록 밤에 장을 보러 다니곤 했다. 누구와도 통화를 하지 않았다. 25kg 정도 체중이 줄었다. 잠이 들어서 다시는 일어나지 않기를 바랐던 적도 있었다. 그러나 자살을 생각해 본 적은 한 번도 없었다. 그냥 삶을 지속하기가 싫은 것뿐이었다. 내가 아예 존재하지 않는 것처럼 느껴졌기 때문이다.

나는 재정적으로 남편에게 의존하게 되었고 돈에 대해 절박했으며, 내 사회적 위치에 대해 두려움을 느꼈다. 이혼이 경제적으로 영향을 미칠까? 나는 집을 잃는 것에 대해 겁을 먹었다. 이 집을 보수하는데 2년이나 공을 들였고 여기서 나는 가정을 꾸렸다. 우리는 아이들을 입양할 계획이었다. 여름에 우리는 이에 대해 의논을 했었다. 그리고 이제 막 이루어질 참이었는데……

나는 그를 위해 내 직업을 포기하고 꿈과 내 야망의 많은 부분을 포기했지만 이게 고작 그 결과였다. 엄청난 실패감이었다.

캐롤리나의 이야기는 변화단계 중 첫 번째인 토네이도를 겪고 있는, 전형적인 정신 상태를 보여 준다. 얼마나 엄청나게 삶이 바뀌게 되었는지 계속해서 곱씹어 보게 된다. 이 일이 일어나지 않도록 아니면 적어도 이해라도 할 수 있도록 당신이 절박한 계획을 짜내는 동안 생각은 마구 엉켜서 제멋대로다. 현실적인 사고가 불가능하고 당신은 좀 더 안정을 찾기 위해 아무것이나 닥치는 대로 붙들게 된다.

당신은 미래에 어떤 일이 일어날지 모르며, 다시 남편과 화해할 수 있는 가능성이 있을지 궁금해할 수도 있다. 어쩌면 단지 중년의 위기이거나, 잠깐 동안의 미친 짓일 수도 있으니까! 고칠 수 있는 걸까? 어디서 살 것이고, 어디서 일할 것이며, 그와의 법적인 문제를 어떻게 해결할 것인가? 그것들은 당신을 어디로 데려갈까? 당신이 이전에 잘 계획해 놓았던 미래는 이제 불투명하기만 하다.

감정을 주체할 수 없어 당신은 다소 바람직하지 못한 일을 저지를 수도 있다. 당신 안의 비참한 감정에서 벗어나기 위해, 당신은 고통을 덜기 위해서라면 무슨 일이든 할 것이다. 그래서 가끔씩은 문제를 일으킬 수도 있다. 당신은 아마 과음하거나 담배를 너무 많이 피우게 될 수도 있고, 약물을 남용할 수도 있으며, 당신의 남편과 그의 여자친구에 대해 집착하며 알아내려고 할 수도 있고, 친구들을 지치게 할 것이며, 심지어 어쩌면 당신과는 전혀 상관도 없는 남자에게 안기게 될 수도 있을 것이다.

당신은 현실을 재정립하는 과정에 있지만, 머릿속에 있는 온갖 다양한 시각을 똑바로 하기는 무척 힘든 일이다. 그 혼란이 남편의 이야기를 믿을 만큼 당신을 약하게 만든다. 하지만 이 두 가지 상충되는 감정을 오가는 일이 지극히 정상적이라는 것을 알게 되면, 당신은 아마 위안을 받을지도 모른다. 첫 번째 감정은 당신이 이미 알고 있던 남편에 대한 것들이다. 아마 몇십 년간 당신이 '당연한' 것으로 여겼던 것들이다. 남편을 사랑하고 그를 배려심 깊은 남자로 보던 당신의 시각이다. 이렇듯 견고히 당신 안에 내재화된 현실은 남편이 믿을 만한 사람이며, 그가 말하는 모든 것은 타당하며 의미 있다고 스스로 믿도록 만든다.

하지만 이것은 실제로 그가 당신을 배신했고 거짓말을 했으며 당신의 신뢰를 악용했다는 사실을 통해 반증된다. 이 현실은 당신에게 조심하라고 일러 주며 남편에게서 선하거나 친절한 행동을 기대하지 말라고 한다. 이 두 가지 상반되는 현실은 가게 앞에 걸린 종교 그림처럼 한 장면에서 다음 장면으로 계속 움직이며 당신의 마음속에서 계속해서 서로 부딪힌다. 두 개의 현실 모두 우위를 선점하기 위해 싸운다. 당신의 마음은 당신을 사랑했던 남편을 보는 시각으로 간절하게 기울지만 다른 한편 당신의 정신은 그를 무례하고 이기적인 낯선 이로 재정립하려고 애를 쓴다.

이렇듯 극도로 불안정했던 시기가 끝나고 나면 당신은 뇌우단계로 접어들게 된다. 이 단계에서 당신은 포위된 것 같은 기분이 들며 무방비하고 두려워지며 다음 번개가 언제 칠지 알 수 없다. 당신의 감정은 분노(번개)에서 슬픔(비) 그리고 두려움(바람)으로 뛰어다닐 것이다. 당신이 일상생활로 복귀했다고 해도 당신은 그저 버틸 뿐이지 어떤 작은 부분에도 완전히 혼란에 빠질 수 있을 만큼 연약하다.

뇌우 단계가 끝나 갈 즈음, 당신은 아마 법적 문제를 처리하는 도중일 것이며, 이는 당신의 미래 현실을 결정하게 될 것이다. 당신은 아마 당신이 살던 곳에서 계속 살 수 있을 것인지, 혹은 무직이었다면 새로 직장을 찾아야 할지와 같은 세세한 부분을 명확히 할 것이다. 그리고 당신은 새로운 정체성을 향해 첫 걸음마를 떼게 될 것이다. 내가 그랬던 것처럼 여러분 중 어떤 사람은 태어나서 처음으로 혼자 살게 될 것이다. 그리고 폭풍우에서 벗어나게 되면서 당신은 감정을 좀 더 조절할 수 있게 될 것이다. 항상 비상사태에 있는 것처럼 느끼지 않을 것이다.

모두 정상적인 일이다. 이 광기는 정상이다. 우리는 이제 WAS의 폭로 이후 몇 달간 여성이 무슨 일을 겪는지 살펴볼 것이다. 고통과 끝이 없는 집착과 복수에 대한 판타지, 그리고 우리가 하는 미친 일들과 열망, 그리고 딱 한 시간만이라도 당신의 이야기를 듣고 이해해 주고, 제정신을 차릴 예전의 그를 되찾길 바라는 가슴 아픈 바람에 대해 이야기할 것이다.

음악이 나오는 하트 모양의 선물

당신이 WAS 이후 첫 번째 달에 있다면, 분명히 당신은 매우 지쳤고 감정적으로 무기력할 것이다. 당신은 삶을 지속하는 데 모든 힘을 쏟아 부어서 당신과 세상 사이에 완충제 역할을 할 만한 것이 아주 조금밖에 남아 있지 않을 것이다. 이것은 당신이 앞으로 더 상처받지 않도록 보호하기는 힘들지만 세상의 친절함이 와 닿을 수 있는 기회가 될 것이다. 길거리에서 마주한 낯선 이의 미소가 당신을 눈물짓게 할 것이며, 힘든 하루를 계속 살아 나갈 힘을 줄 것이다. 복도에서 지나치던 동료가 아무 말 없이 어깨를 두드려 주는 행동이 당신이 필요했던 원동력을 제공할 것이다. 이웃들은 나에게 내 손 안에 쏙 들어오는 납작한 돌처럼 생긴, 빛나고 가벼운 하트 모양의 선물을 주었다. 그걸 흔들면 음악이 소리를 내며 울렸다. 나는 그것을 주방 테이블 위에 올려놓고 지나다닐 때마다 흔들었다. 이상하게도 그 울림은 내 기분을 훨씬 나아지게 만들었다.

남편이 떠난 후, 내 딸은 러닝머신 위에서 내가 좀 더 힘을 낼 수 있도록 아이팟에 음악을 넣어 준다고 했다. 크리스티나 아길레라의 〈Fighter〉라는 노래를 듣자, 나는 이 노래가 내 회복 기간의 주제가 될 것을 직감했다. 이 노래에서 여성은 자신을 배신한 남자에게 화를 내는 대신 그에게 감사하고 싶어 한다. 그녀는 이 일이 자신을 좌절시키기보다는 더 노력하고 현명할 수 있도록 만들었다고 말한다. 이 노래의 후렴구는 '날 전투사로 만들어 줘서 고마워!'였다.

만약 당신이 내가 고통스러웠던 첫 해 동안 러닝머신 위에서 뛰는 것을 보았다면, 저 미친 여자가 허공에 주먹질을 하면서 대체 뭘 하는지 궁금해했을지도 모른다. 만약 내 음악을 함께 들었다면 내가 노래에서 '전투사'라고 말하는 박자에 맞춰 주먹질을 했다는 것을 알 수 있었을 것이다. 그 노래는 내가 더 강해지고 의연해지고 매사에 똑똑해질 수 있도록 자극했다. 난 한 번도 버림받기 전에는 스스로를 전투사라고 여긴 적이 없었다. 이건 나 자신뿐만 아니라 불공평하게 상처받은 다른 여성들에게도 해당되는 생각이었다.

연구의 일환으로 SWAP 참가자들에게 어떤 음악이 그들을 도왔는지 물었다. 그리고 들으면서 울 수 있는 노래들, 치유받을 수 있는 노래들, 그리고 더 강해지고 심지어는 반항적으로 만들 수 있는 노래들에 대한 목록을 받았다. (목록은 부록 C에 제시되어 있다. 하지만 당신도 아마 짐작할 수 있듯이, 가장 인기가 높았던 것은 글로리아 게이너의 〈I Will Survive〉였다.)

어느 날 밤 '도망치는 남편들'이라는 나의 웹사이트에 노래목록을 올리기로 결심했다. 하지만 그전에 나는 인터넷에서 30초 미리듣기를 하고 싶었다. 하나하나 들을 때마다 노래들은 단어가 표현할 수 있는 것보다 훨씬 풍부하게 고통을 담고 있었다. 나는 여성들이 자신의 특별한 노래를 들으며 위로를 받거나 고통을 덜어 내는 모습을 상상했다.

노래 속에 빠져드는 것은 깊은 감정적 경험이었다. 그 노래를 다 듣고 나서, 내 노래 목록 중 하나인 딕시 칙스의 〈Landslide〉를 전곡 재생했다. 오랜만에 나는 펑펑 울었다. 내가 쏟아 부은 모든 사랑을 생각했고 내가 얼마나 남편을 사랑했는지, 그리고 내 사랑에 감사할 줄 모르는 사람에게는 그것이 얼마나 헛된 것이었는지를 생각했다.

하지만 SWAP 참가자 중 상당수는 음악을 전혀 들을 수 없다고 답변했다. 쇼핑몰 스피커에서 큰 소리로 음악이 나올 때조차 그들은 화장실의 마지막 칸에 앉아 조용히 흐느꼈다고 했다. 한 여성은 자신이 절대로 음악을 듣지 않았던 이유에 대하여 "제 기억들을 불러일으키는 노래들이 너무 많았어요. 가사들 자체가 너무나 고통스러웠어요."라고 설명했다. 한편, 다른 여성은 난생 처음으로 컨트리음악에 빠졌다고 대답했다. 자신이 큰 소리로 따라 부를 수 있었고 그럴 때면 그녀는 웃음이 나왔기 때문이다.

트라우마로 인한 위태롭도록 얇은 방어벽은 남겨진 아내가 자신의 영역에 침범한 사소한 신호나 발단에도 스스로를 보호할 수 없게 된 것을 의미한다. 전남편의 옷과 물건들을 남김없이 전부 집에서 없애 버렸다고 해도, 그를 기억나게 하는 것들은 계속해서 튀어나올 것이다. 책에 적힌 남편의 글씨조차도 뱃속을 휘저을 수 있다. 오래된 사진을 보거나, 그의 앞으로 온 편지를 보는 것, 도서관 카드나 여권을 갱신할 때 아직도 그가 그녀의 남편으로 등록되어 있다는 사실. 이 같은 간단하고 작은 일들이 오랫동안 그녀를 괴롭힐 것이다. 심지어 폭로 직후 몇 달간은 이런 일들이 일주일 내내 고통스러울 수도 있다.

돌아가는 길은 없다

어느 날 저녁 나는 애완견 클로이를 산책시키고 있었다. 그러다가 길가를 혼자서 달려 내려오는 보스턴 테리어 강아지 한 마리와 마주쳤다. 나는 클로이를 울타리에 묶어 두고, 겁에 질린 그 강아지를 구하려고 했지만 코너에서 갑자기 개 네댓 마리가 한꺼번에 몰려왔다. 그중 두 마리는 핏불과 로트 와일러였는데 겁에 질려 묶여 있던 내 강아지 클로이에게 접근했다. 클로이는 낑낑대며 도망치려고 하였다. 주인이 뛰어와 개들을 힘겹게 붙들고, 클로이에게서 멀리 떼어 냈다. 그는 개들을 자신의 아파트로 몰고 갔다. 기적적으로 클로이는 물리지 않았다.

하지만 클로이는 변해 버렸다. 용감하고 두려울 것이 없었던 클로이는 다른 개 주위에선 전전긍긍하며 우리가 저녁에 산책을 나갈 때마다 그 사건이 일어났던 곳 근처로는 가지 않으려고 버텼다.

아픈 것을 피하려는 것은 살아 있는 생물의 본성이다. 버림받을 때, 고통은 친구이자 가족이었던 배우자의 말과 행동과 같은 외부에서 온다. 하지만 정말로 잔인한 공격은 주로 내부적인 것인데, 이는 끊임없는 생각과 강력한 감정에서 생겨 난다. 이를 지배하거나 없애 버리려고 노력할 수도 있지만 이것들은 당신보다 강하기 때문에 단기적으로 볼 때는 결국엔 당신을 정복하고 만다.

28년간의 결혼생활을 해 왔던 보니는 용감하게도 그 고통을 억제하려고 했지만, 오히려 이를 마주하는 것이 훨씬 도움이 된다는 것을 알게 되었다.

저는 그저 참곤 했었고, 때때로 친구 두 명 정도에게나 털어놓는 정
도였습니다. 제 언니는 제 고통을 보았어요. 저는 치료사를 찾아가
서 털어놓기도 했었지요. 하지만 거의 대부분은 속으로 참았을 거예
요. 결국 저는 우는 법을 배웠습니다. 가끔 큰 소리로 울었어요. 집에
혼자 있고 마음속 깊은 곳을 들여다볼 때면 결국 저는 감정을 발산했
어요. 우는 법을 배웠다는 것이 도움이 되었던 것 같아요.

4년간 결혼을 유지했던 애니타는 자신이 항상 비참한 기분에 빠
져 있진 않을 거라는 믿음에 위로를 받았으며, 시간이 지나면 점차
나아질 것이라는 점을 기억하기 위한 묘안을 생각해 냈다.

그가 자기 물건을 치우고 난 후 처음엔 제 기분이 단지 일시적일 뿐
이라는 걸 되새기기 위해서 스스로에게 말을 걸었어요. 그래서 저는
'일시적'이라고 쓰여 있는, 가로 30cm, 세로 46cm짜리 표지판을
만들었어요. 집에서 제가 빨래를 하든, 설거지를 하든, 청소를 하든,
저는 그 표지판을 들고 다니면서 제가 볼 수 있는 곳에 두었지요. 저
는 '일시적'이라는 단어에서 위안을 느꼈어요. 제가 그 단어를 충분
히 읽게 되면, 한두 달 만에 이 끔찍한 불안을 털어 버릴 수 있을지도
모른다고 생각했습니다. 열두 달이 지나고, 저는 그 표지판을 들고
방마다 돌아다니는 것을 그만두었어요. 벌써 집에 있는 모든 방에 그
표시를 완전히 만들어 놨거든요!

당연히 우리는 고통이 멈추기를 바란다. 하지만 고통을 피하려는 시도는 힘겹고 고통을 피하려고 하면 할수록 치유과정이 늦어질 가능성이 높다. 소중한 사람을 잃은 뒤에 슬픔이 따르는 것은 당연한 수순이며 원래 자리로 돌아가는 길은 없다. 정면 돌파밖에는 없다. 이것은 직관에 어긋나는 것이기는 하다. 아마 이 고통을 고스란히 받아들이면, 블랙홀에 빠져 절대로 회복할 수 없을까 봐당신은 걱정할지도 모른다. 그런데 진실은 정반대다. 계속해서 감정을 밀어 내는 것은 결국 의식의 저변에서 감정들이 얼씬거리는 것을 놔두는 것일 뿐이다. 내가 어느 가을날 밤 퍼즐을 마주했던 것처럼 일단 고통을 마주하고 나면 감정은 어느 부분에서 해소가되기 마련이다. 진심으로 느끼고 고통스러워하고 나면 천천히 그리고 조금씩 그 강도는 낮아진다.

건축가인 38세의 제인은 이를 해내고 마음을 열었다.

저는 무의식적으로 고통 속으로 빠져들었고 끔찍하게 아팠지만 제 생각에 그 고통이 절 구해 줬던 것 같아요. 항상 제가 능력 있고 독립적이라고 생각했지만, 고통이 너무나 컸고 문제를 해결할 수 없음이 너무나 명백했기에 저는 무방비 상태였어요. 제 자신을 방어할 수 없고 완벽하게 약한 상태에 놓여 있다는 사실에 그 감정들을 받아들일 수밖에 없었습니다. 마치 벽이 무너져서 고통이 쏟아져 들어왔지만 사랑도 그 틈에 섞여 들어온 것 같았죠. 그리고 고통이 끔찍할수록 제 안에서 무엇인가가 정화되는 부분도 있었어요.

토마스 무어는 『영혼의 어두운 밤(*Dark Night of the Soul*)』에서 자신의 감정 속에 침전하는 것이 얼마나 값진 일인지를 적었다.

> 어두운 밤을 이끎으로써 당신의 삶은 엷어질 수 있다. 발전해 나아가기를 거스르는 것보다는 발전과 함께 어우러져 앞으로 나아가라. 길을 잃은 것 같은 기분이 든다면 길을 잃은 상태로 있고 삶에 적극적으로 참여하라. 공허한 마음이 든다면 공허감을 느껴라. 슬프다면 슬픔이 당신의 감정을 차지하도록 놓아 두자. 깊은 감정과 조화를 이루는 것은 스스로를 명료하게 하는 방법 중 하나다. 감정을 말하라. 표현하라. 존중하라.

무어는 회복을 위해 슬픔이 무엇을 할 수 있는지 설명한다. 그러면서 한편으로는 고통을 정체성으로 삼는 것에 대해서 경고하기도 한다.

> 끔찍한 상실감이나 슬픔과 같은 일시적인 광기는, 당신이 어떻게 대처하는가에 따라 창의적인 가능성을 가지고 있다. 여기서 자기연민에 너무 빠져들거나 타인의 동정에 안정감을 찾는 것과 같은 유혹에 빠질 수도 있다. 슬픔을 느끼는 것은 중요하지만, 감정은 늘 부분적인 해소책일 뿐이다. 슬픔은 생활방식, 사고방식, 세계관에 있어서 존재의 변화가 있을 때만 완전할 뿐이다.

『이별과 회복의 여정(*The Journey from Abandonment to Healing*)』의

저자 수잔 앤더슨 또한 감정에 몰입하는 것에 대한 중요성을 역설한다. 스스로가 '사랑받고 성공적이었던 20년간의 관계'에서 버림받은 경험이 있는 앤더슨은, 이 회복단계를 '산산조각'이라고 이름 붙이고 고통을 마주할 것을 권장하고 있다. 그녀는 다음과 같이 적는다.

> 비밀스러운 대응책은 자주 그 순간을 회고하고 몰두하는 것이다. 이는 적나라하고 삭막한 이별의 시기를 최대한 유용한 방향으로 경험할 수 있게, 그 에너지에 거스르는 대신 순응할 수 있도록 돕는다. 그 순간 당신은 온전한 인간으로서 삶의 강렬함을 경험하게 된다.

나는 무어와 앤더슨의 의견에 진심으로 동의하지만 한 가지 덧붙이고 싶은 것이 있다. 고통을 받아들이는 것은 삶을 재건하려는 소망과 동반되어야 하는데, 그렇지 못할 경우에는 이별을 당신을 설명하는 일종의 훈장 같은 것으로 여기게 될 수도 있기 때문이다. 당신이 남편의 냉담함의 피해자라고 해도 당신은 그 점을 평생 낙인으로 생각해서는 안 된다. 피해자가 되었다고 해도 피해의식을 가져서는 안 된다는 것을 명심해야 한다.

피해의식을 갖는다는 것은 당신이 일생 동안 스스로 당했던 나쁜 일에 대해서만 집중하게 되는 것을 뜻하며, 이런 식의 상처받은 자신에 대한 이야기는 타인으로부터의 동정과 지지를 끌어모으기 마련이다. 다시 말해, 당신은 스스로 미래를 개척할 힘이 없다고 믿게 되는 것이다. 그러나 당신은 절대 그렇지 않다. 당신의 과거에 무슨 일이 있었든, 그리고 지금 얼마나 힘든 시기를 겪고 있든 상관없다. 그러니까, 당신은 피해자였다고 말할 수는 있겠지만, 그것이 당신의 정체성이 되도록 놔두지는 말자.

처음 몇 달은 당신이 이 모든 일을 겪는 와중에 삶이 나아질 가능성을 본다는 것이 거의 불가능에 가깝게 느껴질지도 모른다. 하지만 그 가능성은 존재한다. 앞으로 우리는 독을 약으로 바꾼 여성들의 이야기를 더 들어볼 것이다. 하지만 우선은 혼란스러운 시기를 거쳐야만 한다.

08
미쳐 있는 시간

아, 여성들이란! 나는 버림받은 남성들과 여성들 모두에게 '토네이도와 뇌우단계에서 저지른 가장 미친 짓이 무엇이었나요?'라는 질문을 했다. 한 남성은 빈 집에 돌아와 떠난 아내가 부모님 집으로 가고 있다는 것을 알게 된 후 비행기를 타고 그녀보다 더 빨리 처가에 도착해 거실에 앉아, 무릎 위에 엽총을 올려놓고 아내와 장인, 장모를 기다렸다고 했다. 다행히도 기다리는 동안 그는 지루해졌고 친구에게 전화를 걸었다. 친구는 그곳에서 빠져나오라고 애원했고, 그는 아내가 도착하기 전에 집을 나섰다.

연구에 참여했던 버림받은 남성들이 다 이처럼 폭력적인 반응을 보였다고 말하는 것은 아니다. 하지만 한 남성은 실상 그렇게 행동했고 여성들 중에는 아무도 그 비슷한 반응을 보였던 사람은 없었다. 그리고 슬프게도 여성들의 행동은 굉장히 순수한 상징성을 가지고 있었다. 한 여성은 남편이 수집한 레코드를 부서 버렸다. 또 다른 여성은 남편의 가죽 재킷을 조각조각 찢어 버렸고, 다른 여성은 그의 책 두 권을 향수로 적셔 버렸다. 그리고 남편이 아직 떠나지 않은 동안 화장실 세면대를 남편의 칫솔로 청소하고 그의 차에 침을 뱉었다고 말했다. 다른 여성은 자신이 한 가장 미친 짓은 300달러짜리 요리기구를 산 것이라고 말했다. 그녀는 그것이 꽤 멋진 일이었지만, 어차피 자신이 요리하는 것을 즐기는 편이 아니기 때문에 분명 그것은 어리석은 일이었다고 했다. 그리고 또 다른 여성은 어떤 미친 짓을 했냐는 내 질문에 대해 성심성의껏 대답하려고 애쓰면서 "나는 머리를 좀 다르게 했어요. 그것도 포함되나요?"라고 말했다.

54세의 모니카는 그 당시에는 정신이 없었지만, 남편이 26년간의 결혼생활을 뒤로 하고 사무실 비서와 이사를 나갔을 때, 했던 자신의 미친 짓에 대해 돌아보며 웃었다.

그날 밤 저에게 일이 일어났습니다. 저는 제 자신에게 그가 돌아오고 싶어 한다고 말하면서 그가 제정신을 차릴 거라는 환상을 심어 주기 시작했죠. 그래서 저는 그에게 돌아오라고 애원하는 이메일을 새벽 한 시에 써서 보냈습니다.

제 생각은 바뀌었고 저는 남은 밤을 그의 답장을 기다리며 보냈어요. 저는 그가 다음 날 아침 직장에서 메일을 읽고, 서둘러 저에게 전화를 걸 것이라고 생각했고, 그러면 저는 남편이 여자친구의 아파트로 가는 길에 집에 들르라고 말할 참이었죠. 저는 그가 원하는 대로 전부 해 줄 수 있을 거라고 생각했어요. 저는 각종 환상적인 계획들을 생각해 내기 시작했습니다. 우비 안에 보정용 브라와 팬티를 입고 문을 열어 주고 따뜻한 집 안에 향이 나는 초를 켜고 그를 맞아들이는 것 같은 환상 말이에요.

그리고 저는 생각했어요. 왜 기다리지? 저는 담요, 향, 그리고 크림 한 통을 들고 그의 사무실로 찾아갈 수도 있었는데 말이에요. 어항 옆의 비닐타일 바닥에서, 형광 조명 아래서 할 수도 있는걸요! (제가 말했듯이, 그때 저는 제정신이 아니었습니다.) 저는 완전히 흥분해서, 포르노 급의 재회를 상상했습니다.

어떤 여성들은 슬픔 때문에 과도하게 자기파괴적인 행동을 했었다고 적었다. 18년간의 결혼생활을 해 왔던 캐시는 사흘간이나 방 안에서 나오지 않았다고 말했다. "저는 겨우 담배를 피우고, 진정제를 먹기 위해서 깨어났어요." 브룩은 12년간 함께였던 남편을 잃은 슬픔에서 살아남기 위해, "36시간을 텔레비전을 보며 지냈고 잠도 자지 않고 내가 먹을 수 있는 각종 쓰레기 같은 음식들을 있는 대로 쑤셔 넣으면서 지냈어요. 그래서 아무것도 느끼지 않게요."라고 말했다.

상당수의 여성들이 하룻밤을 버텨 내기 위해 실제로 낯선 사람의 품을 찾기도 한다. 아픔을 완화하고 아직도 그들이 가치가 있는 존재라는 것을 증명하기 위해, 그들은 혼란이 진정되고 나면 필연적으로 부끄럽게 생각할, 이례적인 행동을 저질렀다.

나는 많은 수의 SWAP 참가자들이 자살에 대한 생각을 해 본 적이 있을 것이라고 생각한다. 이는 캐롤리나처럼 다음 날 깨지 않았으면 좋겠다는 식의 수동적인 생각도 포함된다. 하지만 가장 마음 아팠던 이야기는 여성들이 참지 못하고 이 생각을 행동으로 옮길 뻔했다는 것이었다. 다음은 절망에 빠진 아내들의 암흑기에 대한 짧은 이야기들이다.

피나는 이렇게 말했다.

"어느 날 밤 저는 해변가에 가서 바다로 걸어 들어가는 것을 진지하게 고려했어요. 짧은 순간이었고 마음속으로는 제가 그렇게 하지 않을 것을 알고 있었죠. 하지만 저는 그 순간 제가 가장 소중하게 여기던 사람에게 내팽개쳐졌는데도 인생을 계속 살아 나가야 하는지에 대해 의문을 품었어요."

모드도 말한다.

"아이들이 이사를 나가고 저는 차고에서 죽으려고 호스를 샀어요. 자살을 하려고 시도는 했지만 계속하진 않았습니다. 제가 실제로 죽는다면 그가 기뻐할지도 모른다는 생각이 갑자기 들었기 때문에요."

"어느 날 밤 저는 엔진을 켜 두고 차고 문을 닫은 채로 차 안에 앉아 있었죠. 제 삶을 혼자 마주할 수가 없었어요." 당시 갑자기 정신을 차렸던 비비안은 그 자살시도가 자신이 저질렀던 가장 미친 행동이었다고 되돌아본다.

지닌은 "암스테르담으로 가는 티켓을 사서, 안락사를 하려고 했어요. 취소하고 다시 예약하고, 취소하고 다시 예약하고, 결국 다시 취소했지요."라고 말한다.

로즈는 특별한 사랑을 통해 구원받았다. "저를 필요로 하고, 아무런 조건 없이 저를 사랑해 주는 제 애완견들이 아니었다면, 저는 자살했을지도 몰라요. 애완견들은 제가 살아 있는 단 하나의 이유예요."

토네이도 단계를 거치면서, 당신은 두 개의 상충하는 힘에 의해 흔들릴 것이다. 당신의 어떤 부분은 스스로를 다시 해칠 만한 것을 배우거나, 듣거나, 보는 것으로부터 자신을 보호하기 위해, 전남편을 인생에서 차단하려고 할 것이다. 이것이 바로 당신이 '그 노래'가 나오면 라디오를 꺼 버리게 만들고, 레스토랑 근처에도 가지 않게 하며, 그와 마주칠까 봐 돌아다니지 않도록 만든다.

다른 한편으로는, 당신은 정보를 모으고 싶어서 안달이 난다. 이 혼란을 전부 당신의 통제하에 두고 싶고, 결혼생활 동안 대체 무슨 일이 일어나고 있었던 건지 알 때까지는 조금도 쉴 수 없을 거라고 믿게 된다. 올바른 판단과는 어긋나지만, 당신은 스스로를 미치게 만들 것을 알면서도 남편의 현재 삶을 뒤질 것이다.

당신은 아마 몰래 돌아다니면서, 전남편의 여자친구 집 주위를 운전하고 다닐지도 모른다. 남편의 문자 메시지를 해킹하려고 할지도 모르고, 그의 신용카드 명세서를 살피거나 이상한 이메일을 보내서 그로 하여금 자신이 미쳤다고 생각하게 만들지도 모른다.

다음은 몇몇 SWAP 참가자가 보였던 집착행동의 예시다.

몇 주 동안이나 저는 남편의 집과 직장에서의 음성사서함을 확인했어요. 그와 다시 연관된 듯한 느낌을 받기 위해서요. 그가 정말로 누구인지를 알기 위해, 더 많은 대답을 찾으려고 마치 탐정처럼 행동하고 다녔습니다. 제가 이사를 하고 3주 뒤, 저는 제가 알지도 못하는 여성으로부터 음성메시지를 받았어요. '이따 집에서 보자, 자기야.' 아!

그가 떠나고 몇 달이 지난 어느 날 아침, 저는 그가 여자친구와 지내고 있는 집으로 찾아갔어요. 저는 차 창문을 열어 두고 안에서 기다렸죠. 그들이 마시는 커피 냄새를 맡고 그들이 듣는 라디오 소리를 들었어요. 그들이 출근하려고 집을 나서면 그들을 마주할 수 있을 줄 알았죠. 제가 시계를 보면서 '그들이 8시 30분까지 나오지 않으면, 그냥 돌아갈래.'라고 말하던 게 기억이 나요. 왜 그랬는지, 제가 뭘 할려고 그랬는지 아직도 모르겠어요. 그가 어디 있는지 꼭 알아야겠다는 생각뿐이었습니다. 되돌아보면, 제가 계속 기다리지 않아서 다행이라고 생각해요. 집에 돌아오는 내내 울었습니다. 길에서 몇 번 멈춰야 할 정도로요.

저는 그가 '다른 여자'에게 썼던 이메일을 복사해서 그의 가족들에게 보냈어요. 그가 거짓말쟁이이며 제가 미치지 않았다는 것을 증명하려고요. 저는 사설탐정을 고용해서 그와 다른 여자를 뒤쫓으라고 했어요.

발송 버튼을 누르지 말자

　이메일은 순간의 만족감을 전달해 주는 너무도 매력적인 수단이지만 종종 후회를 남기기도 한다. 한밤중에 남편에게 바로 그 순간에 중요한 일을 전해야 한다는 강한 생각으로 깨어난 적이 몇 번인가? 조금만 더 빨리 알았다면. 그가 알기만 하면 그의 행동에 대해 엄청난 후회를 느낄지도 모른다. 아니면 아마, 운이 좋다면 당신의 고통을 그가 약간이라도 느끼게 될지도 모른다. 하지만 그가 당신의 비난에 마음 아파할 정도로 유약한 인간이라면, 당신의 기분 따위는 신경 쓰지도 않은 채로 달아날 남자는 아니었을 것이다. 그는 자신의 보호구를 이미 장착했고, 당신의 공격은 스스로를 더욱 절박하고 비참하게 만든다. 그리고 당신도 이 사실을 알고 있다. 메시지를 보낸다고 해서 만족감을 절대 얻을 수는 없기 때문에, 그에게 어떠한 흔적을 남긴다기보다는, 결국 당신은 스스로를 또 한 번 상처받게 만들어 버린다.

　토네이도 단계를 겪을 당시, 나는 혼란스러워서 제대로 생각을 할 수 없었다. 하지만 나는 다 자란 딸들의 도움을 받는 행운을 누릴 수 있었다. 그들 역시 아버지의 고백에 충격을 받았지만, 강렬한 폭풍은 그들을 빗겨 갔다. 어느 날 나는 큰딸에게 메일을 보내, 남편을 온라인상으로 공격하고 싶다고 말했다. 다음은 큰딸의 현명한 조언이었다.

그 메일 보내지 마세요. 제발. 그냥 하지 마세요. 제발!!! 그냥 잊어 버려야 한다고 생각해요. 엄마도 엄마가 적은 것들이 사실인 것을 알고 다른 사람도 마찬가지예요. 하지만 아빠는 그렇게 생각하지 않을 거예요. 엄청난 변명과 정당화한 이유들을 가지고 있을 테고, 그것들은 엄마와 아무런 상관도 없어요. 엄마는 이제 더 이상 존재하지도 않는 남자와 협상하려고 하는 것뿐이에요.

스스로에게 물어보세요. 그 메일을 보내면 어떤 일이 일어날 거라고 기대하는지. 어떻게 느끼게 될까요? 어떤 영향을 미치게 될까요? 무슨 일이 일어나길 바라는 건지, 그 희망과 열망이 현실적인지, 아니면 엄마가 정말로 느끼고 원하는 것을 조금이라도 반영하긴 한 건지. 제발 그 메일 보내지 마세요. 아무런 도움도 되지 않을 거예요.

그리고 이것이 고마움을 담은 내 답변이었다.

알았어. 그냥 그를 상처 입히고 싶었을 뿐이야. 더 이상 신경 쓰지 말아야겠구나. 네가 맞아. 고마워! 너를 이 일에 끼게 해서 미안하지만 너의 현명함이 참 고맙구나.

여기에 딸은 이렇게 답변했다.

솔직히 그 메일이 아빠를 엄마에게 더 화나게 만들지 상처 주지는 않을 것 같아요. 엄마를 히스테리나 부리는 비이성적인 사람 따위로 생각하겠죠. 엄마를 떨쳐 버리는 데 더 도움을 줄 거예요. 엄마가 힘들어하고 있는 문제들, 우리가 겪었던 모든 이별 앞에서는 이런 일은 중독성이 있다고 생각해요. 이메일을 보내고, 히스테릭한 음성메시지를 남기는 일 같은 것들이요. 스스로에게 나쁘다는 걸 알고 문제의 본질을 해결하거나 아니면 장기적인 안정이나 행복을 가져다주지 않을 거라는 걸 알면서도 그냥 할 필요가 있는 것들이요. 그리고 이런 일을 하고자 하는 욕구는 굉장히 강하죠. 어쩌면 엄마가 이런 정신상태로 나아가는 건 알코올중독자가 술을 마시는 것과 비슷한 거예요. 그냥 이 욕구에 저항하는 것이 더 나을지도 몰라요.

딸의 말은 내 머리를 망치로 때리는 것 같았다. 그건 정말로 중독 같은 것이었다. 장기적으로는 나쁘다는 것을 알지만 순간적으로는 쌓여 있던 스트레스를 해소시키기 때문에 어쩔 수 없는 것이다. 처음 감정들이 계속해서 혼란스러울 때엔 스스로를 제어할 수 없을 것 같지만, 시간이 지나면서 좀 더 상황을 정리할 수 있게 되면, 당신은 이런 일들이 생산적이지 않다는 것을 깨닫고 스스로를 통제하는 법을 배울 것이다.

둘째 딸은 내가 '발송' 버튼을 누르지 않도록 하는 묘안을 하나 제안해 왔다. 내가 그에게 하고 싶은 말을 전부 적지만, 그걸 보내는 대신 임시저장을 함으로써 충동을 억제할 수 있을 거라고 했다. 이 시기가 지난 다음에도 여전히 메일을 보내고 싶다면, 정리해서 보내는 것도 나쁘지 않을 것이었다. 무엇인가를 적는 것에 나는 기분이 좋아졌고, 내가 느끼던 압박감은 조금 완화되었다. 감정적 고통을 받는 와중에 무엇인가를 보내는 것은 현명하지 않았기 때문

에, 딸의 제안은 굉장한 도움이 되었다. 그리고 시간이 지난 후에
는 메일을 보내고자 하는 욕구가 사라졌으며, 메일을 보내지 않아
서 다행이라고 생각하게 되었다.

가족들 전부가 현명한 대안을 생각해 낸 결과로 나는 가장 기본
적인 규칙을 생각해 내었다. 잠옷을 입고 있는 동안에는 '발송'을
클릭하지 말자. 그 말인즉, 제대로 생각할 수 없는 자정부터 새벽
여섯 시까지는 아무것도 보내지 않을 것이며, 꼼꼼히 살펴보기 전
에는 메시지를 보내는 것을 자제하자는 것이었다. 메시지는 두 번
살펴보자. 최소한!

복 수

대부분의 여성이 받아들이기 힘들어하는 것들 중 하나는, 남편
이 이제 더 이상 신경 쓰지 않는다는 사실을 깨닫게 되는 것이다.
며칠 전만 해도 깊은 사랑을 표현했던 사람이 결혼을 후회하거나
'나를 쳐다보기'조차 않는 것은 가장 잔인한 부분이다. 많은 남성이
불륜 상대와 새 인생을 시작하는 것에 들떠서, 따분한 아내는 놀라
울 정도로 빨리 흐릿한 기억 너머로 지워 버린다.

이별 이후 아내의 경험과 남편의 경험의 차이는 몇 년 전 상담을
하던 중 명백하게 다가왔다. 그 부부는 불과 몇 주 전 별거를 시작
했고, 둘 사이에 흐르는 묘한 알력다툼 때문에 나는 그들을 우선
따로따로 만나기로 결정했다. 나는 먼저 아내를 만났는데 그녀는

상담시간 내내 울면서 결혼생활에 무슨 일이 일어났는지 괴로워했다. 그녀는 남편이 대체 왜 그런 행동을 하는지, 그의 머릿속에서 무슨 일이 일어나고 있는지 알아내고 싶어 했으며, 그가 한 말을 죄다 곱씹으며 왜 이런 일이 일어났는지 알고자 했다. 그리고 이 과정을 되돌릴 수만 있다면 되돌리고 싶어 하는 절박한 모습을 보였다.

이틀 뒤에 있었던 남편과의 면담은 완전히 달랐다. 그는 누나의 집에서 머물 것인지, 아니면 아파트를 빌릴 것인지에 대해, 왜 자신의 십대 아들이 친구들에게 부모의 별거 사실을 말하려고 하지 않는지에 대해 말했다. 그는 불과 몇 주 전만 해도 한 침대를 썼던 아내에 대해서는 거의 언급조차 하지 않았다. 그는 아내에게 해가 되지 않기를 바라기는 했지만, 확실히 아내가 어떻게 지내는지 걱정하면서 밤을 지새우거나 하지는 않았다. 그리고 이것은 WAS에 해당되는 경우도 아니었으며, 남편은 불륜을 저지르고 있지도 않았다.

당신에 대해 생각조차 하고 있지 않는 사람한테 얼마나 당신의 시간을 적선하였는지 스스로에게 물어보라. 당신이 집에서 그에게 집착하고 있는 동안, 그는 와인 한 잔과 함께 멋진 저녁식사를 하고 있을 것이다. 나는 코엔 형제의 〈노인을 위한 나라는 없다(No Country for Old Men)〉에서 나온 이 대사를 굉장히 좋아한다. 주요 장면 중의 하나로, 반 마비 상태의 은퇴한 보안관은 자신을 총으로 쏴서 휠체어 신세가 되게 한 범죄자가 감옥에서 죽었다는 사실을 듣게 된다. 보안관은 그 사람이 죽었다는 사실을 듣게 되어서 기분이 좋은가 하는 질문을 받았을 때, 이렇게 대답했다. "당신이 잃은 것을 되찾으려고 시간을 보내는 동안 더 많은 것을 잃고 있지. 복수는 그 상처에 지혈대만을 대려고 한 것일 뿐이야." 다시 말해서, 당신은 복수하려 들면서 소중한 에너지를 낭비하고 있는 것이다.

놀라울 정도로 분별력이 있는 비비안은 복수를 하려고 생각하거나 아니면 실제로 행동에 옮긴 적이 있는가에 대한 질문에 "아니요."라고 대답한 이유를 다음과 같이 설명한다.

> 저는 그가 자신이 저지른 일로 조금이라도 고통받았으면 좋겠다고 생각했어요. 하지만 그가 절대 고통받지 않을 거라고 생각했기 때문에 화도 났죠. 그런데 제가 그 사람을 상처 입히고 싶은 건 사실이지만 그를 실제로 고통스럽게 하진 않을 거예요. 그는 감정도 없고, 저를 신경 쓰지도 않으니까, 제가 만족할 만한 어떤 반응도 보이지 않을 거예요. 그는 저에게 너무나 폐쇄적으로 굴기 때문에, 제가 한 행동 때문에 어떠한 고통도 느끼려고 하지 않을 겁니다. 그는 연약함으로부터 스스로를 보호하는 데 능숙하거든요.

하지만 많은 여성은 복수가 쓸모없는 것임을 자각할 만큼 냉정한 상태를 유지하는 데 어려움을 느낀다. 토네이도 단계에서, 그들은 미쳐 있으며, 그것이 죄의식을 동반한 즐거움일지라도 아주 잠깐이라도 남편의 주의를 끌기 위해 절박한 상태다. 하지만 대부분의 여성이 남편에게 영향을 줄 수 있는 유일한 방법은 복수에 대한 환상을 통한 것일 뿐이다. 이 환상은 단순히 생각하는 것만으로도 학대받은 영혼들을 치유한다. 상상은 무력함을 덜어 줄 수 있을 만큼이나 강력하다.

세익스피어가 "경멸당한 여성은 지옥보다 더한 분노를 가진다." 라고 말한 것에는 몇몇 SWAP 참가자들이 복수에 대한 질문에서 폭력적인 상상에 대해 설명한 것과 일치하는 면이 있다. 심지어 나 조차도 이 상상들에 대한 설명에 깜짝 놀랐던 적이 있었다.

> 나는 아무에게도 말하지 않은 기묘한 상상을 해요. 이 상상 속에서 저는 그의 이마에 칼로 '개자식'이라고 새겨서 그 상처가 영원히 남도록 만들어 버려요. 이제 나는 조금 덜 폭력적인 사람이 되었고 평소엔 '개자식'이란 단어를 사용하진 않죠.

> 저는 네팔에서 사 온 큰 칼을 가지고 있는데 이걸로 그의 눈을 파내 버리는 상상을 했어요. 그러면 오렌지색 죄수복을 입어야 한다고 친구가 말해 주었는데, 오렌지는 저에게 잘 안 받는 색이에요!

> 저는 야외 캠프파이어에다 그를 구워 버리는 상상을 계속하곤 했어요. 하지만 이 생각을 할 때마다 그가 꼬챙이에 꽂혀서 돌아가는 와중에도 항상 보였던 미소를 지었어요.

> 저는 항상 복수에 대한 상상을 했어요. 그중 어떤 것은 잔인하고, 어떤 것은 아주 웃기죠. 그를 벗겨서 맨몸에다가 순간접착제로 동전을

전부 붙여 버리고 싶어요. 그리고 그 불쌍한 자식을 욘지앤블루어(토론토에서 구걸하는 사람들이 많은 구역) 길가에 던져 버리는 거예요. 두 번째 방법은 그의 집 주변에 있는 작은 공원에 작은 열기구를 매달아 놓고 대낮부터 밤까지 그의 메일을 복사해서 뿌리는 거예요. 세 번째는 그와 연인이 주고받은 이메일을 전부 그의 주소록에 있는 600명 이상의 사람들에게 보내는 거예요.

제가 잠들기 위해 썼던 방법으로는 그를 어떻게 죽일지 상상하는 것이었어요. 누굴 고용하는 것은 위험할 테고, 내가 직접 할까? 버스를 탈까? 비행기를 탈까? 어떻게 계획을 짜지? 돈은 어디서 만들지? 머릿속으로 상상하는 것만으로도 굉장히 치유가 되었어요. 제 어머니와 저는 그가 죽는다면 파란 관 속의 그에게 여자처럼 옷을 입힐 거라는 이야기를 하면서 웃었어요. 하하하! 그런 10분간의 대화조차도 저희에게 조금이나마 힘을 주었죠.

상상이 다채로울수록 복수를 위한 실제 행동은 비교적 자제되었다. 남겨진 아내들은 자신들이 떠난 남편들에게 상처를 줄 수 없다는 것을 깨달은 다음에는 사회적으로 그들을 망신 주는 방향으로 행동했다. 한 여성은 이를 '사회적 거래를 요청하는' 것이라고 했다. 이는 모든 친구와 가족이 불륜 사실을 알게 하는 것부터 남성의 부도덕한 행위를 직장상사에게 알리는 것까지 다양했다.

28년간 결혼생활을 해 온 67세의 엘렌은 남편의 로터리 클럽 회원 모두에게 이메일을 보냈다. 그녀는 그가 2년간 이중생활을 해 왔으며, 두 아이의 엄마인 기혼여성과 불륜을 저지르고 있었다고 말했다. 그는 모두가 진실을 알고 있다는 것도 모른 채 다음 모임에 참석해서, "우리 부부는 사이가 멀어졌어. 정말 슬픈 일이지."라는 핑계를 대려다 들통이 났다. 그녀는 클럽 회원들로부터 엄청난 도움을 받았으며, 그는 모임에 더 이상 나오지 않았다.

35년간의 결혼생활이 끝난 실비의 경우 남편의 불륜 상대는 그의 박사과정 학생이었다. 실비는 남편이 그 학생이 논문을 끝내는 것을 도우려고 작성한 45페이지짜리 제안서를 보게 되었다. 실비는 이렇게 적었다. "그는 그녀에게 메일을 보내서 '이 일은 우리 둘 사이에서 비밀로 하자.'고 부탁했어요. 그녀는 답장을 보내서 훌륭한 '제안서' 덕분에 힘들었던 박사과정이 끝나서 '너무나 기쁘다.'고 썼더군요." 이혼 절차가 끝나자, 실비는 모든 증거물을 엮어서 남편 여자친구의 지도교수와 학과장에게 보냈고, 이 때문에 그 여자친구는 학력 위조에 대한 조사를 받게 되었다.

몇몇 여성은 '샤덴프로이트(SchadenFreude)', 즉 독일어로 '타인의 불행에 기쁨을 느낀다.'는 가능성에 위로를 받았다고 대답했다. 남편에게 작은 영향력조차 행사할 수 없다는 무력감에 베로니카는 자신의 컴퓨터에 '내가 하는 말이나 행동이 그를 상처 입히진 못할 것이다. 그저 인생이 내 대신 그 일을 해 주길 기다리는 수밖에 없다.'고 적어 붙였다. 책상 앞에 앉을 때마다 매번 그 문구를 읽으면서 그녀는 엄청난 좌절감이 어쨌든 사그라드는 것을 느꼈다. 그녀의 전남편이 이사를 나가고 열 달 뒤 그가 여자친구에게 차였다는 소식을 듣게 된 그녀는 매우 기뻐했다.

"잘 사는 것이 최고의 복수다."라고 흔히들 하는 말이 결국에는 가장 건강한 정서다. 이는 힘든 일을 겪고 있는 여성이 자신의 전 남편이 어떻게 지내는지 신경 쓰는 대신, 자신의 삶을 설계하는 데 집중하는 것을 돕는다. 상상력은 강력하기에 만일 당신이 스스로를 위해 멋진 인생을 상상할 수 있다면, 이미 절반은 온 것이다. 일단 그와 있었던 과거의 비참함으로부터 시선을 돌려 미래에 성취할 것들에 대한 가능성에 집중하게 되면 올바른 치유의 과정에 있는 것이다.

09
위험구역

나는 오늘 거의 죽을 뻔했다. 기분이 꽤 괜찮은 줄 알았지만 분명 정신이 멍해 있었던 거다. 멈춤 표지판을 지나서 대로에 있는 차들 한 가운데로 차를 몰아 길 중간에 멈춰 있었다. 나는 그저 거기 앉아서 창문 너머로 나에게 돌진해 오는 자동차를 바라보고만 있었다. 나는 너무나 놀라서 생각을 제대로 할 수가 없었다. 차들은 자동차 문 바로 앞에서 급정지를 했다. 운이 좋았다. 아무도 나를 치지 않았고 차들이 무더기로 그 앞에 멈춰 서 있지도 않았다. 너무나 놀랐다. 그리고 오늘은 열쇠를 집 대문 열쇠 구멍에 꽂은 채로 두었다. 평소엔 절대로 하지 않을 일들이다. (일기 중에서)

남편이 떠나고 3주 후에 있었던 그 자동차 사건은 내가 제대로 생각하고 있지 못하다는 사실을 자각하게 해 주었으며 내 인생이 위험구역에 들어섰다는 것에 대한 경고였다. 그 결과 나는 운전하는 것에 더욱 조심하게 되었고 횡단보도에서는 일부러 차를 멈추었으며 출발 전에는 두 번 이상 확인했다. 내가 만났던 어떤 여성은 자신이 그 지치고 멍한 상태에 있을 적에 실제로 끔찍한 사고를 겪었으며 차가 완전히 부서졌다고 말했다. 내 생각에 어떤 여성들은 더 이상 자신에게 신경을 쓰지 않게 되는 경우도 있는데 그럴 때면 스스로를 보호하는 데 있어서도 무관심해지게 된다.

WAS에 대한 반응으로, 무의식적으로 일어나는 자기보호에 대한 무관심의 또 다른 경우는 바로 체중 감소라고 할 수 있다. 연구에 참여했던 거의 모든 여성이 2kg에서 25kg까지 체중이 엄청나게 줄었다. 이는 WAS가 얼마나 큰 트라우마를 주는 사건인지를 입증해 주는 것이다. 몇 달씩이나 나는 식욕이 전혀 없었다. 전혀 관심도 없고 맛도 없는 음식을 씹고 삼키는 일이 너무나 힘겨웠다. 살이 빠지는 현상이 조금씩 잦아들 무렵 나는 허수아비처럼 보였고, 친구와 가족들은 제발 먹으라며 걱정하였다.

체중 감소에 대한 다른 여성들의 경험들이다.

처음 몇 달간, 살이 너무나 급속도로 빠졌어요. 커피 한 잔으로도 속이 더부룩할 지경에 이르렀죠.

다른 세계로 떨어진 것 같은 느낌이 들었어요. 완전히 방향을 잃었죠. 도저히 받아들일 수 없어서 먹는 것에 대한 관심을 정말로 모두 잃었어요.

이 시기에 위험구역의 세 번째 증상은 남편의 무책임함 때문에 성병에 대한 의심을 품게 된다는 것이다. 성병검사를 받아야 할지도 모른다는 생각이 들자 나는 엄청난 충격을 받았다. 누구랑 자고 있는지도 모르는 그 남자와 나는 피임도구도 쓰지 않고 성관계를 맺어 왔다. 나는 1980년대 중반에 남편과 결혼했고 늘 아무런 걱정 없이 살아왔다. 내 인생에 관해서라면 그를 완전히 신뢰했었다. 나는 아주 무거운 마음으로 검사를 받으러 병원에 찾아갔다.

다른 여성들 또한 비슷한 경험에 대해 말했다.

> 그는 다른 여자와 피임을 하지 않았어요. 그러면서도 3년이나 저와 부부관계를 했죠. 저는 HIV나 성병에 감염되지 않게 해 달라고 말했죠. 그는 그 여자가 아무런 병이 없다고 확신한다고 했어요. 저는 병원에 가서 모든 검사를 받았죠. 정말 학대받은 느낌이 들었어요.

> 지난 5년간 나는 피임을 하지 않았어. 당신은 내가 HIV와 에이즈, 클라미디아, 매독, 임질, 헤르페스 같은 성병에 걸릴 수 있도록 만들었지. 나는 내가 100퍼센트 안전하다고 믿었는데 말이야. 어떻게 감히 내 삶을 이렇게 만들 수가 있지? (남편에게 보낸 이메일)

연구에 참여한 많은 여성은 자신들의 건강과 삶이 가장 믿었던 남편 때문에 위험에 처하게 된 사실이 가장 큰 배신이라고 생각했다. 어린 시절 성적 학대를 경험했거나 스스로를 보호하지 못했던 경험이 있던 여성들은 여기서 기본적인 신뢰감에 손상을 입게 된다.

생각조차 할 수 없는 일을 받아들이는 것

우리는 이미 앞서 쓰나미와 뇌우 단계를 벗어나기 위해서는 '앞으로 나아가기 위한 7가지 단계'에서 두 가지를 성취해야 함을 배웠다. 첫째는 이 결혼생활이 완전히 끝났다는 것을 받아들이는 것이다. 이것은 어려운 일이지만 앞으로 스스로를 속이는 것을 방지하는 일이기도 하다. 남겨진 아내는 종종 어떻게 이런 갑작스러운 변화들이 생길 수 있는지, 그리고 자신이 이걸 막기 위해 할 수 있는 일은 무엇일지 생각하느라 계속해서 고통받는다. 왜 남편이 떠났는지, 둘의 관계를 어떻게 회복할 수 있을지 깊게 생각해야 하기 때문이다. 아내들은 이별을 미루기 위해 절박하게 아무 수단이나 쓰려 할 것이다.

WAS의 영향을 받은 여성은 남편이 그저 한때의 중년의 위기를 겪고 있을 뿐이라거나, 직장 문제로 인한 우울 때문이라거나, 혹은 교활한 여자친구 때문으로 곧 남편이 제정신을 차릴 것이라고 생각할 수도 있다. 그런 생각을 가지고, 아내는 남편이나 인생을 놓고 흥정을 하려고 할 수도 있다. '만약 내가 그에게 말을 할 수 있다면' '그가 나와 함께 상담을 받기만 한다면' '내가 얼마나 비참한지 그가 알게 된다면 이 일이 전부 해결될 텐데.'

남편이 아무런 기색도 내비치지 않는 반면, 아내는 그가 자신한테 얼마나 중요한 존재인지 남편이 깨달아 주기를 바란다. 그러고 나면 그녀는 악몽에서 깨어나 결혼생활에 노력해서 함께 미래를 되찾을 수 있기 때문이다. 맨땅에 헤딩하는 것 같이 느껴지겠지만 그녀가 모든 것이 끝났다는 남편의 말과 행동을 받아들이기까지는 엄청난 노력이 필요하다. 그것이 고통스러운 만큼, 이는 그녀의 사고를 재정비하고 스스로 미래를 개척해 나갈 기회이기도 하다.

12년간의 결혼생활이 끝난 38세의 쇼나는 남편의 불륜 사실에 대해 알고 난 후 감정적으로 엄청난 변화를 겪었다.

> 우리의 결혼생활이 끝났다는 것을 들은 지 일주일쯤 후에 저는 그가 숨겨 두었던 휴대 전화를 찾아내서 문자메시지들을 보았습니다. 그가 저를 속이고 누군가와 함께였다는 사실을 발견했습니다. 그것을 알게 되자마자, 마치 스위치가 켜진 듯한 느낌이 들었어요. 그에 대한 제 모든 사랑이 역겨움으로 변했지요. 이 모든 것은 그를 잊거나 상처받은 마음을 치유하는 것에 대한 것이 아니었어요. 무슨 일이 일어난 건지 이해하기 위한 심리적 싸움이었죠.

앞으로 나아가기 위한 7가지 단계의 쓰나미와 뇌우 단계에서 꼭 이루어야 할 두 번째 항목은 '남편이 이제 돌이킬 수 없게 변해 버렸다는 것과 당신을 더 이상 신경 쓰지 않는다는 것을 받아들이자.'는 것이다. 여성들은 사람이 그렇게 갑자기 변할 수 있는지 잘 이해하지 못한다. 어떻게 몇 주 전만 해도 남편이었던 사람이 갑자기 무신경해지고 무관심해질 수 있는지를 말이다. 그 변화 자체가 알 수 없는 미스테리이며, 직접 겪어 보기 전엔 이해할 수 없는 것이다. 사랑하는 감정은 불이 꺼지듯 정말로 없어져 버리기도 한다. 그 불은 다시 붙지 않는다. 아무런 감정도 남지 않은, 도망치는 남편들은 아내에게 더 이상 아무런 관심도 두지 않는다.

남편의 마음이 바뀌었다는 것과 더 이상 당신에겐 아무런 감정을 갖지 않는다는 사실을 받아들여야 한다. 34년의 결혼생활을 경험한 케이는 그 사실을 받아들이기 위해 애를 쓰고 있었다.

> 다른 점은 그가 변했다는 것이에요. 제 친구 진이 말했죠. "누가 제럴드를 데려가고 이 남자를 데려다 놓았어?" 많은 친구들이 지금 그들이 보는 제럴드는 두 달 전에 봤던 제럴드와는 다른 사람이라고 말했죠. 융 지지자인 친구들은 이것이 그의 '그림자'적 정체성이 그의 '에고'를 집어삼키고 있는 과정이라고 저에게 말해요. 다른 말로, 그가 지난 34년간 억눌렀던 성향들이 삐져나오기 시작하면서 불쾌한 쓰나미로 저를 덮치고 아이들과 가족들, 친구들에게 이상한 행동을 하게 만들고 있는 거죠.

아마 폴 맥케나 박사와 휴 윌번 박사가 『상처받은 마음을 치유하는 법(How to Mend a Broken Heart)』에서 제시한 설명이 이 모든 제럴드들이 돌이킬 수 없도록 변해 버린 사실을 받아들일 수 있도록 도울지도 모르겠다. 그들은 이들에겐 과거의 관계가 아닌, 미래의 관계가 중요한 것이라고 적고 있다.

> 이별로 인해 마음의 상처를 받지 않는 자들은 이미 감정적으로 그 관계를 떠난 쪽이다. 대개 그들은 돌아갈 다른 사람이 있거나, 벌써 계획해 놓은 '더 나은' 미래가 있다. 그들은 이별에 대해 몇 번이고 생각

해 보았으며, 신경을 무디게 단련해 놓았기 때문에 그들에겐 새롭고 흥미진진한 미래가 아주 현실적으로 다가오게 된다. 반면, 과거의 관계는 그들의 마음속에서 굉장히 다르게 해석된다. 그들에게 이제 부부는 더 이상 애착이 느껴지지 않는 과거의 일부일 뿐이다. 의식적으로든, 무의식적으로든 미래에 대한 계획이 어떤 이에 대한 애착의 정도를 결정하는 것이다.

당신은 남편이 아직도 당신의 미래에 중요한 역할을 하고 있다는 상상을 버리지 못하였다. 반면 남편은 그 상상을 내다버렸다. 당신이 그 이미지를 지워 버릴 순간이 왔다. 기억 속의 남편의 모습에 대해 생각하고, 이에 대해 느껴지는 감정에 이름을 붙여라. 지금은 굉장히 혼란스러운 기분일 것이고 분노, 상처, 슬픔, 염원 혹은 그저 역겨움만을 느낄지도 모른다. 이제 스스로에게 자신은 옛날의 제럴드에게 반응하고 있지만, 현재의 제럴드는 이미 다른 사람이 되었다고 말하라. 한 여성은 "내 남편이 외계인에게 납치당해서, 완전히 이해할 수 없는 낯선 사람으로 대체되어 버린 것 같아요."라고 말했다. 당신은 낯선 사람들, 예를 들어 길에서 지나쳤을 수도 있는 모르는 남자에 대해 생각할 때 어떤 기분을 느끼는가? 아마도 상당히 무덤덤할 것이다. 당신의 남편은 낯선 사람이 되었고, 그와 닮은 남자는 당신이 더 이상 관여할 일이 없는 사람인 것이다. '제럴드'는 더 이상 이전의 그 남자가 아닌 것이다.

불륜 상대

내가 남편 없이 여행을 떠났을 때 늘 하던 농담이 있었다. 내가 집을 떠나 있는 동안 외로움에 대해 걱정할 필요가 없다고. 왜냐하면 그는 상상 속의 여자친구 돌로레스와 즐거운 시간을 보낼 수 있기 때문이라는 것이 그것이었다. 나에게는 그것이 아주 재미있었다. 내 남편에게도 여자친구가 있다는 것이 좀 허황된 것처럼 들렸기에 나는 그게 우스운 농담이라고 생각했다. 남편이 떠나기 몇 달 전, 그는 나에게 그만 좀 놀리라고 했다. 내 말이 그를 불쾌하게 만든다는 것이었다. 내가 정말로 몰랐던 것은 몇 년 동안이나 돌로레스는 존재했으며, 내 침대에서 잠을 잤다는 것이었다!

남편의 불륜 상대는 당신의 상상 속에서는 거대한 사람이지만 실제로는 작은 존재에 지나지 않는다. 그녀는 당신이 상상하는 것과는 다르다. 내가 SWAP 참가자들에게서 배운 놀라운 사실 중 하나는, 이 불륜 상대가 얼마나 전형적인 모습으로 상상되는지에 대한 점이었다.

남편이 여자친구와 함께 살기 위해 떠난다는 소식을 들은 날 밤, 나는 그녀가 어떤 여자일지 정확히 알았다. 나는 그녀가 다른 대학의 교수로 섬세하고 능력 있는 여자일 거라고 지레 짐작했다. 나는 그들이 우아한 동네에 있는 그녀의 아름다운 집에서 상류사회의 삶을 살 것이라고 생각했다. 하지만 곧 그녀를 만나 본 친구들은 내가 틀렸다는 것을 알려 주었다. 실제의 그녀는 쥐처럼 생겼고, 14년간이나 그의 부하 직원이었으며 남편이 싫어하던 동네에서 살았다.

SWAP 참가자들의 경우, 불륜 상대들의 공통점은 그들이 거의 늘 엄청나게 어리고(불륜 상대가 아내보다 마흔한 살이나 어린 경우도 있었다), **남편보다 사회적 지위가 더 낮으며**(남편이 사업을 하면 그녀는 그 비서고, 남편이 주임목사이면 그녀는 신도들 중 하나였고, 남편이 교수면 그녀는 학생이었고, 남편이 의사면 그녀는 환자이거나, 바텐더, 보모, 청소부였다) 상류층의 여성이 결코 아니었다는 점이었다. 신포도 이야기처럼 들리겠지만, 남편이 그렇게 보잘것없는 여성 때문에 떠났다는 사실에 많은 여성이 괴로워한다. 여기 '그 다른 여자'가 얼마나 매력적이지 않았는지에 대한 일화들이 있다.

제가 가장 놀랐던 점은 그녀가 못 배웠고 별로 똑똑하지 않다는 것이었어요.

불륜 상대는 뚱뚱하고, 굉장히 따분하고 평범했어요. 왜 그녀 때문에 그가 날 떠났는지 이해할 수 없었어요.

그가 그녀에게 끌릴 거라곤 상상조차 하지 못할 정도였어요.

그녀는 아주 멍청했고, 전혀 매력적이지도 않았으며 아무것도 가진 것이 없었어요. 전남편이 관심을 가질 여자라고는 생각할 수도 없었죠.

그렇게 못생긴 여자 때문에 남편이 저를 떠났다는 사실에 저는 어쩔 줄을 몰랐죠.

거만하게 들리고 싶진 않지만, 그녀는 저보다 덜 매력적이었고, 저보다 좋은 직업을 가지지도 않았고, 성격이 활기차지도 않았어요.

그녀는 거의 제정신이 아니었어요. 알코올중독자에, 꽤 얼빠지고 열두 살이나 어린 못 배운 여자였죠. 나는 그가 그녀와 뭘 하는지도 모르겠어요.

그녀는 신체적으로 굉장히 매력적이지 않아요. 몸매도 그렇고 90kg이나 되죠. 정말 못생겼어요!

몇몇 SWAP 참가자들로부터 도출된 이론은 그들의 남편들이 자신들을 흠모하는 여성들한테서 자존감을 얻기 위해 아내를 떠났다는 것이었다. 자신보다 덜 성공적인 여성을 고르는 것은 도망친 남편들이 아내의 성공에 위협을 느꼈다는 점과 일맥상통한다.

불륜 상대가 아내의 친구였던 경우가 제법 있다. 30년 동안의 결혼생활을 해 왔던 멜라닌은 가까운 친구가 자신의 결혼생활을 파탄냈다는 것을 알고 나서 큰 충격에 빠졌다.

그 불륜 사실은 굉장히 절망적이었어요. 그녀는 제 오랜 친구였고, 그 사실이 발각되기 전에 저는 그녀의 바느질을 도왔고 그녀는 고맙다며 저를 포옹했거든요! 육체적인 관계가 일 년도 넘게 지속되어 왔고 그들의 애정은 몇 년 동안이나 지속되어 왔던 거예요. 그는 집에 몇 시간이나 늦게 돌아왔고 그녀를 만나고 돌아와서 저와 함께 침대를 썼어요. 너무나 상냥했고 너무나 가까웠죠. 그녀가 모르는 사람이었다면 저는 그냥 이 일을 고통스럽고 무분별한 행동쯤으로 받아들였겠지만, 이건 차마 용서할 수 없는 일이었어요.

불륜 상대의 역할을 살펴보면서 SWAP 참가자들은 여성들이 서로 단결해서 기혼남성과는 엮이지 말아야 한다는 주장을 하였다. 그리고 이 불륜의 결과로 맺어진 관계가 얼마나 지속되는지는 굉장히 다양했다. 떠났던 남편들은 불륜 상대와 결혼해서 몇 년 뒤에도 그들과 함께 살았지만 어떤 사람들은 그 관계가 끝이 났다.

정말로 끝났을까

나와 배우자와의 관계가 정말로 끝났다는 사실을 받아들이기 힘들다면, 스스로에게 몇 가지 질문을 해 보자.

그가 떠난 이후 그에게서 따뜻함, 부드러움, 배려 혹은 후회의 흔적을 찾아볼 수 있었던가?

만약 "아니요."라고 대답했다면, 이제 그에 대한 것을 잊어버리

자. "예."라고 대답했다면 스스로에게 이 질문을 해 보자.

그 부드러움이 몇 주나 몇 달간이나 유지되어 왔는가?

만약 "아니요."라고 대답했다면, 이제 그에 대한 것을 잊어버리자. "예."라고 대답했다면, 스스로에게 이 질문을 해 보자.

그가 나를 긍정적으로 바라봐 주는 것이 정말로 그의 진정한 사랑 때문일까? 아니면 단지 그의 여자친구와 생긴 문제 때문에 그렇게 하는 것일까?

만약 첫 번째 질문에 대한 대답에 "아니요."라고 했다면 이제 잊어버리자.

10
커다란 냉장고

기분 나쁜 밤이었다. 침대로 간 후 바로 잠이 들었지만 오밤중에 갑작스러운 집착에 잠에서 깨어났다. 나는 '21년' '6년'이란 단어들을 계속 머릿속으로 되뇌고 있었다. 나는 불교의 선 상태를 유지하려고 노력 중이다. 오늘 일어났을 때, 산으로 산책을 나서기로 마음먹었다. 그들과 마주칠까 봐 조금 겁이 났지만, 뭐 어쩌랴. 초월적인 경험이었다. 상쾌한 아침이었다. 공기와 햇빛, 모든 것이 나에게 위로를 해주었다. 내가 남편을 잃었다고 해서 그 누구도 이것들을 나에게서 빼앗을 순 없다는 것을 깨달았다. 내가 지나치는 모든 이에게 인사를 하기로 마음먹었고, 또 나는 실제로 그렇게 했다. 즐거운 산책이었고 나는 기분이 더욱 나아져서 집에 돌아왔다. (일기 중에서)

눈보라 단계는 대개 가장 오래 걸리는 단계이기도 하다. 이때 시간은 느리게 흐르며 세상은 힘들고, 차갑고 낯설며 매정하게만 느껴진다. 당신은 얼어붙은 것처럼 느껴질 것이며 회복이 너무나 먼 이야기처럼 들리기 때문에 다시 기분이 나아지거나 할지 의심스러워진다. 당신은 이 오랜 전쟁으로 지쳐 있으며 꺼지지 않는 낡은 컴퓨터처럼 계속해서 같은 생각에 집착하는 자신을 발견하게 될 것이다. 힘겹게 이 시기를 지나고 안개 단계에 들어서면서 당신은 아직도 회복과정의 중간에 있긴 하지만 조금씩 비쳐 오는 햇빛을 발견할 수 있을 것이다. 당신이 마음으로부터 조금씩 이 지옥이 영원하지 않을 거라는 사실을 받아들이기 시작했기 때문이다.

여기서 당신은 커다란 냉장고를 접하게 될 것이다. 그 음식이 지금 당장은 당신의 마지막 남은 것이라고 느껴질지도 모르겠지만, 커다란 냉장고는 당신을 돌볼 수 있는 여러 가지 대비책을 충분히 마련해 두고 있다. 냉장고 안에는 당신이 새로운 삶을 향해 긍정적으로 나아가도록 하기 위한 여러 가지 참는 비결과 회복을 위한 계획이 있다. 그 안에 있는 것이 모두 당신의 마음에 들지 않을 수도 있다. 하지만 정말 냉장고처럼 당신은 그 안에서 원하는 것을 그때그때 고를 수도 있다. 내가 할 수 있는 일들은 모든 칸에 있는 것들이 유익하도록, 그래서 당신의 영혼에 영양가 있는 것들을 제공할 수 있도록 하는 것이다.

집 착

21년, 6년, 21년, 6년. 21년은 내 결혼생활의 기간이었고 6년은 남편이 불륜을 저지르고 있던 시간이었다. 나는 3이라는 숫자에도 굉장히 집착하게 되었다. 그가 떠난 것이 내 책 발간일 사흘 전이었기 때문이다. 나는 그의 여자친구가 그를 위해 집필하고 헌정한 『난잡한 섹스(Dirty Sex)』라는 책에 대한 생각을 떨쳐 버릴 수 없었고 책 출판 기념 투어를 마치고 돌아온 날 욕조에서 찾아냈던 길고 검은 머리카락을 계속 생각하고 있었다. 이것들은 내 이야기에 있어서 사기극의 구성요소들이었다. 처음 몇 달은 아무리 노력해도 정신이 온통 그것들에 대한 생각으로 맴돌았다. 나는 그 단어들에서 의미를 찾으려고 노력했다. 의심의 여지없이 WAS의 초기 단계와 눈보라 단계를 겪는 여성들을 불안하게 만드는 것은 바로 머릿속에 가득 찬 거슬리는 생각들과 끊임없는 집착이다.

당신이 집착하게 되는 것은 트라우마를 겪은 경험에서 직접적으로 나오는 것이다. 트라우마 상태에서 정상적인 사고는 과부하가 걸리고 일시적으로 손상을 입게 된다. 생존을 위해 인류는 삶을 안정적이고 지속적으로 유지하기 위한 기본적 욕구를 가지게 된다. 우리는 이러한 기본적 욕구 없이 미래에 대처할 수 없다. 극단적인 경우에는 무방비하게 있다가 죽음을 맞이할 수도 있다.

예를 들어, 당신의 삶의 중간 지점에서 삶이 완전히 예측 불가능하게 변해 버렸다고 가정해 보자. 오늘은 약 27도의 맑은 날이지만 내일은 눈이 오는 영하 18도의 날씨일 수도 있다. 오늘 아침에는 반바지와 티셔츠 차림으로 카누여행을 떠나 텐트에서 하룻밤을 지내려 집을 나서겠지만 밤에는 기온이 점점 떨어져 내일 아침이면 삶이 위험할 수도 있다. 살아남기 위해 필요한 지식이 없다면, 당신은 스스로를 보호할 수 없게 된다. 현재에 기반을 두고 미래에 닥칠 고난을 예측하는 능력은 안전을 위한 기본인 것이다.

당신은 아마 남편의 예기치 못한 고백을 듣는 순간까지는 가까운 사람들의 행동이나 사건들에 대해 기본적 수준으로는 이해하고 있었을 것이다. 남편의 고백 내용을 이해할 수 없기 때문에 당신의 마음은 엄청난 충격을 받았을 것이다. 삶의 의미를 가지는 것이 얼마나 중요한지 이루 설명할 수조차 없다. 그 엄청난 스트레스로 인해 우리의 뇌 구조가 어떻게 변화하는지는 이미 설명했다. 집착과 거슬리는 생각들은 당신을 지키기 위해 세계를 다시 이해하기 위한 노력의 일환일 뿐이다. 당신의 충직한 뇌는 이 일에 대해 수천 번 생각하고 나면, 금방 일어났던 일들에 대해 이해할 수 있고, 그러고 나면 당신을 보호할 수 있게 된다고 믿는다. 그래서 뇌는 낮과 밤을 거르지 않고 계속해서 당신이 제발 멈추라고 빌 때까지 이 사건을 유심히 살펴볼 것이다. 『마법사의 조수(The Sorcerer's Apprentice)』에 나오는 마법의 빗자루처럼 마법에 한 번 걸리고 나면 당신이 좋든 싫든 임무를 계속 해내는 것이다. 51세의 제네비에브는 "처음에 가장 어려웠던 것은 매 시각 매 순간마다 일어난 일에 대한 생각을 멈출 수 없었던 것이다. 매일 잠에서 깨면서 그리고 어느 순간 이것이 단지 악몽이 아니며 그가 정말로 떠났다는 것을 깨달은 순간 내 삶의 기반이 떨어져 나간 것 같았다."고 쓰고 있다.

이것이 과정이라면 내용은 무엇일까? 우리는 한밤중에 대체 무슨 생각을 할까? 여기 여성들이 집착하는 것에 대한 예들이 있다.

- **빠른 반응**: 당신은 폭로의 순간이나, 아이가 처음으로 아빠의 여자친구 집에서 주말을 보내도록 데려다 주던 가장 비참하고 고통스러웠던 순간을 다시 체험하게 된다.
- **셜록 홈즈**: 당신은 남편이 했던 모든 말을 분석하거나 그 안에서 의미를 찾으려고 노력한다.
- **만약에**: 이별 이전에 했던 당신의 아내로서의 역할을 다시 생각하게 되거나 그전의 당신의 말이나 행동을 생각하게 된다. 그리고 당신은 후회에 차서, 시간을 되돌려 다르게 행동하길 바라게 된다.
- **상상 속의 응징**: 그에게 상처를 주는 말을 하거나 전남편을 굴복시킬 행동들을 하는 스스로를 상상한다. 만약 당신에게 기회만 있다면……. 하지만 당신에게 그 기회는 없고 앞으로도 없을 것이다.
- **끔찍하게 만들기**: 당신에게 상처와 굴욕을 주고 당신이 절대 행복할 수 없도록 당신의 삶을 영원히 비참하게 만들 끔찍한 일들이 계속 일어날 것이라고 생각하게 된다.

이것들이 당신의 하루를 함께하는 생각들이었을 것이다. 분명 우리는 머리를 붙잡고 '그만!'이라고 외치는 시점이 오게 될 것이다. 우리는 우리 주위를 맴돌며 공격할 기회를 노리는 이 잔인한 녀석들의 손바닥 안에 놓였다고 느끼게 된다. 당신의 주의를 끄는 어떤 다른 일이라도 하지 않으면 당신은 공격받기 가장 쉬운 처지에 놓여 있다. 내 경우엔 청소기를 돌리는 것이 아주 지옥 같았다. 그건 생각들이 미친 듯이 날뛰도록 두기에 가장 적합한 행동이었기 때문이다.

다행히도 나는 참는 비결들과 회복을 위한 계획들을 몇 개 만들어 냈고, 때로는 당신도 이 방법들을 쓸 수 있을 것이다. 우리는 이제 당신이 새로운 사고나 행동방식을 찾아 안심할 수 있도록 커다란 냉장고를 열 준비가 되어 있다. 이것들은 내가 직접 시험해 보고 단기적으로나마 평정을 되찾을 수 있도록 해 주는 것들로, 당신의 정신건강을 좀 더 낫게 할 수 있을 것이다. 여기서 당신이 원하는 방식을 마구 골라잡아도 된다. 어떤 방식도 항상 만족스러울 수야 없겠지만, 냉장고는 당신에게 충분히 다양한 선택을 제공할 것이다.

1부: 커다란 냉장고,
재빠른 대응방법과 회복을 위한 전략

첫째로 나는 당신이 제멋대로의 생각들을 잠재울 수 있을 만한, 재빠른 기술들을 제안할 것이다. 그다음 두 번째로 당신이 더 근본적으로 압박에서 벗어나 좀 더 깊이 있고 새로운 시각을 가질 수 있도록 하고, 삶을 긍정적으로 변화시키기 위한 기술들에 대해서 이야기해 볼 것이다. 이 기술의 목표는 당신의 마음을 좀 더 명확히 하고, 고통스러운 생각에서 벗어나 좀 더 평온을 찾을 수 있도록 하는 것이다. 이 기술들은 당신이 좀 더 자제력을 가져서 힘겨운 집착에서 스스로를 보호할 수 있도록 하며 일종의 완충지를 확보할 수 있도록 해 줄 것이다.

1부의 '재빠른 대응방법과 회복을 위한 전략'과 2부의 '삶을 긍정하게 하는 비결과 회복을 위한 전략'의 두 기술을 활용할 때 회복을 위한 강력한 무기인 상상력을 동원해야 한다. 상상하는 것은 실제로 효과가 있다. 처음엔 어쩔 수 없는 부정적인 생각들로부터 주의를 돌리는 것조차 힘겹겠지만 모든 가치 있는 일들이 그렇듯 이러한 기술을 익히는 것 역시 연습이 필요하다. 이 기술은 당신의 마음에 울림을 주고 당신이 자주 사용할수록 더욱 강력해질 것이며, 집착들로부터 당신의 마음을 되찾는 데 도움을 줄 것이다. 아니면 적어도 노력하는 스스로를 보면서 미소라도 짓게 만들 것이다.

● 싹싹 쓸고, 쓸고, 쓸자!

당신의 마음이 나무 바닥으로 된 작은 방이라고 상상해 보자. 그런데 이 방은 당신의 부정적인 생각 때문에 늘 먼지가 쌓이고 더러워진다. 이제 나뭇가지로 된 빗자루를 들고, 이 방을 청소하는 1인치짜리 작은 청소부를 상상해 보자. 당신의 생각들이 위험구역으로 돌아가려 할 때마다, 당신의 뇌 속에서 잠자고 있던 작은 청소부를 깨워서 그녀에게 이 나쁜 생각들을 '싹싹 쓸어 내' 달라고 부탁하자. 빗자루질을 하면서 바닥을 깨끗이 하고 원치 않던 나쁜 생각을 몰아내 버리는 자신을 상상해 보자.

● 이름을 붙이자

이것은 당신을 불쾌한 생각으로부터 떼어 놓는 간단하면서도 효과 있는 방법이다. 당신의 마음이 원하지 않는 곳에 당신을 데려다 놓고 있다면, 스스로에게 "내가 집착하고 있구나!"라고 말하자. 당신이 하는 행동에 이름을 붙임으로써, 당신의 머릿속에서 일어나고 있는 일에 대해 무력하게 빠져 있는 대신 제3자로서 자신을 관찰하게 된다.

● 짖는 개

'이름을 붙이자'와 비슷하게, 이 방법은 머릿속의 목소리들로부터 당신을 격리시킨다. 그 나쁜 생각들을, 길 건너편에 묶여서 당신에게 짖고 있는 무서운 개의 소리라고 상상하자. 당신이 그 개를 지나치게 되면, 그저 흘긋 볼 뿐 그 개가 당신을 해칠 순 없다는 것을 명심하자. 그건 단지 소음일 뿐이다. 계속 걸어가자.

● 떨쳐 내자

개에 대해서 이야기하는 김에, 나쁜 마음을 떨쳐 버릴 수 있는 또 다른 방법을 제시하고자 한다. 물에 젖은 개가 머리부터 꼬리까지 흔들면서 몸을 말리는 방법을 알고 있는가? 그 나쁜 생각들로부터 몸을 일으켜서, 일어서서 정말로 머리부터 발끝까지 탈탈 몸을 '흔들고, 흔들고, 흔들어' 떨쳐 내자. 팔을 휘두르고, 머리를 통통 흔들고, 엉덩이를 빠르게 흔들자. 최소한 아주 잠깐 동안은 효과가 있다. 지금 당장 해 보자!

● 벽을 칠하자

이 기술은 당신의 썩은 악감정들을 통제할 수 있도록 돕는다. 커다란 벽에 분노, 상처, 억눌린 감정을 강렬한 색으로 격하게 칠하는 상상을 해 보자. 모든 몸을 써서, 벽이 색깔로 난잡해질 때까지 칠하고 문지르자. 이제 물러서서 외부로 표출된 혼돈을 자세히 살펴보자. 그러고 나서 롤러를 들고, 새하얀 페인트에 푹 담가서, 벽이 온통 순백색으로 뒤덮일 때까지 위아래 칠하자. 다시 물러서서 숨을 뱉어 내자. 그리고 다시 숨을 들이마시고, 깨끗한 페인트 냄새를 맡아 보자!

● 강철을 부어 넣자

좀 더 용기가 필요할 때에는 이런 상상을 해 보자. 당신의 척추에 강철을 부어 넣는 상상이다. 이것은 당신이 어깨를 펴고 더욱 강해지게, 그리고 덜 겁에 질리도록 만들 것이다!

● 분노를 다루는 두 가지 방법

'잘 사는 것이 최고의 복수다.'라는 좌우명을 갖자.

바람을 싣자! 분노를 역이용해서 그를 위해 싸우는 것이 아닌 당신의 삶을 위해 싸울 수 있는 전사가 되자. 상처받은 분노를 강한 분노로 바꾸자. 강렬한 폭풍우가 있다면 이를 원동력으로 삼을 수 있는 풍차가 갖고 싶어질 것이다.

당신의 삶을 조절할 수 있는 세 가지 특별한 기술

● 당신의 삶의 이유를 위해 나아가라

우선, 삶의 '이유'가 무엇인지 명확히 하자. 삶에 있어서 당신의 단기적인 목표는 무엇인가? 집에서 전남편의 물건을 없애 버리는 것 같은 구체적인 것들인가 혹은 더 나은 직장을 갖는 것처럼 좀 더 장기적이고 추상적인 것들인가? 이것들은 당신이 성취했을 때 바로 알 수 있도록, 명확히 정의할 수 있는 행동이어야 한다(예를 들어, 당신은 그의 물건들이 더 이상 옷장 안에 없을 때, 혹은 이력서를 새로 작성했을 때 목표를 이루었다는 것을 알 수 있다). 그다음에는 당신의 삶의 이유를 충족시킬 만한 일들을 매일 해 나가자. 밤에 잠들기 전에 얼마나 삶의 이유를 위해 전진해 왔는지 기록해 둬라.

● 하루 기다리자

기분이 나쁠 때 곧바로 이에 대해 행동하고 싶겠지만 충동에 의해서 움직이지 말자. 당신의 행동이 가져올 장기적 결과에 대해 생각해 보고 스스로에게 지금의 행동이 현명한 일인지 물어보자. 자기 절제력을 기르고, 마음만큼이나 머리로 행동하자. 다시 말해, 잠옷을 입고 있는 동안은 발송 버튼을 누르지 않는 것이다!

● 만트라*를 만들자

당신이 되고 싶은 최상의 상태를 설명하는 세 단어를 골라 스트레스 받거나 혼란스러운 기분이 들 때 이 단어들을 스스로에게 되뇌어 보자. 그 단어들은 당신이 어떻게 생각해야 할지를 순간적으로 일깨워 주면서 부정적이고 상처 입히는 잡념들을 치워 버릴 것이다. 예를 들어, 초등학생 딸아이의 졸업식에서 전남편을 보게 될 것이라면 당신은 스스로를 위한 만트라, 즉 '차분하고, 집중하고, 자신 있는' 이미지를 생각해 낼 수 있다. 학교로 가는 길에, 그 단어들을 혼자 반복해서 생각해 보자. 당신은 아마 다가올 재회에 준비된 스스로를 보며 기분 좋게 놀라게 될 것이다. 두 가지를 한번에 생각하는 것은 불가능하므로, 당신의 만트라는 "세상에, 난 그가 정말 보기 싫어."라는 불쾌한 생각을 없애 버릴 것이다.

27년간의 결혼생활을 끝으로 남편이 떠났던 50대 중반의 스테이시는, 만트라 기술이 혼자서 맞는 새로운 삶을 인정하는 데 큰 도움을 주었다고 말한다.

저는 카드에 '다 잊어버려라!'라는 문구를 적어서 제가 보통 볼 수 있는 장소에 두었습니다. 하나는 제 욕실 거울에 붙여 두었고, 또 다른 하나는 침대 옆 탁자에 두었습니다. 하나는 냉장고 문에 붙였고, 또 다른 하나는 자동차 계기판에 붙여 두었습니다. 또 하나는 레슨 계획용 노트에 끼워 두었습니다. 지갑에도 넣어 두었죠. 밤마다 울면서 잠이 들 때, 어둠 속에 누워서 혼자 그 문장을 속삭이기도 했어요. 쇼핑몰에서 걸을 때, 장을 볼 때에도 마음속으로 계속 반복했습니다.

---

* 기도나 명상 시 외우는 주문.

제가 할 수 있었던 유일한 일이었고, 그 카드는 정말로 저를 도와주었어요. 그 방법은 그가 제 인생을 제멋대로 할 수 없다는 사실과 저도 자유의지가 있다는 것, 그래서 저도 스스로를 위해 무엇인가를 할 수 있다는 점에서 다시 시작할 수 있게 했습니다. 저는 그 고통을 잊어버릴 수 있었어요.

2부: 커다란 냉장고, 삶을 긍정하게 하는 비결과 회복을 위한 전략

앞으로 소개할 비결들의 목적은 더 높은 차원에서의 근본적인 변화를 이끌어내기 위함이다. 여기에는 삶에 대한 좀 더 총체적인 시각이 필요하며, 현재 순간뿐만 아니라 장기적인 관점에서 미래를 살펴보는 것이 필요하다. WAS로 받은 트라우마에 안주하는 것이 더 쉬울 수도 있지만, 당신이 몇 살이든 간에 앞으로 할 일은 많이 남아 있고, 그 일들을 즐길 수 있는 방법들을 찾는 것이 더 나을 것이다.

내 상담자가 나에게 이 방법들을 추천해 주었고 이제 나는 이것들을 내 내담자들에게 권하고 있다. 이 방법들은 불교의 선(禪) 같은 정적인 느낌을 많이 주는데, 그것은 당신의 삶을 과도한 애착이 아닌, 적정 수준의 관심을 담은 태도로 바라보게 만들 것이기 때문이다. 이는 지금 겪고 있는 고통에서 자신을 유리시킨다는 점에서 앞서 말한 몇몇 방식과 비슷하다.

● 기차에서 바라보는 풍경

삶에서 일어나는 일들을 그저 차창 너머로 바라보고 있다고 생각해 보자. 달리는 기차 안에서 바라보면서, 창문 밖의 풍경이 계속해서 변하고 있다는 사실을 알아 두자. 이 여행에서 당신을 맞이할 새로운 것들이 잔뜩 있다.

우울한 날을 보내고 있다면, 삶에 대해 이런 사고를 하는 것도 도움이 될 것이다. 가끔 그 강렬한 순간에 완전히 빠져서, 기분이 다시 나아질 기미가 전혀 보이지 않을 수도 있다. 하지만 성숙한 인간은 삶을 더욱 장기적으로 보고 접근한다. 그는 그 순간 자신이 겪고 있는 것은 좋은 것이든, 나쁜 것이든 간에 순간적인 것일 뿐이며, 미래는 항상 오기 마련이라는 사실을 잘 알고 있다. 지금 겪는 현실이 당신의 삶을 통째로 결정짓는다는 잘못된 믿음은 많은 고통을 가져올 것이다. 기분이 좋지 않다면, 이 또한 지나가리라는 것을 알아야 한다.

나는 '기차에서 바라보는 풍경들' 기법을 오랫동안 사용하며 고통받던 내담자들을 도왔으며, 이는 당신에게도 도움이 될 것이다.

● 삶은 강이다

삶을 긴 강이라고 생각하고, 당신은 단단한 뗏목 위에서 이 강을 여행 중이라고 생각해 보자. 강둑에 앉아 여행에서 벌어지는 일들을 바라보자. 물의 흐름은 어차피 바꿀 수 없다. 그저 일어나는 일들을 받아들일 뿐. 삶이 당신에게 가져다주는 것들을 겁낼 필요는 없지만, 당신의 이야기에 충분히 관심을 기울여야 한다.

● 당신의 생각들은 하나의 놀이터다

공황장애 코치이자 작가인 조배리 맥도나는 불쾌한 생각을 억누르고자 하는 시도가 어떻게 정반대의 결과를 낳게 되는지에 대해 쓰고 있다. 그 생각이 계속 나도록 만들어 버린다는 것이다. "계속해서 되풀이되는 생각을 '반동효과'라고 부른다. 간단히 말해서, 생각을 억누르려고 할수록 원치 않던 생각이 다시 튀어 오르는 것이다. 이 다음에 무서운 생각이 들 때엔 밀어내지 마라. 이건 중요하다. 생각이 마음속에서 제멋대로 굴어도 된다고, 스스로에게 괜찮다고 말해라. 하지만 여기에 별다른 신경을 쓰지 않을 것이며, 생각을 두려워하면서 결국 더 강하게 놔두진 않을 거라고 말하라."

여기서 중요한 점은 두려움 없이 불쾌한 생각을 자각하는 것이다. 예를 들어, 동네 광장에서 비둘기떼를 볼 때 당신은 아마 어렴풋이 '비둘기네.' 하고 아무런 감정도 없이 생각할 것이다. 하지만 비둘기를 무서워하는 사람들은 비둘기를 보는 것이 더없이 공포스러운 일일 것이다. 그들은 겁에 질려서 새들의 움직임에도 신경을 쓰게 되고 감정적으로도 또 마비되는 경험을 하게 될 것이다. 비둘기들이 원래 무서운 존재라서가 아니라 그들에게 비둘기가 지닌 의미가 위협을 가하는 것이다.

남편에 대한 당신의 반응도 마찬가지다. 대부분의 사람에게 그는 그냥 평범한 남자겠지만, 당신에게는 그가 자신에게 상처를 입힐 수도 있다는 사실이 그를 위협적이게 만든다. 남편에 대한 생각들과 극심한 감정들이 떠오를 때면 이것들을 제압하려고 들지 마라. 당신의 마음이라는 놀이터에서 이 생각들이 자유롭게 뛰놀 수 있도록 놔두면 조금씩 그것들이 가져오는 감정적 고통은 사라져 갈 것이다. 점차 당신은 생각(비둘기들)과 반응(두려움)을 떼어 놓는 법을 배우게 될 것이다.

『매일의 선(禪)[Everyday Zen]』의 저자, 샬롯 조코벡은 이 개념을 확장하여, 고통스러운 생각들이 저절로 해소되는 과정에 대해 이야기하고 있다.

> 우리가 어떤 것도 그저 잊어버릴 수는 없다고 생각한다. 우리는 그저 그것들에 질려 가는 것뿐이다. 잊는 데에 가장 좋은 방법은 생각이 떠오를 때마다 이를 자각하는 것이다. "그래, 이 생각을 또 하고 있구나." 그리고 아무런 판단 없이, 지금 순간의 경험에 집중하는 것이다. 필요한 것은 단지 참을성뿐이다. 이 일을 만 번이나 반복할 수도 있지만, 현실세계로 정신을 계속해서 되돌려 놓는 것을 반복할 때에만 이 과정의 진가가 나타난다. 그 생각이 나지 않게 멋진 곳으로 애써 시선을 돌리지 마라. 그 생각들이 일단 현실이 아니기 때문에 어느 순간 그것들은 흐려질 것이고, 힘을 잃어 갈 것이다. 그리고 우리는 그 생각들이 실재하지 않는다는 것을 깨닫고, 결국 생각들이 점점 사라져 가는 순간을 맞이하게 될 것이다. 우리가 미처 알아채지도 못하는 사이 생각들은 시들시들 사라져 버릴 것이다.

바로 이것이 커다란 냉장고다. 보다시피 이 안은 온갖 맛있고 영양가 넘치는 것들로 가득하다. 언제든지 열어서 새로운 것을 시도해 보자. 오늘은 이것이 끌렸다가 내일은 저것이 해 보고 싶어질 수도 있다. 참는 비결들과 회복하기 위한 기술들이 책 곳곳에 있으니 당신이 앞으로 나아가는 데 충분한 도움을 얻길 바란다. 이만 냉장고 문을 닫기 전에 당신의 마음을 진정시켜 줄 만한 상상들을 제안하고 싶다.

● 안전한 장소

최면요법에서 사용되는 이 방법이 친숙하게 느껴질 수도 있다. 어떤 것에도 방해받지 않는 당신만의 특별한 장소를 만들고 여기에 마음을 눕힐 수 있도록 5분만 투자하자.

① 편안하게 앉아 눈을 감고 깊은 숨을 쉬는 데 집중한다.
② 실제의 장소든 가상으로든 아주 아름다운 장소를 상상한다. 어떤 방일 수도 있고 비밀스러운 정원이나 다른 장소일 수도 있으며, 자연 속의 자신을 상상해도 괜찮다.
③ 주변을 천천히 돌아보고 빛, 색감 그리고 눈에 들어오는 모든 것을 감상한다.
④ 피부에 닿는 감각들을 느낀다. 이를테면 바람이 불어오는 감촉이나 햇볕의 따뜻함 같은 것들.
⑤ 이제 이곳에서 맡을 수 있는 기분 좋은 냄새에 집중한다. 방 안의 향수 냄새, 나무의 상쾌한 내음, 바다의 오존 향기.
⑥ 공기를 가득 채우는 소리에 귀를 기울인다. 어떤 것이든 괜찮다. 음악, 차임벨 소리, 멀리서 들리는 종소리, 파도가 치는 소리나 시냇물 흐르는 소리를 넣어도 된다.

⑦ 이제 여기서 누군가와 함께 있고 싶다면 당신에게 기쁨을 가져다줄 만한 사람들을 부른다. 당신의 기분을 좋게 할 사람들만 초대한다.

⑧ 당신이 좋아하는 것, 예를 들어 책, 사진, 보석 등을 여기 안전한 장소로 가져온다. 당신을 미소 짓게 만들 수 있는 것이라면 어느 것이나 괜찮다. 애완견이나 고양이도 잊지 말자!

⑨ 상상했던 어느 장소든 편안한 소파에 누워 있든, 햇볕 아래 해변가에서 거닐든, 산 정상의 바위 위에 앉아 있든 당신은 안전하다는 것을 알아야 한다. 느긋이 쉬면서 그저 이곳에 있는 것을 즐기면 된다. 여기는 당신을 위해 존재한다. 당신에겐 어떤 나쁜 일도 일어날 수 없다.

⑩ 자주 이곳에 돌아온다. 안전한 장소로 자주 돌아올수록, 이 장소가 당신에게 가져다주는 것과 접할 수 있는 기회가 더욱 많아지는 것이다. 고통받을 때마다 눈을 감고 당신 안에 집중하면 당신만의 안전한 장소로 짧은 여행을 다녀올 수 있다.

11
당신만의 이야기

날 걱정해 주는 친척들, 친구들, 이웃들에게 내 이야기를 들려줄 때 21년, 6년이라는 단어는 그 이야기의 뼈대로 사용되었다. 각각의 단어들은 숨겨진 의미를 가지고 있었다. '21년'(우리는 아주 오랜 시간 결혼생활을 했다), '6년'(그 쥐새끼 같은 놈의 불륜은 심지어 이식수술 전에 시작되었다!), '사흘'(6년간의 불륜 그리고 내가 그에게 해 준 모든 것을 봐서라도 그는 사흘 뒤에 있을 책 출간일까지 기다려줄 수 없었던 걸까?). 그의 여자친구가 쓴 책의 제목 '난잡한 섹스', 길고 까만 머리카락 등 이 모든 것이 그의 초라한 행동, 자기도취적 성격, 그리고 그가 나를 얼마나 홀대했는지에 대한, 내 이야기의 증거물이 되었다. 이 단어들을 마음속으로 반복해서 말하는 것은 그럭저럭 위안이 되었고, 내 이야기를 다른 사람에게 할 때 이 단어들을 언급하는 자신을 발견했다.

하지만 나는 그 이야기를 반복해서 말하는 것이 궁극적으로는 자포자기 행위였다는 것을 깨달았다. 내가 받은 엄청난 상처를 정당화하기 위해서 나는 계속적으로 그의 행위의 냉담함을 나 스스로에게 재확인시켰다. 그것은 나 스스로뿐만 아니라 바깥세상 모두에게 강조하는 것이기도 했다. 내 이야기가 사람들의 분노를 일으킬 수 있다면 좋을 것 같았다. 많은 시간이 지나고 노력을 하고 나서야 비로소 나는 남편에 대해 묻는 지인들에게 간단히 "우리 헤어졌어."라고 말하는 것으로 이야기를 끝낼 수 있게 되었다.

신호등에서 멈춰 있는데 뒤에서 오던 차가 당신 차를 들이받았다면, 제일 처음 당신이 하는 일이 무엇이겠는가? 목격자를 찾을 것이다. 우리는 모두 우리의 현실을 증명해 줄 목격자를 원한다. "그건 내 잘못이 아니었어. 나는 가만히 서 있었다고! 저 사람이 말해 줄 거야. 그가 모든 걸 봤어!" 우리 모두는 공정한 관찰자의 역할을 맡아 줄 사람을 필요로 하는데, 무슨 일이 일어났는지 경찰에게 이야기해 주기 위해서일 뿐만 아니라, 그 사건에 대한 우리의 인식을 확인하기 위해서이기도 하다. 우리가 가장 믿었던 사람에게 공격받고 있는 WAS 상태에서는 목격자의 말이 그 어느 때보다 귀중하다. 그래서 우리는 우리가 인식한 현실을 증명해 줄 친구들에게 의지하게 된다.

우리는 모두 어항 속에서 자기정체성 형성에 큰 영향을 미치는 타인들의 의견을 들으며 그들의 관찰하에 살아간다. 친구의 긍정적 평가는 남성보다 여성에게 훨씬 더 중요하다. 성장기 때, 소년들은 개인의 성취에 대해 칭찬받는 반면, 소녀들은 남들에게 협조하는 것에 대해 칭찬을 받는다. 심리치료사로 일하는 동안, 나에게 상담을 받으러 오는 대부분의 여성이 자기 자신에게 만족감을 느끼는 것을 어려워하고 비판에 매우 취약하다는 것을 발견했다. 어렸을 때 우리는 모두 착한 소녀가 되는 훈련을 받지 않았던가? 우리가 착한지 나쁜지 판단하는 힘을 가진 누군가가 머리를 쓰다듬어 주기를 바라면서 말이다. 예상치 못한 결혼생활의 붕괴는 너무나 공개적인 사건이라서 친구들과 동료들, 그리고 가족들의 판단이 매우 중요하다.

값을 매길 수 없이 소중한

'생선을 샀어.'의 밤에 내가 제일 처음 한 일은 차를 몰고 시내 건너편에 사는 내 친구들, 안드레아와 짐의 집으로 간 것이다. 나는 입도 대지 않은 와인 잔을 손에 쥐고, 그들의 집 거실에 이십 분이나 앉아 있었다. 아마 내가 그들에게 무슨 일이 일어났는지 얘기했겠지만, 내가 뭐라고 말했는지는 기억이 나지 않는다. 그리고 다시 집으로 돌아왔다. 그다음 날, 안드레아는 내가 떠난 뒤 그녀와 짐이 무엇을 했는지 내게 말해 주었다. 그들은 술을 마시지 않는 내 남편을 위해 항상 구비해 두었던 여섯 개들이 무알코올 맥주를 모두 부엌 싱크대에 부어 버렸다는 것이다. 상징적인, 나와 같은 마음의 행동에 대해 듣는 동안 내 마음은 따뜻해졌고 기분이 나아졌다. 그리고 지금까지도 그 일을 생각하면 내 입가에는 미소가 떠오른다.

얼마 전에 나는 토론토에서 WAS에 대한 워크숍을 개최했다. 참석자 중 한 사람이었던 매들린은 23년 전 남편이 떠났다. 오래 전에 이미 재혼했지만, 그녀는 첫 번째 남편이 왜 그렇게 이해할 수 없는 방식으로 그녀와의 결혼생활을 떠났는지에 대한 궁금증을 해소하고자 하는 바람으로 워크숍에 참석했다. 그녀의 가장 친한 친구인 에이바가 그녀와 이야기하기 위해 왔고, 우리가 친구라는 주제에 대해 얘기하게 됐을 때 매들린은 그녀의 이야기를 들려주었다.

> 남편이 떠나고 약 일 년 동안을 매일 밤 이웃이었던 에이바와 알렉스의 집으로 가서 그들의 주방에서 울었어요. 그들은 모두 일을 했고 어린아이들도 기르고 있었죠. 그들이 어떻게 그럴 수 있었는지 모르겠다니까요. 하루는 내가 더 이상 그들의 인생을 방해할 수 없다고 결심하고 그냥 집에 있기로 했어요. 그다음 날 저녁, 알렉스가 제 집으로 와서 전날 밤 왜 오지 않았는지 물었고 그들이 저에 대해 걱정하고 있다고 말해 주었어요. 그리고 제가 그들의 집에 와 줄 것을 부탁했어요. 사랑받는다는 게 이런 게 아니면 뭘까요?

SWAP 참여자들에게서 에이바와 알렉스 같은 인간 구명보트들의 이야기를 많이 접할 수 있었는데, 그들은 슬퍼하는 친구와 함께 있기 위해 소식을 듣는 즉시 지구 반대편에서 날아온다든지 하는, 희생적이고 이타적인 행동들을 보여 줬다. 이런 '천사들'은 휴지와 먹을거리를 들고 다가와서 이사를 위해 짐을 정리해 주고, 개를 산책시키고, 새 집에 도배를 해 주고, 밥 좀 먹으라고 격려하고, 어리둥절한 아이들과 함께 바닥에 앉아 몇 시간이고 레고놀이를 해 주었다. 연구에 참여한 대부분의 여성은, 내가 그랬듯, 도망가 버린 남편의 행동에 분개한 친구들에게서 큰 지지를 받았다. 그들의 이야기는 30년 동안 결혼생활을 한 매들린의 말로 요약할 수 있다.

> 친구들이 내가 미치는 것을 막아 줬어요. 그들은 내가 바쁘게 지낼 수 있도록, 집에만 틀어박혀 있지 않도록 도와주었어요. 그들은 내가 "도대체 왜?" "내가 뭘 바꿀 수 있었을까?" 하고 고함치고 중얼거리는 걸 들어 주었어요. 무엇보다도 여자에게 동성의 친구가 얼마나 중요한지 알게 됐어요. 여자들은 어떻게 고통을 나누는지, 어떻게 공감하는지, 어떻게 웃고 털어 버릴 수 있는지, 어떻게 그저 함께 있는지에 대해 아는 것 같아요. 약 반 년 동안 제 아이들과 이 대단한 여자들로부터의 보살핌 끝에 나는 비로소 지옥에서 벗어날 수 있었답니다. 아, 물론 제 자신도 많이 노력했지요……. 그렇지만 그들이 그 사다리의 가로대가 되어 주었어요! 내가 지금 이만큼 건강할 수 있는 건 그들 덕분이랍니다.

앞에서 말했듯이, 이 기간에 친구들과 가족들의 주요 역할은 버림받은 아내의 현실을 입증해 주는 것이다. 당신의 마음이 제대로 작동하고 있지 않기 때문에 당신은 곁에 있는 사람들의 반응에 의해 당신에게 일어난 일의 중대성을 깨닫게 된다. 하지만 더 중요한 것은 당신은 그들로부터 이 일이 당신 잘못 때문에 일어난 것이 아니며 당신이 좋은 사람이라는 말을 듣는 것이다. 예를 들면, 내 이야기를 듣자마자 한 친구는 이렇게 말했다. 자신은 이 세상에 옳고 그른 일이 있다고 믿는데, 내 남편이 떠난 방식은 확실히 잘못됐다고. 나는 그 말이 좋았다. 그녀는 그것을 강조해서 말했고 모든 것이 혼란스러운 와중에도 나는 그 말을 알아들을 수 있었다. 내가 듣기 좋았던 또 다른 말들은 "어떻게 너를 두고 떠날 수 있지?"라는 한 남성 친구의 즉각적인 반응이었고, 또 다른 친구는 소식을 듣자마자 "내가 가서 그 자식을 패 줄 거야!"라고 했다. 야! 기분이 좋았다. 한 SWAP 참가자는 "내 친구들 모두가 보인 반응 중 가장 좋았던 것은 '어리둥절함'이었다. 아무도 이런 일이 일어나리라는 것을 상상하지 못했고, 단 한 개의 단서도 찾아내지 못했던 것이다. 그게 내 기분을 좋게 했다."라고 쓰고 있다.

내가 듣고 싶지 않았던 건 중립을 지키고 싶다던 친구의 입장이었다. 그런 '중립'은 찜찜했다. 친구들이 왜 남의 일에 휘말리지 않고 싶어 하는지 이해하지만 솔직히 '중립'은 나를 감동시키지 못했다.

가눌 수 없는 슬픔

모든 친구가 딱 들어맞는 단어로 당신을 위로할 만한 용기나 기술을 가지고 있지는 않다. 장례식에서 하는 말처럼 어떤 정해진 말들이 있는 것은 아니니까 말이다. 당신의 극심한 고통은 어떤 사람들을 굉장히 무기력하다고 느끼게 할 수도 있고, 완전히 도망가게 만들 수도 있다. 비슷한 일을 겪은 친구는 마치 자기 일처럼 관여하면서 때로는 무관심하게 보이지 않으면서도 한 발짝 뒤로 물러나 있는 법을 모를 수도 있다. 내 남편이 떠나고 6개월 뒤, 나는 이야기를 나누고 싶어서 친한 친구의 생일을 맞아 그녀를 프랑스 레스토랑으로 초대했다. 나는 그녀가 그녀의 사촌과 함께 나타났을 때 너무 당황스러웠다. 일 년 정도가 지난 후에야 깨달은 거지만, 그녀 자신의 결혼이 오래 전에 끝났음에도 불구하고, 그녀는 아직 내 결혼의 끝에 대해서는 들을 준비가 되어 있지 않았던 것이다. 그녀는 대화가 가벼운 주제에 머물도록 하기 위해 사촌의 도움을 빌렸던 것이다.

비슷한 이유로 아일랜드에서 온 SWAP 참여자인 시오 반은 이렇게 썼다. "난 이것을 통해서 제일 친한 친구를 잃었어요. 그 사건이 끝날 때쯤 그녀는 임신 중이어서, 불안해하고 우울하고 엄청난 충격을 받은 저를 가까이하고 싶지 않았던 거지요. 그녀를 탓할 생각은 없어요. 그녀는 이미 두 번이나 유산을 했었으니까요. 하지만 우리는 서서히 멀어졌어요. 그녀가 그립지만 그녀에 대한 나쁜 생각은 없어요. 그저 각자의 길을 가야 했을 뿐이죠."

당신은 혼자 있기를 원할 수도 있지만 그건 건강한 길과는 거리가 멀다. 비록 몇몇의 자신감 넘치는 친구는 혼자 있고 싶다는 당신의 바람을 무시하고 그들과 함께 나올 것을 고집할 수도 있겠지만, 다른 사람은 당신의 바람을 존중하는 것이 옳다고 여길 수도 있다. 최악의 상황에 놓여 있던 WAS 경험자를 친구로 둔 조시가 나에게 보낸 이메일에 바로 이런 딜레마가 설득력 있게 묘사되어 있다. 조시와 다른 두 친구는 최선을 다하고 있었지만 힘든 점도 만만치 않았다. 조시는 그녀의 친구를 도우려고 노력하는 일이 어떤지에 대해 썼다.

처음에 그녀는 너무나 충격을 받아서 우는 것밖에 할 수 있는 게 없었죠. 그녀는 혼란스러워했고 우리가 해 줄 수 없는 답변을 계속 우리에게 찾았어요. 우리가 할 수 있는 건 그저 이야기를 들어 주고 공감해 주는 게 전부였어요. 우리 스스로도 놀란 상태였는데, 그건 우리 모두가 그녀의 남편을 잘 알고 지냈고 그가 그런 짓을 그녀에게 하리라고 상상도 못했기 때문이었어요. 그녀가 신체적으로나 정신적으로 고통스러워하는 걸 보는 것은 정말 고역이었어요. 무력감이라는 단어가 그 당시 우리의 기분을 가장 잘 표현하는 단어일 거예요.

매일 우리 중 최소 한 명은 전화를 하거나 이메일을 보내서 그녀가 잘 있나 확인했고 우리가 그녀를 위해 거기 있다는 걸 알렸어요. 달리 뭘 해야 할지 모르겠더군요. 전반적으로 우리는 그녀와 함께하려고 했던 것 같아요. 그녀가 이야기하고 싶어 할 때 들어 주고 생각할 시간이 필요하다고 하면 그녀를 가만히 놔두고요. 도덕적 판단은 배제하고 그녀의 결정을 지지하려고 노력했고요. 이 모든 감정적 단계를 그녀의 상태 이상으로 서둘러서 더 스트레스를 받는 일이 생기지 않도록 했죠. 그게 가끔은 좀 어렵고 우리에게 좌절감을 느끼게 한 것도 사실이지만요.

지난 몇 주간 우리는 그녀가 병원에 잘 다니는지 확인했고(그녀는 밥을 먹지도 잠을 자지도 않았어요), 같이 이야기를 나누고 시간을 보내려고 몇 번이나 모였고, 그녀를 체육관에 가도록 격려하기도 하고 산책이나 커피, 영화, 저녁식사 등에 초대하기도 했어요. 그녀가 변호사와 회계사한테 갈 때 같이 가 주겠다고 제안하기도 했죠. 뭐 그런 일들이에요. 그녀가 바쁠 수 있도록 하고 지지받는다는 느낌이 들 수 있도록 말이죠.

이 상황을 친구 입장에서 함께 견뎌 내는 게 어떠냐고 물으니까 말인데요, 사실대로 말할게요. 이걸 인정한다는 게 끔찍하기도 하지만, 가끔은 이 상황 때문에 내 가족과 보낼 수 있는 소중한 시간이 줄어드는 걸 억울하게 여긴 적도 있어요. 최근엔 친구가 이야기하는 걸 듣느라 전화기를 들고 있거나, 아니면 다른 두 친구들과 우리가 뭘 어떻게 도울지, 혹은 그날 무슨 일이 있었는지에 얘기하는 데 시간을 정말 많이 써요. 저는 정말로 그녀를 돕고 싶고 그녀를 위해서 있어 주고 싶죠. 그녀는 좋은 친구이고 저는 우리의 우정을 매우 진지하게 받아들이니까요. 근데 내 가족을 희생하면서까지는 아니에요. 그녀가 저를 필요로 할 때 같이 있어 주기로 약속했는데 가끔 그것 때문에 가족과 한 약속을 바꾸거나 깨야 했던 적이 있어요. 제 남편은 좋은 사람이에요. 이해심이 많거든요. 그렇지만 가끔은 이런 일로 갈등이 생길 때도 있어요.

아마 많은 친구가 조시와 비슷한 감정을 느낄 것이다. 나 또한 매우 오랜 기간 아주 비참한 상태였다. 그들은 아마 비슷한 무력감을 느꼈을 것이고, 무언가 나아지게 하고 싶다는 간절한 바람, 그리고 가끔은 너무 버겁고 힘들었다는 조시의 미안함 섞인 고백에 공감할 것이다. '동정 불감증'이라는 심리학 용어가 있다. 이것은 돌봐 주는 사람이 그들의 일 때문에 타인의 고통에 둔감해지는 현상이다. 위기의 상황이 오래 지속되기 때문에 친구들이 힘들어하는 것은 당연하다. 상황이 진정되고 있는 어느 순간, 새로운 재앙이 덮칠 것이고, 그것은 당신을 높은 불안 상태로 돌아가게 하고 친구들에게 늦은 밤 SOS 전화를 걸게 만들 것이다.

만약 당신이 가족과 가까운 관계라면 동정 불감증은 큰 문제가 되지 않을 것이다. 그들은 당신의 고통을 잠재워 주기 위해 무슨 일이든 할 것이기 때문이다. 가늠할 수 없는 큰 슬픔을 경험했을 때 가족들이 곁에서 힘이 되어 준 여성들의 이야기를 들어 보자.

저는 제 가족들과 매우 친밀한 사이입니다. 상담을 통해 결혼생활을 유지시킬 수 있다고 생각했던 때가 기억납니다. 그러지 못할 것이라는 게 뻔히 보였지만요. 그때 아빠가 저에게 '나오미, 그는 더 이상 너와 함께하고 싶어 하지 않아.'라고 했죠. 머리를 한 대 맞은 것 같은 기분이었지만 그 방법이 통했어요. 엄마가 애쉬빌로 와서 제가 바닥에 누워 우는 동안 수프와 따뜻한 차를 끓여 줬어요. 엄마는 평소처럼 강했고, 일방적으로 비판하지 않으셨죠.

언니가 1,000마일도 더 떨어진 곳에서 저를 위로하느라 전화기를 붙들고 아주 많은 시간을 보냈어요.

내가 깊은 우울에 빠져들려 할 때, 엄마가 와서는 저를 침대에서 끌어내 샤워를 하게 만들었어요. 가끔 그녀는 침대로 와 그저 내 옆에 누워서 이야기를 들어 줬어요. 침대에서 도저히 나갈 수가 없을 때 엄마는 요리를 해 줬고 집안 살림을 돌봐 줬어요.

제가 이사를 가지 않아도 되도록 남동생이 경제적인 문제를 도와줬어요. 남동생이 제일 먼저 한 말은 '누나는 이런 일을 당할 만한 사람이 아니야!'라는 것이었어요(그다음은 남편을 욕하는 것이었죠).

제 가족들은 자객을 고용하고 싶다고 말했어요. 말도 안 되는 얘기였지만 도움이 되었어요!

그렇게 많은 도움이 필요하다는 것을 꺼려 할 수도 있겠지만, 이건 모두 회복과정의 일부다. 그리고 지금 받은 도움을 훗날 남들에게 나눠 주겠다고 자신과 약속하라. 하지만 지금은 상황을 어떻게든 해결해야 한다. 일단 당신이 필요한 도움을 최대한 많은 수의 친구들과 가족들에게 분배하려고 노력하라. 그다음 버림받음을 이해하는 상담자에게 전문적인 도움을 구하라. 친구들을 배려하고 도움 요청은 정말로 필요할 때만 하도록 하라. 그리고 만약 무언가 긍정적이거나 웃긴 말이 생각났다면 그것을 꼭 친구에게 말하라. 초기에 나는 저녁식사에 초대되었을 때 너무 지겨운 사람이 되지

않기로 마음먹었고, 그래서 미리 신문을 읽고 이야깃거리를 생각
해 두곤 했다.

　눈보라와 안개 단계에서는 모순되는 감정들이 공존한다. 어떤
날은 기분이 그렇게 나쁘진 않지만, 이게 일시적이라는 것을 당신
은 안다. 당신이 너무 쾌활해 보이면 친구들은 "휴, 끝난 거 같군."
하고 말하고는 다음에 당신이 다시 우울에 빠질 때 참을성을 잃게
될지도 모르기 때문에, 당신은 그렇게 쾌활해 보이고 싶지 않다.
그 대신 당신은 필요한 위로를 계속 받기 위해 측은하게 보일이고
싶을 것이다. 그렇지 않으면 사람들은 당신이 괜찮다고 생각할 테
니까 말이다. 회복과정 중 이 단계에서는 미묘한 변화가 일어나게
되는데, 당신이 더 이상 지옥 한가운데 있는 것은 아니지만 완전한
회복까지는 아직도 갈 길이 멀다는 걸 알기 때문이다. 당신에게 벌
어진 일이 너무나 거대해서 그것을 과거에 묻어 두고 나아가기에
는 아직 준비가 되지 않은 것이다. 당신은 아직도 세상이 당신의
고통을 알아봐 주기를 원한다.
　역설적인 상황이다. 필요한 지지를 받으려면 너무 강해 보여서
는 안 된다. 그러나 그 연약함에 매달릴수록 약한 상태에 머무를
것이고 회복이 그만큼 늦어진다. 25년간 유지된 두 번째 결혼이 끝
났을 때, 자라는 이렇게 말했다. "처음엔 견뎌 내고 싶지 않았어요.
저는 평생 강하게 살아 왔고 사람들은 제 강함을 상기시켜 주며 저
를 안심시켰어요. 저는 이것이 얼마나 큰일인지, 얼마나 파괴적인
일인지 그들이 알았으면 했고 그러기 위해서는 무력하지 않게 견

디는 수밖에 없는 것 같았어요. 견딘다는 것은 '이건 별 거 아니야. 그렇게 나쁘지 않네. 신경 쓰지 않고 그냥 계속 살아 나가야지.'라고 하는 것이었어요."

하지 말아야 할 말과 해야 할 말

대부분의 여성이 아주 멋진 친구들의 이야기를 해 주었지만, 잘 대해 주지 않은 친구들의 이야기 또한 많이 있었다. 그 일이 일어나리라는 것을 상상조차 하지 못했다는 여성의 말을 반박하는 친구들도 있었다. 남자들이 난데없이 떠나지 않는다는 걸 믿음으로써 그 친구는 자신의 결혼생활에 대해 더 안전하게 느꼈을 수도 있다. 하지만 잘 대해 주지 못한 친구들은 그들이 배신의 영향을 이해하기가 매우 어렵다는 것이다. 심지어 많은 상담자조차도 이해하기 어려워한다.

내가 버몬트의 벌링턴에 있는 한 카페에서 인터뷰했던 캐롤은 그녀의 마음을 찔렀던 눈치 없는 말들을 언급하였다.

무슨 일이 일어났는지 한 지인에게 말했는데 그녀의 대답은 "내 남편이 그랬다면 그를 죽였을 거야!"라는 것이었어요. 다른 때에, 한 친구가 저를 보러 왔는데 그녀의 어린 딸이 물었어요. "엄마, 왜 우리는 아줌마네 같은 세콤 장치가 없어요?" 그러자 친구는 이렇게 대답했어요. "우리는 우리를 보호해 줄 아빠가 있잖니!" 저는 아직까지도 그 일을 기억해요. 또, 가정주부인 이웃이 있었는데 남편이 이틀 동안 어딜 갔었나 봐요. 하루는 그녀가 그러더군요. "당신이 어떤 기분인지 알 것 같아요. 전 수요일까지 싱글맘이거든요." 제기랄, 당신은 짐작도 못 하면서! 그런 것에 격렬하게 반응하고 싶을 때가 있죠. 제가 쏘아붙였다면 그들은 어안이 벙벙했을 거예요. 하지만 전 그들이 정말 몰라서 그랬다는 걸 깨달았어요.

10년간 결혼생활을 한 39세 마아시는 그녀의 친구들과 가족들이 그녀에게 신경을 많이 썼지만 그녀가 무슨 일을 겪고 있는지 진정으로 알지 못한다고 느꼈다.

아무도 이해하지 못했고 아무도 알지 못했어요. 저는 혼자라는 느낌을 아주 많이 받았어요. 특히 제 부모님 말인데요, 40년간 결혼생활을 유지해 왔는데 하루는 제 이혼이 확정되는 날을 위해서 샴페인을 준비해 뒀다고 말씀하시더군요. 제게 힘을 주려고 한 말이라는 걸 알았지만, 이 일이 저한테 어떤 영향을 미치는지 그들이 전혀 알지 못한다는 걸 알게 됐어요. 다 끝나서 얼마나 좋은지, 아니면 그 사람이 없어서 얼마나 나은지와 상관없이 저에겐 이혼이라는 건 죽음이었어요. 저라는 사람과 제가 가졌던 꿈들의 죽음이었지, 축하할 일이 전혀 아니었죠.

다음은 아주 특별한 목록인데(SWAP 참가자들이 나에게 말해 준 것들이다) 친구나 가족이 버림받았을 때 하지 말아야 할 말들이다.

- "어서 극복하고 그만 곱씹어." 이것은 거대한 상실이 하찮은 취급을 받는다는 느낌, 그녀의 슬픔과 분노가 허용되지 않는다는 느낌이 들게 한다. 또한 그녀가 잘못 대처하고 있다는 느낌도 준다.
- "그가 못 믿을 놈이라는 걸 항상 알았다니까."처럼 남편에 대한 부정적인 말은 그녀에게 자신이 얼마나 어리석고 눈이 멀었는지를 상기하게 한다.
- "한 번도 그를 진짜로 좋아할 수 없었어."라는 말은 그들이 애초에 왜 그녀와 그녀 남편과 친구가 되었는지를 생각하게 만든다.
- "다른 사람을 만나게 될 거야." 그녀가 이것을 극복하고 행복할 수 있는 유일한 방법은 새로운 남자를 찾았을 때뿐인 것처럼.
- "내내 불행한 결혼생활이었을 거야." 이것은 그녀가 소위 현실을 부정하고 있다는 의미를 내포하고 있다.
- "아이가 없어서 그나마 다행이야." 임신을 시도하던 여성들에게 이중으로 상처를 주는 말이다.
- "더할 수도 있잖아. 최소한 건강하기라도 하니 다행이지." 그것보다 안 좋은 유일한 상황은 불치병이라는 생각이 들게 한다.
- "그는 돌아오지 않아." 아직 쇼크 상태에 있고 상처를 받아들일 준비가 되지 않은 그녀에게 그렇게 말하는 것.
- "두 번째 결혼은 첫 번째보다 나을 거야." 이게 도대체 무슨 도

움이 된단 말인가?

- "너는 그 자식보다 열 배 나아." 그녀가 오랜 세월 동안 패배자와 함께 살았다는 걸 세상 사람은 다 알고 있었다는 기분이 들게 만든다.

- "이미 예견된 일이었어. 네가 그 사람보다 나이가 더 많잖아." 설명이 필요 없다.

도움이 되는 말

대부분의 사람은 아무 말도 하지 않아도 된다는 걸 깨닫지 못한다. 그저 들어 주기만 해도 충분할 수 있다. 그러나 도움이 되는 말도 있는데, 다음 목록은 친구나 가족이 버림받았을 때 해 주면 좋을 말들이다.

- "네가 완벽한 사람은 아닐지 몰라도 그가 이렇게 떠난 데에 대한 너의 책임은 없어." 이것은 죄책감과 자책감을 더는 데에 도움이 된다.

- "이걸 이해하려 들지 마." 남편의 행동들이 이해할 수 없는 것이었다는 걸 인정하는 말이다.

- "너는 좋은 사람이고 좋은 엄마야." 남편이 보냈던 부정적인 에너지를 완충시키는 데 도움이 되는 귀중한 말이다.

- "이혼은 죽음보다 끔찍해." 이것은 최근 남편과 사별한 여성

이 한 말이었는데, 버림받은 여성에게 큰 의미가 되었다.

- "이런 일을 겪어야 하다니 정말 안됐구나." 간단한 말이지만 큰 위로가 된다.
- "나에게 말해!" 친구가 할 수 있는 최고의 말이다. 그녀가 말하고, 열변을 토하고, 소리 지르고, 우는 동안 판단하지 않고 그저 들어 주는 것이다.
- "새로운 남자 대신 제설기를 사!" 이웃이 했던 말인데 혼자 살게 된 여성에게 웃음을 주었다.

12
이 론

한 마디 충고: 버림받았을 때는 프랑스 파리에 가지 마라.

눈을 돌리는 모든 곳에서 커플들이 껴안고 있다. 오르세 박물관의 한 작품을 관람하고 있는데 어떤 남자가 당신 옆에 서 있는 여자 곁으로 걸어왔다. 그는 그녀의 허리에 팔을 두르고, 머리에 얼굴을 묻고 그녀에게 키스했다. 그걸 지켜보는 것은 고문이다. 얼마 전까지만 해도 저 여자가 나였는데. 단지 그 기분을 잠시라도 다시 느껴 보고 싶어서 나는 아무 남자에게나 안아 달라고 말하고 싶은 욕구에 휩싸였다. 나는 내가 과거에 오랫동안 사랑받았고 미래에 다시 그럴 수 있다는 것을 계속 스스로 상기시켜야만 했다.

가장 친한 친구에 대한 그리움

이 과정은 나선형 모양을 띤다. 제정신일 때는 당신이 누구인지, 그리고 앞으로 행복할 수 있는 무한한 가능성이 있다는 사실을 기억한다. 당신이 회복하리라는 것을 알고 항상 이렇게 기분이 안 좋지는 않을 거라는 걸 안다. 이 모든 일에도 불구하고 스스로 자랑스러워질 수 있도록 적극적으로 노력하리라 마음먹는다. 그러나 어느새 나선을 타고 내려가 슬그머니 공포, 외로움, 그리고 절망의 깜깜한 밤으로 내던져진다. 회복이라는 것은 참으로 복잡한 과정이라 당신은 한번에 모든 것을 머릿속에 담아둘 수 없다. 그것은 계속적으로 형태를 바꿔 간다. 너무나 중요하게 여겨졌던 것이 며칠 후 쓸모없어 보일 수도 있다. 당신은 그를 증오하다가 그리워하고 그가 죽었기를 바라다가 다시 돌아오기를 바란다. 남편이 했던 잔인한 행동들과 변해 버린 모습을 기억하는 것은 고통스러운 일이다. 당신은 그저 그를 그리워하는 것이다.

이렇게 교차하는 마음의 상태는 '여우비' 상태에서 흔히 나타나는데, 이 경우 아내는 실제 버림받은 사건으로부터 거리를 두고 충격적인 사건의 의미를 이해하려고 노력한다. 그녀는 '앞으로 나아가기 위한 7가지 단계' 중 6단계에 도달했으며, 자신의 초점을 과거에서 미래로 돌리려고 하는 중이다. 이것은 매우 어려운 일인데, 그녀의 마음이 자꾸 초기 상태로 돌아가기 때문이다. 자신의 인생에 대해 생각할 때 사랑하던 남편의 기억이 자꾸만 끼어든다.

습관에서 벗어나는 것은 어렵다. 그 습관이라는 것이 당신을 상처 입힌 사람을 사랑하는 것을 포함한다고 해도 말이다. 홀로 발버둥칠 때 당신이 사랑했던 사람을 그리워하는 건 자연스러운 일이다. 그리고 당신 인생에서 무언가 특별한 일이 일어났을 때 당신의 가장 친한 친구와 이야기하고 싶은 것은 당연한 일이다.

내 생활에 대해 남편에게 말해 주고 싶은 때가 간혹 있다. 초기에는 자주 그랬다. 나중에는 정말 큰일들이 일어났을 때만 그런 욕구가 수면으로 떠올랐다. 그가 떠나고 일 년 반 뒤, 뉴욕 NBC의 〈투데이 쇼〉에서 자매에 관한 책에 대해 얘기하도록 초청을 받았던 때였다. 나에게 굉장히 중요한 일이었고, 녹화는 완벽하게 끝났다. 한창 상기되고 신이 난 채 세트에서 내려가면서 그저 그에게 전화해서 이야기해 주고 싶었다. 옛날이었다면 그는 나를 자랑스러워하고 나를 위해 행복해했을 것이다. 함께 성공을 축하하며 정말 기분이 좋았을 것이다. 그러나 내 인생에서 이 특별한 사건이 성공적으로 끝났을 때, 나는 이 소식에 같이 기뻐해 줄 나만의 누군가가 없었기 때문에 고통스러운 갈망과 공허감에 맞서 싸워야 했다.

여기서 우리는 SWAP 참가자들의 남편이 떠난 이유에 대해 알아보는 동시에 남편의 갑작스러운 떠남에 대한 의미를 알아볼 것이다.

악마가 시킨 거야

뇌우와 눈보라 단계에서 일어나는 고뇌 끝에, 연구에 참여한 여성들은 남편들이 왜 그렇게 극적인 방식으로 설명도 없이 끝내는 방법을 선택했는지에 대해 몇 가지 이론들을 제시하였다. 정말이지 '겁쟁이'라는 단어가 가장 많이 언급되었고, 다른 대답들은 대체로 다음의 다섯 가지의 범주로 구분할 수 있었다.

① 그 나쁜 년이 그렇게 하도록 시켰다.
② 그는 자신감이 필요했다.
③ 그는 중년의 위기를 맞았다.
④ 그는 아내의 성공에 주눅들었다.
⑤ 그는 성격상의 결함이 있다.

어떤 아내들은 그들의 남편이 애초에 제 길을 벗어난 것에 대해 불륜 상대를 직접적으로 비난했다. 대부분은 불륜 상대가 그들의 남편을 '뺏기' 위해 힘껏 들이댔다는 것과 남편이 이런 유혹자의 관심을 모른 척하기는 힘들었으리라 굳게 믿고 있었다. SWAP 참가자들은 불륜 상대의 행동을 '그에게 공을 들였다.' '시시덕거리면서 그를 꼬여 냈다.' '그를 부추겼다.' 등으로 표현했다. 다른 참가자들은 남편이 '결혼한 여자에게 유혹당했다.' '섹스 제의를 받았다.' 그리고 '그 불쾌한 인간이 남편을 쫓아다녔다.'고 했다. 감정적이다. 25년간 결혼생활을 한 제네비브는 남편이 회사 동료들과 여행을 떠나는 것을 격려했었다. 그녀는 남편이 어떻게 덫에 걸렸는지에 대한 자신의 가설을 설명해 주었다.

> 간단히 말해서 제가 고삐를 너무 늦췄던 거죠. 그는 사무실 동료들과 인도로 휴가를 떠났는데 거기서 '칭찬'과 '미인계'로 무장한 어떤 여자를 만나게 된 거예요. 그 여자는 이혼한 상태였고, 수입도 없고 가진 재산도 별로 없었어요. 심각한 쇼핑중독이었고 그녀의 '미모'를 유지하는 데 돈을 많이 썼죠. 다시 말해서, 밥줄이 필사적으로 필요했던 거예요. 그 여자는 마사지사이기도 했어요. 여행 중에 그들은 아주 비싸고 이국적인 궁전에서 묵었어요. 남편의 친구 중 하나가 남편에게 그녀를 소개시켜 주면서 마사지를 자주 받으라고 했어요. 향수 냄새와 외모만 갈망하는 값싼 여자에게 마사지 몇 번 받으면 그건 곧 사랑으로 변하는 거죠!

버림받은 아내의 입장에서 이런 종류의 설명이 지니는 위안은 남자를 나약하지만 애초에 내키지 않아 했던 참여자, 포식자이기보다는 희생물로 묘사한다는 것에 있다. 그렇다면 아내는 남편이 그리스 신화의 아르고호 승무원들처럼 사악한 마법에 빠져서 그런 일을 저질렀다는 환상을 유지할 수 있게 된다. 이런 설명은 남편이 어떻게 그렇게 갑자기 바뀔 수 있었는지에 대한 해명이 되어 준다. 불쌍한 사람! 그것은 그가 어찌 할 수 있는 게 아니었던 것이다.

떠받들어지는

많은 SWAP 참가자들에 의하면 그들의 남편이 불륜 상대에 끌렸던 건 그들의 자신감을 북돋아 주었기 때문이라고 설명하였다. 불륜을 저지르는 흥분만큼 남자(혹은 여자)를 회춘하게 하고 자신을 섹시하며 매력 있다고 느끼게 해 주는 것도 없다. 우리는 모두 몇십 년간 이어진 결혼생활에는 연애할 적에 있었던 이상화가 사라진 지 오래라는 것을 안다. 아내는 남편이 과거에 어땠는지 알고 있다. 현재 존경받는 외과의사인 남자는 한때 자신이 공부하는 모든 질병이 자신에게 발생할 것이라고 믿는 건강 염려증에 걸린 의대생이었다. 그러나 그에게 깊은 감명을 받은 새로운 여자의 눈에 의해 그는 자신을 새롭게 만들어 낼 수 있다.

많은 여성은 남자들이 스스로 남자답다고 느끼기 위해서 아내들의 감탄에 의지한다는 사실을 이해하지 못한다. 63세의 로슬린은 남편 브라이언의 다른 여자에 대한 관심 앞에 무기력해졌다. "되돌아보면, 42년의 결혼생활 내내 그는 항상 절대적이고 무조건적인 '흠모'를 바랐다는 걸 알 것 같네요. 결국, 그의 35세짜리 전학생이 그걸 제공해 줬지요. 이 매력적이고 어린 여자가 70세 먹은 남자인 자기가 건드려도 가만히 있다니, 거부할 수 없었겠죠. 아주 '으쓱한' 기분이었을 거예요. 그러고선 자기가 사랑에 빠졌다고 믿어 버린 거예요."

브라이언은 두 가지 의미에서 운이 좋았다. 63세의 신체와 그 남자와 쌓았던 42년간의 역사를 가진 로슬린이 이길 방법은 없었다.
또 다른 여성들은 다음과 같이 말했다.

남편은 그에게 대단하다고 칭찬해 주고 그가 강자라는 느낌이 들게
해 주는, 그를 숭배하는 그런 사람이 필요했던 거예요. 그의 엄마가
그랬던 것처럼요. 저는 그러지 않았어요. 제가 원한 건 남편이지, 영
웅이 아니었으니까요.

제가 생각하기엔 제가 더 이상 남편을 떠받들어 주지 않았기 때문에
그가 떠난 것 같아요. 그는 사랑받는 것에 대한 채울 수 없는 욕구를
가지고 있었고, 내가 그 욕구를 충족해 줄 수 없다는 걸 안 거죠.

시간이 흐른 뒤 깨달은 건 나중에 제가 자신감이 생겨서 그를 이상적
인 사람으로 감탄하는 걸 그만뒀을 때, 그는 나를 대신할 사람을 찾
아야 했다는 거예요.

제 생각엔 급속히 사랑에 빠지는 것, 누군가 그에게 과도한 관심을
쏟는 것, 그의 이야기를 들어 주고 그가 '그 사람'이라고 생각해 주는
것들이 그에게 떠날 수 있는 힘을 준 것 같아요.

후광효과[*]

SWAP 참가자들이 가장 흔히 말하는 남편이 떠난 이유로 그가 중년의 위기를 겪고 있었다는 것이다. 한 의학 사전은 중년의 위기를 "어떤 사람들이 중년의 나이에 도달했을 때 마주하게 되는 감정적 동요와 도전을 감당하는 시기. 삶의 변화에 대한 욕구를 수반하며, 나이 듦에 대한 공포와 걱정에 의해 발생함."이라고 설명한다. 자신이 원했던 목표를 50세나 55세까지 성취하지 못한 남성들은 성공에 대한 확률이 점차 줄어든다고 느끼며 사기가 꺾일 수 있다. 목표를 성취한 남성들은 모든 즐거움이 끝났으며 앞으로 기대할 일이 별로 없다고 느낄 수 있다. 그들의 뒤를 바짝 쫓아 사다리를 타고 올라오는 젊은이들을 목격하며, 경기에서 퇴장당한다는 생각은 그들을 두려움에 사로잡히게 만든다. 많은 WAS 남성은 떠나기 전 그들의 직장에 대해 오랫동안 불평을 해 왔다. 아내들은 그들이 불행하다는 걸 알았지만 불행의 원인은 직장에 있다고 생각했다.

나이가 들어 가면서 남편은 어느 날 아내를 보며 그녀가 얼마나 나이 들었는지 깨닫는다. 머리는 희끗희끗해졌고, 폐경기에 도달했으며 살도 좀 쪘다. 이 모든 것이 그에게는 부정적으로 비춰진다. 무의식중에 그는 오래된 생선을 내던져 버리고 새로운 피라미

---

[*] 어떤 대상을 평가할 때 그 대상의 한 특성에 의해 다른 특성들까지도 영향을 받음. 즉, 외모가 좋은 사람은 지능이나 성격도 좋게 평가되는 현상.

를 구할 수만 있다면 자신이 다시 환상 속의 강력하고 섹시한 상어가 될 수 있다고 스스로에게 세뇌시킬 수도 있다. 이 시점에서 많은 남성은 정말로 유명 브랜드의 새로운 옷을 구입하고, 머리를 염색하고, 헬스클럽에 등록한다. 떠나기 직전 항상 낡고 헐렁한 청바지를 입던 남편이 그가 새로 산 최신의 빨간색 운동복을 내게 자랑스럽게 보여 주었다. 평소의 그답지 않았지만 그런 구입에 숨겨진 의미와 그가 절대 그런 옷을 혼자 사지 않았을 거라는 사실을 깨달을 만큼의 적색경보는 아니었다.

25년간 결혼생활을 했던 프리실라는 59세의 남편에게 일어난 변화들을 요약해 주었다.

> 그에게 일어나고 있는 일이 너무 많아서 제 생각엔 저와의 관계는 후광 효과의 일부가 되어 버렸던 것 같아요. 말하자면 '지금 내 인생에서 잘 되는 일이 없고 별로 재미가 있지도 않아. 그런데 나는 아직도 살날이 많이 남았고 행복하고 싶어.' 개인적으로 저는 남편이 왜 떠났는지에 대해 그보다 더 분명하게 알고 있어요. 그건 제가 아니라 그의 부적응 문제였어요. 그들이 무엇을 피해 도망치는지 물어보세요. 제 경우에 답은 간단해요. 그는 스스로 도망치고 있었던 거예요. 그렇지만 그는 그렇게 대답할 수 없을 거예요.

22년간 결혼생활을 한 린지는 다음과 같이 분석했다.

> 그가 50세가 되었을 때 당황한 것 같아요. 제 생각엔 그가 삶을 돌

아봤을 때 실패를 보았고(우리가 안락한 생활을 꾸려왔는데도 불구하고요) 앞을 내다봤을 때 시간이 줄어들고 있다는 걸 깨달은 거죠. 그는 백만 달러를 버는 환상을 가지고 있었고 일찍 은퇴하고 싶어 했어요. 그렇지만 그는 십 년 전 파산을 했고, 그 후로 별로 돈을 벌지 못했지요. 다른 나라로 가고, 다른 직업들을 시도해 보고, 자기보다 한참 어린 여자와 어울리기 시작하면서, 제 생각에 그는 인생을 '싹 갈아엎고' 싶어 하는 것 같아요.

아내의 성공

전반적으로 불만족스럽고 불행하다고 느끼게 만드는 중년 남성의 위기는 중요한 심리적 요소를 포함한다. 『짜증내는 남성 신드롬(The Irritable Male Syndrome)』의 저자 제드 다이아몬드는 그에 대한 생물학적 근거를 제시했다.

남성 갱년기라고도 알려진 남성의 폐경은 주로 40세에서 55세 사이의 모든 남성에게서 나타난다. 몇몇 남성에게서는 빠르면 35세, 늦으면 65세에 나타날 수도 있다. 어떤 임상의들과 연구자들은 남성 갱년기를 그저 남성 호르몬 테스토스테론의 감소로 정의한다. 내 경험에 의하면, 남성 갱년기는 청소년기와 비슷하다. 모든 남성이 그것을 경험하고, 어떤 사람들은 남들보다 더 많은 징후를 나타낸다. 호르몬의 영향인 것은 맞지만, 그저 호르몬의 변화라고 하기에는 더 복잡하다. 신체적, 심리적, 사회적, 그리고 성적 변화 또한 나타난다. 우리는 배우자와 동료로부터 사랑, 수용, 인정을 갈망한다. 우리는 자존감을 지키려 몸부림친다. 우리는 이해하지 못할 어떤 감정에 의해 충동적으로 행동한다.

여성들이 폐경을 맞는 것처럼 남성들 또한 그들의 호르몬을 상실하고 있다. 남성은 열여덟 살에 성적 기량이 최고조이며, 여성은 그 시기가 마흔 살이라고 여겨져 왔다. 생활 주기의 또 다른 부조화는 중년 즈음에 생긴다. 30~40대의 남성들은 그들의 경력을 쌓아가는 단계인 반면 아내들은 출산휴가와 아이 양육 등으로 인해 드문드문 일한다. 그러나 여성이 50대가 되면 드디어 양육 문제에서 해방되고 연세 든 부모님을 모시는 역할도 끝이 난다. 비로소 그녀가 열정과 창의력을 일에 쏟아 부을 차례인 것이다. 그녀의 남편은 아내를 되찾을 수 있는 이 시점을 기다렸을지도 모르지만, 그녀는 시야를 다른 방향으로 넓힐 기회에 들떠 있다. 그래서 종종 그가 내려오는 동안 그녀의 경력은 올라가고, 그는 그냥 그 느낌이 좋지 않은 것이다.

제드 다이아몬드는 이것이 어떻게 그의 관계에 작용했는지 설명하고 있다. 그의 아내 칼린은 이 시점에서 학교를 시작했고 '활짝 피는 듯'했다. "나는 칼린이 일에서 점점 성공하는 것에 대해 안도했지만, 또 약간 불안하기도 했다. 그런 생각들이 수면을 뚫고 나오는 일은 적었지만, 가끔은 그녀가 성공의 측면에서 나를 뛰어넘을까 생각해 보기도 했다. 내 의식은 그녀의 성공을 아주 기뻐했지만, 무의식중에는 위협당하는 것 같았고 경쟁심이 일었다."

아내가 인생에서 그를 뛰어넘는 성공을 거둔 경우 남편은 갑자기 아내의 성공에 관심을 끊을지도 모른다. 그는 자신이 생계를 담당하는 주된 사람이고 아내는 보조적 역할을 했던 옛날의 전통적인 방식을 선호하는 것이다. 내 남편의 경우도 틀림없이 이러했을 것이다. 내가 벌 수 있던 것보다 더 많은 연봉을 받아 온 21년을 뒤로하고, 그는 나의 책 출간 사흘 전에 결혼생활을 끝낼 것을 선택했다. 그는 나의 성공에 대해 자랑스럽다며 말하고 다녔지만, 그것이 사실이 되니 멈칫했다. 감당할 수 없었던 것이다.

뎁과 토니는 그가 떠나기 몇 년 전까지 광고계에서 좋은 직장을 가지고 있었다. 토니는 갑작스럽게 직장을 잃었고 그 이후 새로운 일을 찾고자 스스로에게 동기부여를 하지도 못하고, 뭐랄까 그냥 그 자리에 얼어붙었다. 반면, 뎁은 가계에 수입이 안정적으로 들어올 수 있도록 정신없이 일했다. 결국, 토니는 다른 회사에서 훨씬 낮은 직급의 일을 얻었고 그가 싫어하는 일을 해야 했다. 뎁은 이렇게 말했다.

> 그건 그가 '진짜 세계'에서 성공하지 못한 사람들이 하는 거라며 항상 경멸했던 류의 일이었어요. 그의 진정한 불행이 시작된 건 바로 그때였죠. 그는 정열적으로 그 일을 증오했고 그 뒤 몇 년간 그의 많은 경험에도 불구하고 회사의 가장 낮은 직급에 머물러 있었어요. 반면, 제 경력에는 날개가 돋쳤죠. 몇 달간 조직을 경영하기도 했고, 여행

을 많이 했으며, 전반적으로 제가 하는 일을 즐겼어요. 그때 제가 남편보다 훨씬 많은 돈을 벌었어요.

그는 자신이 하는 일에 대해 이야기하지 않았고 제가 제 일에 대해 이야기하는 것도 듣고 싶지 않다고 실제로 제게 말하기도 했어요. 그가 자기 일을 너무나 싫어해서 아마 내 일에 대해서도 듣고 싶지 않겠구나 짐작했어요. 흥미로운 건 그가 제게 몇 번이나 언급했던 건 회사의 동료들, 특히 여자들이, 그를 얼마나 재미있는 사람이라고 생각하는지였어요. 저는 이상하다고 생각했죠. 왜냐면 그가 유머감각을 조금 가지고 있긴 하지만 결코 재미있는 사람은 아닌데, 이제는 그가 '사무실의 어릿광대'라는 거예요.

토니가 뎁에게 떠나겠다고 말할 때, 그는 자기 인생에서 실패한 모든 것이 그녀 때문이었으며, 그녀의 가장 큰 잘못은 그가 결핍을 느끼게 만든 것이라고 했다. 나중에 밝혀진 바로는 그를 '재미있고, 매력적이고 당당하다.'고 여기며 웃어 주던 어린 여직원이 동료 이상이었다는 것이었다. 그녀는 침실로 향할 때까지 그와 함께 히히덕거렸던 것이다.

성격적 결함

남편이 불행한 결혼생활이라고 생각되는 것을 그만두고 싶어하는 건 자연스러운 일일지는 모르겠으나, 아내에 대한 일말의 후

회나 관심을 보이지 않는 것, 그리고 끊임없는 거짓말은 그의 성격의 이면을 드러낸다. 그것은 전혀 핑크빛이 아니다. 가장 고통스러웠을 때 내 남편이 일종의 성격장애를 가지고 있다고 생각하는 게 도움이 되었지만, 그가 그것을 어떻게 21년간 감출 수 있었는지 알 수가 없었다. 그러다 나는 그가 불륜을 저지르던 6년간 나를 사랑하고 나에게 충실한 것으로 비춰질 수 있었다는 사실 자체가 그의 장애에 대한 징후라는 것을 깨달았다. 그는 '분리'의 대가이거나, 자기도취자이거나, 후회를 느끼지 않는 소시오패스다. 이 중 어떤 것이든 문제가 있는 것이다.

나의 상담자는 '분리' 가설을 제시했다. 심리학에서 분리의 개념은 모든 사물과 사람을 완전히 좋거나 완전히 나쁜 것으로 바라보는 경향을 나타낸다. 분리하는 사람들은 중간에 회색지대가 있다는 사실을 받아들이기 어려워한다. 이것이 WAS의 맥락에서 어떻게 작용하는가 하면 남편이 그의 아내에 대해 아주 긍정적이고 이상적인 관점을 가지고 있다가 그가 그녀를 완벽하다고 여기지 않게 된 순간 갑자기 매우 부정적인 관점으로 바뀌게 되는 것이다.

분리의 다른 측면으로는 남편이 그의 감정을 구체화하는 것인데, 그렇게 해야만 각각의 상황에서 행동하는 것을 정당화할 수 있기 때문이다. 예를 들면, 남편이 나를 사랑스럽게 여기고 상냥하게 대할 때, 그건 진심이었던 것이다. 그의 여자친구의 침대에서 기어나온 직후였어도 말이다. 그가 여자친구에게 사랑스럽게 대할 때, 그것 또한 진심이었다. 그는 나에 대한 감정을 그녀에 대한 감정과 따로 분리해 놓을 수 있었는데, 그것은 자신의 행동에 대한 정당한 이유를 만들어 냈기 때문이다.

한번은 두 번째 아이를 낳은 뒤, 집에 들어온 18세의 유모와 불륜을 저지른 남성과 상담을 진행한 적이 있다. 그는 나에게 피곤에 절어서 잠에 든 아내를 위층에 두고 한밤중의 밀회를 위해 지하실의 유모 방으로 향할 수 있었던 내적 메커니즘을 설명해 줬다. 그는 소녀의 방에 들어설 때 '아내와 아이들'이라는 컴퓨터 칩을 머릿속에서 빼 선반 위에 놓아두었다고 했다. 그는 자신의 존재를 여러 부분으로 나누기로 했던 것이다. A 부분-충실한 남편 그리고 아버지, B 부분-대담하고 섹시한 남자.

이 남자는 그가 벌인 속임수를 견디기 위해서 스스로에게 거짓말을 해야 했다. 유모와 섹스를 할 때 그는 자신이 유부남이 아니라고 스스로를 속였다. 사람이 힘들이지 않고 스스로에게 거짓말하는 요령을 터득하게 되면, 남에게 거짓말하는 것은 식은 죽 먹기다. WAS의 프로필과 일치하는 남성들은 떠나기 전 거짓말을 했거나, 떠나는 시점에 거짓말을 하거나(떠나는 것을 정당화하기 위한 이유를 만들어 낸다), 혹은 결별 후 계속적으로 거짓말을 한다(결혼생활에서 있었던 좋은 일들을 부정한다). 남편의 정직함을 믿었던 여성들에게 이것은 너무나 혼란스럽다.

SWAP 참여자들이 말한 남편들의 성격적 결함의 두 번째는 그 남편들이 자기도취자였다는 것이다. 한 여성은 이 성격장애가 있다는 사실을 알고 이것이 얼마나 그녀의 남편에게 잘 들어맞는지를 인식했을 때 굉장히 안도했다고 나에게 말했다. 그녀는 느끼길 남편은 남들이 자신의 욕구를 채워 줬으면 하고 바랐지만 정작 자신은 남들의 욕구에 관심이 없었다고 한다. 그는 오직 그녀가 자신을 위해 무슨 일을 해 줄 수 있는지에 대해서만 관심이 있었다. 1970년대에 심리분석가인 하인츠 코헛은 자기도취자들이 다른 사람을 어떻게 대하는지를 설명하는 용어를 제시했다. 그는 그들이 다른 사람들을 '자기 대상'으로 인식한다고 했다. 이 말은 자기도취적인 사람은 다른 사람의 역할을 자신의 존재를 완성시키는 것으로 인식한다는 뜻이다. 그는 아내를 하나의 인간으로 사랑하는 것이 아니라, 그녀가 그 자신에 대해 느끼게 하는 방식을 사랑하는 것이다.

셋째로, 몇몇 아내들은 그들의 남편들이 그렇게 무심하게 떠날 수 있었던 유일한 이유는 그들이 정말로 소시오패스였기 때문이라고 결론지었다. 이런 진단을 받은 사람들의 주된 특징은 죄책감 부재다. 상상하기 어렵겠지만, 소시오패스들은 심하게 상처 주는 행동을 하고서도 전혀 죄책감을 느끼지 않는다. 그들은 합리화할 필요도 없고, 핑계를 만들어 낼 필요도 없다. 남들에게 상처 주는 행동을 하고 당신이나 내가 느낄 만한 감정들을 그들은 느끼지 않는 것이다. 36년간 결혼생활을 한 소냐는 이것이 충실했던 남편의 죄책감 없는 떠남에 대해 유일하게 그나마 말이 되는 설명이라고 했다. "제 생각에 그는 소시오패스적 기질이 있는 것 같아요. 후회도 없고, 심지어 우리 모두가 그의 행복을 빌어 줘야 된다고 생각한다니까요. 그는 아이들에게 그의 여자친구를 당장 소개시키고 싶어했어요. 그게 당연하다는 듯 말이에요. 우리 가족은 매우 가까웠는데, 그는 아이들이 그의 새로운 애인을 받아들일 거라고 생각했나봐요. 아이들이 거절했을 때 상처받은 듯했어요. 그는 자신만의 우주의 중심이에요. 그는 오만하고 이기적이에요."

모든 사람이 죄책감을 느낄 것이라고 짐작하기 때문에 소시오패스가 자신의 감정을 자연스러운 것으로 포장할 수 있는 것은 어렵지 않다. 그리고 놀랍게도, 차갑고 냉혹해 보일 것이라는 상상과는 달리, 그들은 때때로 매우 따뜻하고 파티의 중심인물이다. 마사 스타우트의 책 『이웃집 소시오패스(The Sociopath Next Door)』에 따르면, 일정 수의 소시오패스는 우리와 매일 교류하면서, 레이더망을 피해 들키지 않고 살아간다. 스타우트가 계산한 바로는 사람들의 4퍼센트가 이 범주에 속하는데, 그녀는 일상적인 겉치장 아래 숨겨진 마키아벨리*적인 의도를 왜 모든 사람이 모르고 지나치는지 설명한다. 그녀는 소시오패스의 대표적인 특징을 "진정한 소시오패스가 다른 사람들을 유혹할 수 있게 하는, 말주변이 뛰어나고 피상적인 매력, 첫 만남에 소시오패스를 주변의 보통 사람들보다 훨씬 매력적이거나 흥미롭게 보이게 하는 어떤 빛이나 카리스마"로 꼽았다. 스타우트는 자신이 연구한 소시오패스들의 공통성에 흥미를 느꼈다. 남들에게 끼친 피해에 대해 책임을 지는 대신, 그들은 자

---

* 이탈리아의 정치사상가이며 『군주론』의 저자. 군주는 나라를 지키려면 때로는 배신도 해야 하고 잔인해져야 하며, 인간성을 포기해야 할 때도 있다고 쓰고 있음.

신들이 피해자라고 주장했다. 내 연구의 WAS 남성들 또한 그런 입장을 종종 표현했다.

WAS 남성들이 자기도취적 성격장애나 소시오패스 같은 진단 가능한 범주에 포함된다고 주장하는 것은 아니다. 그러나 우려나 후회를 표현하지 않고 장기적 결혼생활에서 도망칠 수 있으려면 어느 정도의 감정적 차단이 있어야 한다고는 믿는다.

고생하는 건 아내들만이 아니다. 지금까지 우리는 자신도 모르는 사이 부모님의 드라마에 휩쓸려 버린 아이들의 경험에 대해 이야기하지 않았다. 이제는 WAS가 아이들의 삶에 미치는 영향에 대해 이야기해 보고자 한다.

13
부수적 피해

WAS에 의해 아이들의 삶 또한 엉망이 되는데 여성들이 자녀들의 반응을 이야기할 때 가장 자주 사용되었던 단어는 '엄청난 충격'이었다. 엄마가 경험했던 것처럼, 자녀들 또한 비슷한 방식으로 흔들린다. 아이들이 알았던 아빠라는 남자는 이제 매우 달라 보일 것이다. 만약 무언가 문제가 있었다는 사실을 아내들이 모르고 있었다면, 아이들 또한 마찬가지다. 갑자기 아빠가 집을 나갈 때, 아이들 또한 완전히 준비가 되지 않은 상태다. 가족의 갑작스러운 붕괴로 인한 쇼크는 불륜 상대의 존재와 아빠가 그녀를 즉각적으로 받아들이기를 바란다는 점 때문에 더욱 가중된다. 아이들에게는 이러한 변화들에 적응할 시간이 주어지지 않았고, 이것은 감정적 상처를 장기적이고 극심한 것으로 만든다. 다음은 아이들의 반응에 대한 묘사다.

제 아들(15세)은 침대에서 나오지도 않고 학교에 가지도 않고 밥을 먹지도 않았어요. 그리고 담배를 피우기 시작하더군요.

제 딸(16세)은 자살 충동을 느꼈어요. 그녀에게 아빠는 영웅이었거 든요.

우리 아들(5세)은 행복한 가정을 잃게 되어서 매우 상심해 있어요.

두 딸(14세, 16세)들은 굉장히 많이 울었고 아빠한테 매우 화가 나 있었어요.

우리 아들(12세)은 몇 주 동안 밤에 계속 울기만 했어요. 나중엔 문을 닫아 버리더군요. 그는 아주 상심했어요. 그는 우울해졌고 내성 적으로 변했어요.

아이들(6세, 11세, 13세)은 매우 속상해했고, 사랑했던 아빠에 대해 매우 실망했어요. 새로운 여자, 지금은 새엄마인 사람을 어떻게 대해야 할지 난처해했고 그녀의 아들들과는 잘 지내지 못해요.

17세인 알렉산드라는 어느 날 저녁 파티에 가는 중이었고 나가 기 전 인사를 하기 위해 엄마의 방에 들렀다. 엄마의 얼굴을 보는 순간 무언가가 잘못되어 있다는 걸 알 수 있었다. 소식을 들었을 때 알렉산드라는 매우 충격을 받았다. 아빠가 가정을 떠났다는 사실은 상상조차 할 수 없었다. 부모님의 관계는 완벽하게 정상적으로 보였고 한 번도 둘이 싸우는 것을 본 적이 없기 때문이었다. 설문지에서 그녀는 "100퍼센트 솔직하게 말하면, 저는 그래도 파티에 갔고 기절할 때까지 술을 마셨어요. 이 상황에서 벗어나고 싶어서요."라고 썼다. 그녀가 집에 돌아왔을 때, 그녀는 모든 것이 상상이었기를 바랐지만, 그녀는 자신의 삶이 도망칠 수 없는, 때 묻은 현실로 변했다는 점을 깨달았다.

남편은 딸에게 전화도 하고 이메일도 자주 보내지만 딸은 대답하지 않는다. 가족 중 가장 어리지만 딸은 모두의 슬픔을 어깨에 지고 있다.

> 우리 집에서 나 혼자만 제정신인 것 같아요. 내가 다 붙들고 있는 것 같아요. 오빠는 정말 심각한 우울증에 걸렸고, 엄마는 해골이었고, 아빠는 도망갔죠. 그래서 전 그냥 모두를 행복하게 해 주려고 노력해요. 정말 지치는 일이지만 아무에게도 말할 수 없어요. 왜냐면 엄마가 내 앞에서 속상해할 때마다 정말 좌절감을 느끼는데, 엄마에게 같은 기분을 느끼게 하고 싶지 않거든요.

17세의 나이에 알렉산드라는 이미 지쳐 있었다. 가족에게 일어난 일로 인해 결혼에 대한 관점이 바뀌었냐는 질문에 그녀는 "제 관점은 100퍼센트 바뀌었어요. 이 모든 일이 일어나기 전에는 진실한 사랑은 모든 걸 극복할 수 있고 모든 걸 좋아지게 해 줄 거라고 믿었어요. 하지만 더 이상은 아니에요. 결혼이 얼마나 힘든 일인지 깨달았고 이제 더 이상 내가 결혼을 하고 싶은지도 모르겠어요. 저는 이런 상황을 감당할 자신이 없어요."라고 답했다.

알렉산드라는 자신의 힘든 점을 잘 감추었다. 그녀의 엄마인 메리 제인은 설문지에 이렇게 썼다. "첫 주에 제가 무너지는 걸 보고 알렉스는 힘들어했어요. 알렉산드라는 가끔 반항적인 모습을 보이기도 했지만, 다행히도 그녀에게는 좋은 지원 그룹이 있고 강한 신앙 덕분에 잘 견뎌 내고 있어요. 그녀는 고등학생들이 살아야 할 것처럼 잘 살아가고 있어요. 즐기면서 말이죠."

메리 제인은 아빠에 대한 아이들의 태도와 그의 반응을 묘사하였다.

제 딸은 종교적이어서 도덕적 모호함이 없어요. 약속을 했다면 그 약속을 지키기 위해서 무엇이든 해야 하고 불륜은 죄라고 여겨요. 아들은 아빠를 이기적인 개자식이라고 생각해요. 아이들 아빠는 제가 아이들을 세뇌시켰다고 탓해요. 그가 가족에게 따돌림 받는 느낌이라고 그의 변호사가 제게 편지를 보내기도 했다니까요. 흥! 당신은 떠난 거지 쫓겨난 게 아니니까 돌아와서 직접 해결해 보라고 했어요. 하지만 아직 그가 한 행동에 대해 책임을 지지 않았고 아이들에게나 그 누구에게도 미안하다는 말조차 하지 않았어요. 아이들은 그와 연락을 하지 않고 있어요. 슬픈 일이죠.

메리 제인은 수많은 여성이 남편에게서 들었던 후렴구를 반복했다. "당신이 아이들에게 나에 대해 나쁜 말을 했어!" 심지어 내 남편도 그 불쌍한 전략을 시도했는데, 그가 말하는 '아이들'이란 스물일곱 살과 스물아홉 살로 자기 스스로 충분히 판단할 수 있는 나이였다. 다른 많은 SWAP 참가자들의 남편들처럼 아이들의 분노와 마주했을 때 그는 자신이 피해자라고 주장했다.

아빠가 엄마에게 상처 줄 만한 행동을 했다는 것을 알기 위해 아이들이 성인이어야만 하는 것은 아니다. 심지어 아주 어린아이들(어린아이들은 특히, 옳고 그름에 대한 확고한 기준이 있다)도 불륜이라는 단어를 알지 못하더라도 그것이 '나쁨'의 범주에 속한다는 것을 안다. 아이들은 곧 불편한 상황에 처하게 되는데, 왜냐하면 아빠의 행동이 나빴다고 판단할지언정 그들은 아직도 아빠를 사랑하고 필요로 하기 때문이다. 또한 그들은 종종 충성에 대한 곤경에 빠지는데 엄마가 얼마나 속상한지 알지만 그래도 아빠가 보고 싶기 때문이다. 그리고 아빠를 만난다는 것은 이 모든 엉망을 초래했다고 여겨지는 바로 그 사람, 아빠의 여자친구를 만나야 한다는 말이기도 하다.

44세인 프레야의 남편 팀이 6년 전 집을 나가서 여자친구와 동거를 시작했을 때, 프레야 부부에게는 어린아이 둘이 있었다. 프레야는 그녀의 다섯 살짜리 아들과 세 살짜리 딸 모두 심각한 영향을 받았다고 말한다.

남편이 떠난 뒤 처음 맞는 여름에 그는 8주 동안 우리 아이들을 데리고 그의 애인과 함께 우리가 예전에 공유하던 오두막집으로 휴가를 가야 한다고 고집을 피웠어요. 물론 이건 제 아이들에게 매우 힘든 일이었어요. 휴가가 끝난 뒤, 아들은 아빠가 자신을 더 이상 사랑하지 않는다는 걸 깨달았다고 말했어요. 막 울면서 그 둘이 휴가 내내 아이들 앞에서 했던 일들을 말하면서요.

제 아들은 새엄마를 몹시 싫어하고, 아빠가 하는 행동과 말에 상처를 받으면서도 동시에 아빠를 몹시 그리워해요. 제 딸은 제대로 준비도 안 된 채 내몰린 탓에 비로소 지난 1~2년 전에야 회복하기 시작했어요. 알다시피 그 애는 처음에 무슨 일이 일어나는지 이해하지 못했고 굉장히 두려워했어요. 나한테 매달려서 숨고 아빠가 데려가려 할 때 딸아이는 제게 매달려서 억지로 떼어 내야 했어요.

SWAP 참가자들의 아이들이 겪는 몇몇 문제들은 모든 이혼 가정에서 전형적으로 나타나는 것들이고 아내를 떠났다는 특이한 상황에서 비롯되는 건 아니다. 그러나 보통의 이혼 시나리오에서는 항상 존재하는 것이 아니지만 WAS에서는 거의 항상 나타나는 세 가지 특징이 있다. 첫째, 엄마는 정신적 외상을 입었으며, 둘째, 결별 전부터 이미 여자친구라는 존재가 있었고, 셋째, 기능적인 공동육아 관계를 형성하기가 매우 어렵다는 점이다.

4년 전 결별했을 당시 세 살과 여덟 살짜리 아이들이 있었던 로빈은 이렇게 말한다.

어떤 일이 일어났는지를 알고 있지만, 아이들은 편을 가르기를 원하지 않지요. 그건 그 애들에게 큰 타격을 주니까요. 아이들이 가장 원하는 건 평화를 지키고 상황이 안정되는 거예요. 그게 그들이 할 일은 아니지만 상황에 대한 그들의 반응은 그랬어요. 저와 애들 아빠와의 관계는 아직도 좋은 건 아니고, 여자친구와는 더 안 좋기 때문에 아이들은 거의 매주 문제들, 그리고 안 좋은 감정들을 겪어야 해요.

각각의 부모의 집을 왔다 갔다 하는 아이들을 둔 여성의 경우 WAS로부터의 회복은 더 복잡해진다. 회복하기 위해 자신과 전 배우자 사이에 거리를 두는 것이 필요하지만, 그들은 직접적으로 혹은 아이들을 통해서 지속적으로 연락을 해야 한다. 부모가 이혼한 많은 아이의 경우, '쉿, 엄마한테 아빠 얘기하면 안 되고 아빠한테 엄마 얘기를 하면 안 돼.'와 같이 어떻게 처신해야 하는지 안다. 그러나 부모가 "어디 갔어? 뭐 먹었니? 누구랑 같이 있었니?"라고 물어볼 때, 혹은 아이가 다른 한쪽의 부모와 보낸 시간에 대해 순진하게 얘기할 때 정보는 새어 나온다. 아무리 성숙하고 조심스러운 부모라고 해도 그들의 아이들이 부모 사이에서 벌어지고 있는 고통스러운 드라마에 자신도 모르는 사이 휩쓸리는 것을 발견할 것이다.

엄마가 무슨 일이지

상황이 좋을 때에도 좋은 부모가 된다는 것은 많은 에너지를 필요로 한다. 인내심, 창의성, 살림 기술, 유머감각, 자제력, 좋은 성품을 가져야 하고 휴지와 끈으로 종이꽃을 만드는 법을 알아야 한다. 육아라는 일을 좋아하는 만큼, 그것이 우리의 마음과 관심을 요구한다는 사실을 부정할 수 없다. 하지만 우리가 트럭에 치여서 일곱 살짜리 아이의 이를 닦이기 위해 씨름하기는커녕 스스로의 이도 닦을 수 없는 지경이 되면 엄마가 아이에게 해 줄 수 있는 것은 종종 최소한으로 축소된다. 이 사실은 이미 충분히 고통스러워하는 엄마에게 큰 슬픔이 된다. 42세의 아니타는 사건 직후 며칠간을 이렇게 기억한다.

> 상황이 안 좋았죠. 그렇지만 제가 정말로 기억하는 건 제가 아이들에 대한 육아를 제대로 하지 못했을 때예요. 매일 직장에 나가는 건 고역이었지만 어떻게든 해냈어요. 그렇지만 아이들을 외면했던 일(식사를 챙겨 주고, 집에 음식이 떨어지지 않게 하고, 아이들이 입을 깨끗한 옷이 있는지 확인하고, 아이들과 재미있는 놀이를 하는 것)이 그날들을 돌아봤을 때 저를 가장 슬프게 해요.

집에 있는 아이들 생각에 생활을 계속해 나간 어머니들에게 경의를 표한다. 남편이 떠났을 때, '내가 견디는 게 이렇게 힘들다면 어린아이들의 엄마들은 천 배쯤 더 힘들겠구나.'라고 종종 생각했다. 엄마들은 서로 상충되는 감정들을 경험하는데, 아이들을 위해 올바른 일을 하려고 노력하는 와중에도 아빠가 얼마나 거짓말쟁이인지 아이들에게 말해 주고 아빠에게 등을 돌리게 만들고 싶은 마음이 들기 때문이다. 다음의 SWAP 참여자들은 이런 딜레마를 잘 표현해 준다.

나는 아이들이 그를 증오하기를 바랐어요(아이들도 이 문제에 대해 그들 나름대로 고심했어요).

우리 아이들이 얼마나 상처받았는지 그가 이해했으면 좋겠다는 마음에 중립을 유지하기가 너무 어려웠어요.

이 모든 상황을 겪으면서 일말의 품위와 자존심을 지킨 사람은 우리 불쌍한 아이들밖에 없어요.

저에게 제일 힘들었던 점은, 내 상처와 아이들을 건강하게, 죄책감 없이 키워야 한다는 생각의 균형을 맞추는 일이었어요.

처음엔 아이들을 정말 못살게 굴었어요. 감정적으로 궁핍한 기분이었어요. 그렇지만 그게 나와 아이들의 관계를 더 긴장시킨다는 것을 아이들이 깨닫게 해 줬어요. 그래서 내가 아이들 대신 상담자나 오빠에게 하소연하기로 합의했죠.

몇 번 와인을 마시고 아이들에게 핵폭탄급의 붕괴되는 모습을 보여준 적이 있어요. 남편이 그들과 시간을 보낼 때 아이들에게 질투를 느꼈어요. 그러면서도 동시에 그들에게 아버지가 있었으면 하고 바랐습니다.

아이들에게 현실적으로 상황이 어떤지 알려 주고 싶은 유혹에

굴복하는 것이 자연스러운 일이긴 하지만, 너무 정확한 정보를 주는 것은 결국 그들에게 상처가 된다. 이 상황에서 아이들에게 해 줄 수 있는 가장 좋은 일은 그들을 이 일에 끌어들이지 않으려고 노력하는 것이다. 그들은 아동기를 누릴 권리가 있고, 만약 청년들이라면 자신의 인생을 살 권리가 있다. 당연하게도 어린아이들은 질문을 하고 그들의 엄마를 위로하려고 한다. 결국 이 일은 그들에게도 일어나고 있는 것이기 때문이다. 그리고 청소년과 청년들은 종종 아주 많이 연루된다. 내가 말하고자 하는 바는 그러한 관심을 조장하지 말라는 것이며 아이들의 필요에 부응하고, 스스로의 필요에 대해서는 성인들의 도움을 통해 적절하게 해결하라는 것이다.

41세의 아드리엔느는 그녀의 남편이 떠났을 때 어린 아들과 딸이 있었는데 아들을 위해 마음 깊숙한 곳으로부터 용기를 내야 했다.

> 남편이 떠나겠다는 말을 한 날, 아들이 울기 시작했고 남편은 자신이 아들을 하룻밤만 데려가는 게 어떻겠냐고 했어요. 제 아들은 네 살이었고 전 아들과 떨어져서 지낸 적이 한 번도 없었어요. 나는 소리치고 싶었고 목숨을 다해 아들을 붙잡고 싶었어요. 지금 잃어 가고 있는 것들에서 더 많은 걸 잃지 않기 위해서요. 제 안의 어떤 목소리가 저를 잠시 제쳐 두고 제 아들을 위해 가장 좋은 일을 해야 한다고 말했고, 저는 아들이 가도록 내버려 두었어요. 아들은 울음을 멈췄고 남편과 함께 떠났어요.

저는 그 둘이 차로 걸어가는 그 순간을 절대 잊지 못할 거예요. 그게 무엇을 뜻하는지 알고 있었으니까요. 현기증이 났고 마비된 듯한 기분이었어요. 그리고 저는 절 도와줄 그 아무도 없이 어린 딸아이와 홀로 남겨졌어요. 저는 어떻게든 아기를 안아 들고 엄마 노릇을 해야 했어요. 그리고 그렇게 했죠.

그렇게 해서 분노로 이루어진 결정과 아이들을 위한 결정을 끊임없이 분리해 내기 위해 매일 제 존재의 깊숙한 곳으로 파고드는 작업이 시작되었어요. 그 부분은 지금까지도 그랬고 앞으로도 항상 힘들 거예요. 대체로 그러려고 했지만, 절대 쉬워지지는 않았어요.

아이들을 우선시한 아드리엔느의 용기는 정말 감격적이다. 많은 여성은 그들이 제대로 기능하도록 한 것은 아이들이었고 아이들 때문에 가능한 빨리 몸과 마음을 가다듬을 수 있었다고 말한다. 아이들과 일상생활을 해 가다 보면 혼돈으로부터 질서가 만들어진다. 엄마는 스스로를 위해서라면 하려고 하지 않았을 식사 준비나 집안 정리 등의 일들을 아이들을 위해서라면 할 것이다.

그는 우리도 버린 거예요!

일반적인 이혼의 경우 아버지들은 결혼했을 때보다 훨씬 많이 직접적으로 육아에 참여하게 되기 때문에 아버지와 아이 간의 유대는 강화되기도 한다. 머리를 묶어 주는 것과 점심 도시락을 준비하는 것은 아버지와 아이 간의 연결고리를 더 풍부하게 하고 서로를 새로운 방식으로 더 잘 알아 가게 한다. 엄마가 아버지와 아이의 유대를 조성하고 발전시키는 데 중요한 역할을 하고 그것이 아이에게 중요하다고 여겨지면 권장하기도 한다. 하지만 WAS의 경우, 두 가지 요인이 이것을 막는다. 첫째, 엄마는 도망친 남편에게 득이 될 그 어떤 행동도 할 만한 정신상태가 아니며, 둘째, 아버지는 아내와의 접촉을 병적으로 싫어하며 그것을 가능한 한 최소화하려고 한다. 그는 그녀의 분노와 마주하는 것을 기피하며 아이들을 넘겨받을 때 무언가 소동이 일어나지 않을까 꺼린다. 일반적으로 각 부모는 서로에게 적이다. 결과적으로 아버지와 아이 관계는 종종 긴장되고 한쪽으로 기울어져 있는데, 여기에서 아이들은 손해를 본다.

많은 SWAP 참여자들이 말하길 아이들은 아버지와 더 멀어졌는데, 이것은 그가 좋은 아빠였고 결별 전 아이들과 깊은 관계를 유지한 경우라도 마찬가지였다. WAS 이후 아이들은 엄마들만큼이나 버림받았다고 느꼈다. 관계의 단절이 상당수 있었는데, 이것은 아버지와 더 이상 관련되고 싶어 하지 않은 아이들의 뜻일 때도 있었고, 아이들과 더 이상 관계 맺는 걸 어려워한 아버지들의 탓일 때도 있었다. 많은 여성은 결별 뒤 아이의 아버지가 아이들에게 경제적 도움을 주지 않은 것을 한탄했다. 엄마들은 아이의 대학 학비를 전부 혼자 내는 것에 대해 억울함을 느꼈지만 아이의 교육을 위태롭게 할까 봐 두려워서 학비를 냈다. 아버지와 아이 간 유대감의 약화는 비극인데 비록 남편이 아내를 나쁘게 대했다 할지라도 그와 아이들 간의 관계는 가능하다면 유지되어야 하기 때문이다.

나는 SWAP 참여자들의 가슴을 특히 아프게 한, 아이와 관련된 세 가지 상황을 강조하고자 한다. 첫 번째 경우는 남편이 임신 중이거나 갓 아기를 낳은 아내를 떠난 경우다. 우리는 이미 떠날 생각을 하고 있으면서도 아이를 갖게 한 남자들에게 특별히 더 분노를 느낀다. 버림받은 시점에서 임신 중이던 엄마들은 그들이 경험한 깊은 슬픔이 아직 태어나지 않은 아이의 발달에 영향을 미칠까 봐 걱정하였다. 또한 그들은 아이의 인생에서 아빠가 부재하다는 것을 애석해했고 자신의 잘못이 아님에도 불구하고 아이들에게 최적의 삶을 제공하지 못한다는 데에 죄책감을 느꼈다. 남편이 떠났을 때 임신 4개월째였던 36세의 캐롤은 가슴 아픈 기억을 되새겼다.

처음으로 초음파 검사를 받고 조슈아가 남자아이라는 걸 알게 됐을 때 저는 너무나 걱정이 되었고 이런 생각을 했어요. '내가 얘를 어떻게 남자화장실에 데려가지? 나는 하키 장비를 어떻게 조립하는지 모르는데!' 마음속으로 생각했지요. '나에게 매우 외로운 삶이 될 거야.' 딸이라면 이해할 수 있을 텐데, 아빠 없는 아들이라니 가슴이 무너져 내렸어요. 그리고 지금 저는 제가 기뻐한 대신 그런 감정을 느꼈다는 게 너무 미안해요. 그래서 아마 그때가 제일 안 좋은 시기 중 하나였을 거예요.

WAS가 아이들에게 미치는 영향과 관련된 두 번째 상황은 부부가 아이를 입양했던 경우인데, 연구에 참가한 여성 중 상당수가 여기에 해당되었다. 엄마들은 어린 나이에 이미 한 번 커다란 상실을 경험한 입양 아동을 극도로 보호하려 든다. 그리고 그들은 아이들이 두 번째의 심각한 혼란을 경험하는 것을 막지 못했다는 것에 대해 매우 슬퍼한다. 보니의 결혼생활은 십 년 전에 끝났지만 그녀의 딸에게 가해진 부당함에 대한 충격을 얘기할 때면 아직도 목소리가 떨린다.

> 저는 제 딸에게 굉장히 집중했어요. 제가 얼마나 상처받았는지 방금 얘기했지만, 그가 내 딸에게 한 짓에 대해 생각하면 훨씬 아파요. 저는 어른이고 이 아이는 이미 두 명의 부모에게 버림받고 모국을 떠나 우리에게 온 거잖아요. 그리고 제가 그녀에게 바랐던 일은 이런 게 아니었어요. 그 애는 두 살이었는데 그 어린 나이에 이런 일을 겪어야 하다니.

브리아나와 그녀의 남편은 두 번째 아이를 입양하려는 과정이었고 그가 떠났을 때 가정방문을 막 마친 상태였다. 세 살짜리 여자아이의 엄마인 브리아나는 자신의 딸에게 미칠 영향을 걱정했다.

> 내 딸에게 이런 일이 일어나게 한 것에 대해 저는 굉장한 슬픔과 죄책감을 느꼈어요. 제일 무거웠던 생각은 이것이 그녀에게 어떤 의미

를 지닐까 하는 것이었어요. 입양되어야 했던 그 애는 더 좋은 삶을 약속받았어야 했어요. 그 애는 마약중독자의 아기였고 그녀의 생모는 생부가 누군지 몰랐어요. 그 아이는 이 사실은 물론이고 양아버지가 그녀를 데려온 지 2년도 채 되지 않아 도망갔다는 사실과도 씨름해야 할 거예요. 제 느낌에는 그녀가 결국엔 이 상황의 타이밍에 대해 스스로를 탓할 것 같아요.

죄 없는 아이에게 가해진 피해에 대한 분노는 어떤 여성들에게는 '엄마 호랑이'의 자세를 취하도록 한다. 자기에게 입힌 피해에 대한 남편의 비난에 대응해 스스로를 지키는 것보다 아이의 권리를 위해 싸우는 것이 훨씬 쉽다.

아이들과 관련된 세 번째 상황은 자신이 아이를 낳지 않았지만 새엄마로서 남편의 아이를 키우는 데 일조했을 때다. 결혼생활이 끝나면, 버림받은 아내는 종종 '황무지'에 놓이게 되는데, 그 아이들과 더 이상 아무런 공식적인 관계가 없게 되는 것이다. 만약 아이들이 어리다면, 그들이 엄마 집, 아빠 집, 새엄마의 집을 전전할 것을 기대할 수 없고, 그래서 새엄마는 자연스럽게 밀려난다. 만약 아이들이 성인이라면, 그들은 새엄마를 가족행사에 초대하지 않음으로써 갈등을 피하려 들 수도 있다. 이 여성들에게 아이들 그리고 손자들과 더 이상 편안한 가족관계를 가질 수 없다는 것은 막대한 손실이다.

전쟁터에서의 공동양육

이혼 분야에서 일하는 사람들은 이혼 가정의 아이들이 건강하게 발달하고 있다는 가장 좋은 증거는 부모의 갈등이 적다는 점이라는 걸 안다. 그러나 전 과정이 수류탄을 던지는 것에서 시작됐을 때 이것은 먼 나라 얘기가 된다. 콜로라도 볼더의 이혼 중재자인 토마스 스미스 박사는 '양육권 싸움'이 실제 전쟁에서의 전투에 대한 비유를 포함한다고 썼다.

- 이혼하는 부모는 전쟁에서의 두 적군과 같다.
- 아이들을 차지하는 것은 영토를 차지하는 것과 같다.
- 양육권에 대한 판결은 전쟁에서 벌인 전투의 결과와 같다.
- 아이들에게 나머지 부모에 대한 선입견을 심어 주는 것은 전쟁에서의 선전활동과 같다.
- 아이들의 고통은 전쟁에서 폐허가 된 영토의 피해와 같다.

나는 이 장의 제목에서 '부수적 피해'라는 전쟁에 대한 은유적 표현을 사용했다. 이것은 의도된 결과에 대한 비의도적인, 우연히 일어난 피해를 뜻한다. 이혼과정에서 아이들을 해치길 원하는 사람은 아무도 없다. WAS에 직면했을 때 공격과 후퇴의 모습에서 벗어나기 힘들지만, 아이를 건강하게 키워야 하기 때문에 당신은 남편과 휴전하고 중립적으로 행동할 수 있을 만한 방법을 찾기 위해 노력할 것이다.

아이들은 부모 두 명 모두에게서 자신의 정체성을 얻고, 부모의 신체적 특징을 빼닮은 것만큼이나 엄마와 아빠 모두의 성격적 특징 또한 가지고 있다. 아이들에게 당신의 전남편을 나타내는 방식은 그들에게 아빠에 대해 말해 주는 것만큼이나 당신에 대해서도 말해 준다. 그리고 아이들이 아빠가 저지른 잘못을 모두 이해하지 못할지라도 훗날 어른의 눈으로 정확하게 평가할 수 있을 것이다. 그 과정에서 당신은 아이들이 아빠를 망쳤다는 이유로 당신을 미워하게 되는 것을 원하지 않을 것이다.

정신적으로 건강한 어른이 되기 위해서 아이들은 부모의 인간적인 결점을 받아들여야 하지만, 자라나는 어린아이로서 그들은 부모와의 견고한 관계를 필요로 한다. 역설적인 점은 그러한 관계를 가능하게 하려면, 남편에 대한 증오와 그의 인격에 대한 실망에도 불구하고 아이 아빠와의 유대를 긍정해 줘야 한다는 것이다. 당신은 차분히 앉아 당신 인생에서 이 까다로운 부분을 어떻게 헤쳐 나갈지, 어떻게 해야 당신이 한 결정에 대해 수년 뒤 돌아봤을 때 자랑스러울 수 있을지 오랫동안 끈질기게 생각해 봐야 한다.

이 과정의 첫걸음은 아빠가 왜 떠났는지에 대해 아이가 아빠와 관계를 유지할 수 있을 만한 해명을 대충이라도 꿰어 맞춰 주는 것이다. 정말이지 당신을 강타한 쓰나미로부터 아이를 보호한다는 것이 불가능한 일이라는 걸 알지만, 최소한 피해를 가중시키지 않는 것을 선택할 수는 있다. 당신이 제시한 해명은 밋밋해 보일 수도 있지만 대포를 꺼내는 것보다 낫다. 당신은 "아빠는 거짓말쟁이에다 사기꾼이고 그의 여자친구는 매춘부야."라고 너무나도 말하고 싶겠지만 그러지 말라. 반면, "우리는 그냥 멀어져서 헤어지기로 했어." 같은 해명은 말하다가 목에 걸릴 테니 이것도 추천할 만한 것은 아니다.

내 생각에 아이들은 붙잡을 수 있는 최소한의 사실을 필요로 한다. 그러니까 비록 몸속의 세포 하나까지도 육두문자를 사용하라고 소리 지르고 있겠지만 어쩌면 이렇게 말하는 것이 현명할 수도 있다. "너희 아빠가 결혼생활을 끝내기로 마음먹었고 집을 나갔어. 아빠는 오랫동안 행복하지 않았다고 해. 지금까지 나에게 그걸 말해 주지 않았어. 나는 그걸 알지 못했어. 그래서 나는 무슨 일이 일어난 건지 이해하려고 노력 중이야. 이걸 해결하는 동안 나는 좀 난장판이 될지도 몰라. 그렇지만 최대한 빨리 마음을 진정시키겠다는 걸 약속할게. 아, 그리고 아빠가 다른 여자랑 같이 살고 있다는 걸 너희가 알아야 할 것 같다."

물론, 이 책을 읽고 있을 때쯤엔 당신은 아이들에게 온갖 얘기를 했을 것이다. 그렇다 해도 만약 당신 입에서 나오는 말들이 약간의 편집을 요한다면 그렇게 하기에 아직 늦지 않았다. 이미 말한 것들을 다시 주워 담을 수는 없지만 훗날을 위해 당신의 행동을 수습할 수는 있다.

몇몇 아버지들이 자신의 아이들에게 거리를 둔다는 사실은 의심의 여지가 없다. 이것이 아무리 당신의 마음을 아프게 할지라도 남편의 선택에 대해 당신이 할 수 있는 건 거의 없다. 단지 그와 아이들과의 접촉을 그에게 소리 지르는 기회로 삼지 않도록 주의하

라. 그가 아이들을 데리러 올 때마다 당신과 싸워야 한다면, 당신은 자신도 모르는 사이 그와 아이들 간의 관계를 훼손하는 셈이고 그가 아이들과의 관계를 포기할 가능성이 높아진다.

만약 당신의 남편이 아이들의 삶에 관심이 없다는 걸 확실히 표현한 상태라면 그것에 대해 당신이 할 수 있는 최선은 아이들에게 아빠가 그들 때문에 떠난 것이 아니라는 걸 강조하는 것이다. 아빠가 '우리'를 떠났다는 표현은 자제하라. 비록 도망간 남편 중 몇몇은 정말로 가족 전체로부터 달아나기도 하지만, 그가 도망치려고 하는 주요한 사람은 아내임이 틀림없다. 그가 버리고 간 것에 당신뿐만 아니라 아이들도 포함된다면 그가 좀 더 비열해 보이고 당신 기분이 좋아질 수는 있겠지만, 당신 아이들은 아빠가 연락을 계속하면서 자기들에게 관심을 가지기를 바랄 것이다. 그러니까 아빠가 떠난 것은 당신이지 아이들이 아니며, 만약 그가 그들에게 연락을 하지 않고 있다면 그건 아마 당신을 마주할 용기가 없기 때문일 것이라는 걸 명확히 해 주는 게 좋다. 그리고 그가 아이들과 자주 연락하지 못하는 것을 두고, 그가 형편없이 행동했음을 세상에 보여 주는 증거로 사용하고 싶은 유혹을 물리쳐라. 그가 당신한테 한 짓만 해도 충분히 끔찍하다. 아이들까지 끌어들이지 않으려고 노력하라.

소름 끼치는 아빠

청소년 혹은 성인자녀들과 관련한 상황에는 예상 밖의 비틀거림이 기다리고 있다. 어린아이들과 마찬가지로 그들은 부모의 이혼에 속상해하며 엄마에 대해 걱정한다. 그러나 더 나이를 먹은 성인자녀들은 아빠의 은밀한 성적인 측면에 대해 알고 있고, 대다수는 그것으로 인해 소름이 돋았다고 대답했다. 자신보다 몇 살밖에 많지 않은 여자친구에 대한 아빠의 흥분을 마주하게 되면, 그것의 열렬함에 그들은 위협을 느낀다. 아이들은 '엄마와 아빠'를 그저 부모로만 인식하고 싶어 한다. 대부분의 가정에서 부모 간의 성적인 관계는 대체로 숨겨져 있다. 이제 아빠가 갑자기 달라붙는 바지를 입고 눈을 반짝인다. 아이들은 그를 새롭고 충격적인 관점에서 보지 않을 수 없고, 그것은 마음에 들지 않는다. 그들은 아빠가 자신의 친구들을 만났을 때 무슨 생각을 하는지 상상하게 된다. 내 친구들에 대해서도 성적인 생각을 하고 있지 않았을까? 결과적으로, 그들은 더 이상 예전에 그랬던 것처럼 순수하게 아빠를 믿을 수 없으며, 그것은 돌이키기 어려운 단절이 된다.

앞에서 나온 17세의 알렉산드리아와 같은 청소년과 성인자녀들은 아버지와의 오랜 관계를 쌓아 가려는 단계에서 아버지가 엄마를 떠날 때 큰 상처를 입게 된다. 그들은 부모님의 행복하고 안정적인 결혼생활조차 눈 깜짝할 새 무너질 수 있다면, 미래의 자기 배우자가 바람을 피우지 않고, 떠나지 않을 거라고 어떻게 확신할 수 있는지 반문한다. WAS의 몇몇 성인이 된 자녀들은 "남자를 끊었다.” “절대 결혼하지 않을 것이다.” 혹은 “아이를 낳은 뒤 남편이 배신할까 두렵다.”라는 대답을 하였다. 요즘 젊은이들은 인간관계를 신뢰하는 것을 어려워하는데, 예상치 못한 버림받음으로부터 자신을 보호할 길이 없다고 느낀다면 그것은 훨씬 더 어려워질 것이다.

'드라마처럼 되지 않기!' 맹세

WAS로부터 아이들이 회복하는 걸 도울 수 있는 가장 좋은 방법은 스스로 강해지는 것이다. 여우비 단계에서 좋은 날과 나쁜 날을 오가는 지금이 바로 '드라마처럼 되지 않기!' 맹세를 할 타이밍이다. 무언가 속상한 일이 생길 때마다 당신은 그 분노를 증폭시키거나 가라앉히기를 선택해야 할 것이고, 이때 스스로에게 “드라마처럼 되지 않기!”라고 말하는 것이다. 그리고 단순함과 안정성의 길을 걸어라. 남편이 하는 모든 행동을 색안경을 끼고 최대로 안 좋게 해석하는 것을 피하라. 만약 그가 딸의 생일을 맞아 비싼 선물을 사 줬다면, 당장 화를 내며 그것을 아이들을 '매수'하려는 행위라고 말하기보다는, 그 선물이 정말 사랑의 표현이었을 가능성을 열어 두어라. 새로운 빛을 향해 가기 위해 드라마를 뒤로하는 선택을 하게 되는 것이다.

14
SWAP 여성들의 묘책 보따리

남편이 떠난 지 몇 달쯤 지난, 춥지만 맑은 겨울날에 나는 맡겼
던 차를 가져오려고 정비소에 가는 길이었다. 나는 그늘에서 걷다
가 햇볕을 쬐러 반대편으로 건너갔다. 반대편 도로에 올라섰을 때
무언가를 깨달았다. 만약 남편과 같이 있었다면, 나는 그늘진 쪽에
있어야 했을 것이다. 왜냐하면 그는 의학적인 문제로 햇볕을 쬐면
안 됐기 때문이다. 내 얼굴에 닿는 볕을 즐기면서, 이 순간이 지금
내 인생에서 일어나고 있는 변화에 대한 비유라는 사실에 대해 생
각했다. 나는 그늘에서 볕으로 돌아가는 중이고 남편을 위해 했던
크고 작은 일상적 희생에서 해방되었다는 사실을 실감하였다.

이른 봄 단계에서는 겨울의 흔적과 당신이 겪은 고통이 아직 남
아 있지만, 당신이 변화를 받아들일수록 새로운 기회들이 꽃필 것
이다. 당신은 쓰나미 속에서 목숨을 부지했고, 토네이도를 견뎌 냈

으며, 뇌우를 무사히 헤쳐 나갔고, 눈보라를 버텨 냈고, 안개에도 불구하고 계속 나아갔으며 우산 속에서 여우비를 피하는 지금 희망을 갖기 시작한다. 인생이 바뀌어 버린 지 아마 일 년, 혹은 이 년 정도 지났을 것이다. 회복에는 시간이 걸린다. 이른 봄 단계에 도달할 때쯤이면, 당신은 '그 일'에 대해 하루에 몇 번이고 생각할지 모르지만 더 이상 그렇게 심하게 집착하지는 않게 될 것이다. 격렬한 통증은 대부분 지났을 것이다. 다시 규칙적인 식사를 할 것이다. '앞으로 나아가기 위한 일곱 가지 단계'에서 당신은 여섯 번째 단계에 있는 것이다. 이제 당신의 눈을 과거에서 미래로 돌리자.

어쩌면 나처럼 당신은 남편의 떠남과 관련해서 생긴 긍정적인 면을 깨닫기 시작했을 수도 있다. 매일 밤 저녁식사를 준비하지 않아도 된다든가 침실을 라벤더 색으로 칠해도 된다든가 하는 명백한 장점들을 제외하고도, 좀 더 미묘한 좋은 점들이 드러나기 시작한다. 당신이 혼자 살아가는 것에 도전하면서, 자신이 생각했던 것보다 자신이 더 능력 있다는 것을 깨닫게 될 것이다. 당신이 배의 선장이 된 느낌을 즐길 수도 있다. 앞에서 남편이 준 메시지가 새겨진 시계를 사랑하게 된 계기에 대해 얘기해 줬던 41세의 조지아는 내가 양지로 건너간 순간과 비슷한 중대한 시점에 대해 얘기했다.

그가 떠난 지 오래 지나지 않았던 어느 봄날의 저녁, 저는 흔들의자에 앉아 있다가 거의 숨이 멎을 뻔한 어떤 분위기를 감지했어요. 아이들은 조용히 놀고 있었고 아무도 울고 있지 않았어요. 바깥에서 새소리가 들렸어요. 저는 그것을 그 안에 살고 있는 사람들이 모두 서로 사랑하는 집의 소리라고 생각했어요. 우리 집에 아주 아름다운 평화가 내렸죠. 그 순간에서야 내가 얼마나 남편이 보였던 나에 대한 반감을 내면화했었는지, 그리고 그것이 제 인식 밖에서 얼마나 오래 존재했는지 깨달았어요. 언제부터 그랬는지 기억도 안 나는데 오래 전부터 저는 제가 선천적으로 호감이 가지 않는 사람이라고 느꼈어요. 자신에 대한 반감의 내면화가 그로부터 발생하는 감정이라는 것을 전에는 전혀 깨닫지 못했어요. 동시에 그 순간의 평화를 지키기 위해 내가 얼마나 노력할지 또한 알았어요. 7년이 지난 지금까지도요.

어떤 일이 끝나고 그것을 다른 관점에서 바라볼 수 있을 때 비로소 그 일이 당신에게 어떤 영향을 미치고 있었는지 분석할 수 있게 된다. 조지아의 남편이 떠났을 때, 그녀는 비로소 오랫동안 괴롭히던 것이 무엇인지 콕 집어낼 수 있게 되었다. 그것은 그의 눈에 호감스럽지 않게 비춰진다는 것이다. 연구의 다른 참가자인 홀리는 남편과 함께 편두통도 사라지는 뜻밖의 기쁨을 맛보았다. "제 머리나 마음이 알기 전에 제 몸이 무언가를 먼저 알고 있었다는 걸 깨달았어요. 그 사람이 없는 편이 더 건강하다는 걸 알게 되었죠."

배신당한 이들의 묘책

여기서 나는 우체부의 역할을 할 것이다. WAS를 경험한 사람들은 그들이 무엇을 배웠는지에 대해 보내 온 메시지를 그대로 전달할 것이다. 힘겨운 시간을 보내기 위해서 했던 것들이 무엇인지를 묻는 설문지 질문에 SWAP 여성들이 응답한 묘책 보따리를 당신과 나누고 싶다.

제시된 묘책들은 폭로의 직후 적용되는 것도 있고, 회복 후기 단계에 해당하는 것들도 있다. 상관없다. 우리는 회복이 '앞으로 두 발짝, 뒤로 한 발짝'의 과정이라는 것을 알기 때문에, 다음 제안들은 어느 단계에서든 중요하다. 연구에 참여한 많은 여성은 다른 사람에게 도움이 될 수 있다는 사실이 그들을 기분 좋게 만들었다고 말했다. 묘책들에 대한 이야기를 하고 나서 연구 참여자들이 제시한 조언들에 대한 이야기로 넘어갈 것이다. 여기서는 당신에게 진정한 비타민 주사 역할을 할 것이다. 중간중간 웃음과 함께, 새로운 삶으로 향하는 당신의 발걸음을 돕게 될 것이다. 지혜가 풍부한 여성들이 제시한, 회복을 위한 묘책은 다음과 같다.

SWAP 여성들의 묘책 보따리

- 행복한 척했다. 완전 가짜처럼 느껴졌지만.
- 딸과 나를 위해 살사 댄스 수업에 등록했다.
- 마리안느 윌리암슨의 책 『일상의 은총(Every Grace)』을 읽었다.
- 스쿠버다이빙을 했다.
- 여성 작문 클럽을 만들어서 함께 <예술가의 길>을 작업했

다. 굉장한 해방구였다.

- 내가 '영화 치료'라고 이름 붙인 것에 심취했는데, 셀 수 없이 많은 순정 영화를 보는 것이었다.
- 솔직히 말해서, 이웃집 계약업자와 잠깐 재미를 본 게 의외로 도움이 되었다.
- 첨바왐바의 노래 〈Tubthumping〉(나는 쓰러진다. 그리고 다시 일어난다.)을 들었다.
- 한 친구가 내게 '행복' 일기를 보내 줬다. 인생을 살 만한 것으로 만들어 주는 것을 하루에 하나씩 쓰는 것이었다.
- 내 애완견에게 말을 많이 걸었다.
- 태어나서 처음으로 처음 보는 사람과 하룻밤을 보냈는데 그게 2년 반짜리 관계가 되어 버렸다(웃음).
- 친구들에게 더 노력했다. 내가 예전보다 더 좋은 친구가 될 수 있도록 했다.
- 내가 원하는 것에 집중하는 것이 도움이 됐다. 무엇이 나를 행복하게 하고 내가 그걸 어떻게 달성할 수 있는지.
- 글쎄, 내가 절대 하지 않는 한 가지가 있다면 못생긴 채로 침대에 들어가는 것이다. 사람들은 보통 일어나서 거울에 비친, 눈물로 얼룩진 얼굴, 정돈되지 않은 머리, 삼베 잠옷을 입은 자신을 보고 "이러니까 그 사람이 도망가지!!"라고 말한다. 정말 예쁜 잠옷을 사라. 향료를 푼 물에 목욕을 하라. 머리도 잘 빗고 화장도 약간 하고 잠자리에 들기 전에 자신의 모습을 감상하라! 침대에 누워 흐뭇한 기분으로 당신의 아름다움을 보

지 못할 모든 남자를 불쌍히 여겨라.

• 여행을 계획하라. 거창할 필요는 없고, 앞으로 기대할 일들을 만들어라.

• 비웃어라. 나중에 보면, 이 모든 게 터무니없이 웃기지 않은 가?

• 〈사인펠드(Seinfeld)〉*를 봤다.

• 추리소설을 많이 읽었다.

• 남편이 나간 지 일주일 뒤 사회복지 석사과정을 시작했다. 반 학생들이 자기들이 배운 걸 나에게 실습했다.

• 파워워킹을 많이 했다. 통제감을 느끼기 위해 이웃의 개를 빌 리는 짓도 했다. 그 뒤 셰퍼드를 한 마리 샀다. 그 개는 내게 필요한 것이 자신감 있는 리더라는 것을 알게 했다. 그것을 가 능한 한 자주 상기하려고 한다.

• 볼링!

• 기회가 될 때마다 스키를 탔다. 스키는 나를 구원해 줬다. 스 키를 타면서 울고 흐느꼈고, 눈물이 내 얼굴에 얼어붙었지만 계속 나아가라고 스스로를 다독였다. 한 발 앞에 다른 발을 내 딛고 그저 계속 나아가라고.

• 이상하게도, 내가 한 일 중 제일 잘한 건 무술 수업에 등록한 것이었다.

---

* 유명한 코미디 시트콤.

- 기도를 많이 했고 믿음을 찾았다. 상황이 견딜 수 없어질 때 때때로 나는 그저 눈을 감고, 한쪽으로 머리를 대고 내가 하느님의 어깨에 기대고 있다고 상상하며 그가 몇 분간이라도 내 걱정을 모두 가져가 준다는 상상을 했다.
- 현재에 산다.
- 태어나서 처음으로 도움을 청했다. 예전에 나는 도움을 청하는 사람이 아니었다.
- 전화기가 내 친구가 되었고 나는 그것을 뻔뻔하게 이용했다.
- 진지한 명상과 요가를 시작했다.
- 자연을 감상하고 뒤뜰의 작은 새들과 꽃, 나비를 봤다.
- 모든 고통과 상처를 들이마시고, 사랑, 용서, 연민을 내쉬는 훈련을 하였다.
- 확신이 도움이 되었다.
- 억지로라도 긍정적으로 생각하도록 노력했다. 심지어 그와 상대해야 했을 때에도, 정중하게 행동하도록 스스로를 통제했고 나중에는 자연스러워졌다.
- 웃고, 웃고, 웃어라!
- 나는 내 하루를 작은 부분들로 나눈 다음, 각각의 부분을 견디는 것에 집중해야 했다.
- 매일 밤 잠자리에 들 때 나는 이렇게 말했다. "하느님, 오늘밤도 당신의 손에 맡깁니다. 저는 이제 자러 갑니다."
- 내 좌우명은 "이것 또한 지나가리라."였다.
- 한 친구에게서 얻은 팁은 자신만의 TV쇼의 주인공이 되라는

거다. 메리 테일러 무어*(혹은 당신이 좋아하는 TV 캐릭터)처럼 용감하게 앞으로 나아가는 자신을 상상하고, 자신만의 해피엔딩을 만들거나 슬픈 부분들은 미화해 보라. 어느 정도 거리를 둘 수 있게 된다.

- 일기를 쓰는 것이 회복에 도움이 되었다.
- 내가 받은 모든 초대에 응했다.
- 페이스 북을 발견했고 가입한 지 몇 주 만에 현재 친구들은 물론이고 예전 직장에서의 친구들, 대학 친구들, 그리고 심지어 고등학교 친구들하고까지 연락이 닿게 되었다.
- 결혼반지를 발가락 반지로 만들었고 속상할 때마다 발을 짓눌렀다.
- 가장 낮은 곳에 있다고 느꼈을 때 내가 다른 사람을 위해 해 줄 수 있는 일에 대해 생각했다.
- 『다시, 혼자(On Your Own Again)』라는 책을 읽었고 매우 유용했다.
- 멜로디 비티가 쓴 『내려놓음의 언어(The language of Letting Go)』라는 책을 읽었다.
- 내가 처음으로 한 일은 하이킹과 모험 클럽에 가입하는 것이었다.
- 집을 리모델링했다.

---

* 1970년대 미국의 <메리 테일러 무어 쇼>의 여배우.

- 펑크 음악, 아레사 프랭클린, 제임스 브라운, 다수의 니카 코스타 노래와 옛날 칵테일 바 음악을 들었다.
- 운전을 배웠다.
- 머리를 매우 짧게 잘랐다.
- 리더십 교육 단체인 토스트 마스터즈에 가입했다.
- 집안 유지관리 기술을 배우기 위해 홈디포에서 열리는 워크숍에 참석하기 시작했다.
- 결국 가장 치유가 되었던 일은 임신이었다.
- 내가 키우는 애완견들과 함께 애완견 경진대회에 참가해서 실력을 겨루었다.
- 일주일에 한 번씩 요가를 한다. 아주 재미있다! 춤을 추기 시작했다. 아주 재미있다!!
- 의대 입학시험을 준비해서 의대로 들어가겠다고 6월에 결심했다.
- 두 개의 합창단에서 노래를 하고 여러 노인정에 가서 피아노를 쳤다.
- 연극 동호회에 가입하겠냐는 제안을 수락했다. 나는 연극을 항상 좋아했었다.
- 유머감각이 내 회복에 큰 도움이 되었다. 내가 기억하기로 그의 고백 뒤에 나는 『사랑해, 그러니까 노력해 봅시다(*I Love You, Let's Work It Out*)』라는 책을 도서관에서 빌렸었다. 내가 그 책을 빌린 지 얼마 지나지 않아, 그는 집을 나갔다. 그래서 나는 우리 동네 도서관에 돌아가서 그 책을 반납통에 넣어 두고

『나를 떠날 거면 글로 말해(*If You're Leaving Me, Put it in Writing*)』라는 책을 빌렸다. 이 상황이 너무 웃겼다.

그래, 인정하겠다. 'SWAP 여성들의 묘책 보따리!'를 쓰면서 나조차도 울었다. 강해지고 건강해지기 위한 우리의 모든 노력과 용기에 대해 생각하니까 눈물이 터져 나왔다. 당신들은 모두 아주 훌륭하다! 계속 그렇게 싸워 나가라!

그래서 내 묘책은 무엇이었냐고? 대부분의 참여자처럼 나도 마치 인생이 걸린 것처럼 체육관에 다니기 시작했다. 내 영혼이 괴로운 상태에 있었기 때문에 체육관에 가기 위해 스스로를 다그쳐야 했지만, 이어폰에서 쿵쾅대는 록음악을 들으면서 러닝머신을 뛰는 것은 매우 기분이 좋았다. 그 많은 운동 덕분에 몸무게가 많이 줄었고, 몸매도 좋아졌다. 그것도 살맛나는 일이었다. 하지만 그것들은 2차적인 것이었다. 가장 좋았던 것은 신체적인 해방감이었다.

처음에는 십자말풀이와 조각퍼즐을 하며 길고 조용한 밤들을 보냈다. 하지만 그때 나는 생각치 않았던 일을 벌였다. 태어나서 처음으로 나는 자유로웠고 홀가분했는데 내가 한 일이란 무엇이었는가? 나는 태어난 지 8주 된 강아지를 데려왔다. 래브라도나 레트리버 같은 보통의 차분하고 명랑한 개가 아니라 잭러셀 잡종을 얻었다. 만약 당신이 개에 대해 안다면 잭러셀들이 매우 열정적이라는 것을 알 것이다. 그들은 정말 똑똑하고 걷잡을 수 없이 유쾌하며, 끝이 없는 에너지를 가지고 있다. 클로이를 데려온 지 얼마 되지 않았을 때 자신을 진정시키고자 한, 이 말도 안 되는 결정에 대해 한 미용사와 얘기를 하였다. 그녀는 사랑이 넘쳐서 우리가 강아지와 고양이를 키우는 것이라고 말했다. 우리는 사랑을 주고 싶어 하고, 그걸 받아 줄 누군가가 필요하다는 것이다.

애완견 클로이가 내 삶에 등장한 이후 많은 일이 좋게 풀렸다. 나는 클로이를 훈련시키고 산책시키느라 바빴는데, 덕분에 나는 전과는 다른 방식으로 이웃사회에 편입되었다. 모든 이가 클로이를 알았고, 그래서 모든 이가 나를 알았다. 나는 개 주인들의 모임에도 가입했는데, 우리는 매일 밤 아홉 시 공원에서 만나 개들이 뛰어노는 것을 지켜보며 이야기를 나누었다. 나는 그 어떤 애완견보다 클로이를 사랑했고 클로이는 나를 미소 짓게 만들었다.

그러나 내가 저지른 정말 뜻밖의 일은 여성 아카펠라 합창단에 가입한 것이었다. 내 목소리는 끔찍하고 내가 입을 열 때마다 우리 가족들은 나를 놀리곤 했다. 6개월 전에는 그 누구도 내가 매주 수요일 밤 교회 지하실의 합창단에서 노래를 부르고 있으리라고는 상상조차 하지 못했다. 그렇지만 합창단은 내가 한 일에서 가장 의미 있는 일 중의 하나였음이 밝혀졌다.

내가 참석한 첫 번째 리허설에서, 합창단에게 새로 배울 노래가 주어졌다. 〈저기 내 사랑이 떠나네〉라는 노래였는데 사랑하는 남편이 집을 나가 여자친구와 동거를 시작한 여자에 대한 노래였다. 농담이 아니다. 나는 '그래, 뭐, 여길 그만둬야겠다. 죽어도 이 노래는 못 부르겠다.'라고 생각했다. 그러나 나는 매주 단상에 올라서서 노래했고 내가 울기 시작하면 누군가 농담을 하거나 내 손을 꽉

잡아 줬다. 나는 계속 노래를 불렀다. 그 노래를 백 번째로 부를 때쯤이면 다 나아 있을 거라고 생각했다. 그래서 나는 노래하는 데 온 마음과 영혼을 쏟아부었고 표현력을 늘리려고 노력했는데, 지금은 그 노래를 부르는 것이 그다지 아프지 않다.

합창단은 매주 만난다. 그 두 시간 반 동안은 다른 사람들과 조화를 이루기 위해서 나 자신에 대해 잊어야 한다. 거기 있는 모든 여성들에게도 자기 문제가 있기 때문에 침울하게 다닐 수만은 없었다. 그런 행동은 다른 사람들도 우울하게 만들기 때문이다. 하지만 우리가 노래를 시작하면 마법 같은 일이 벌어진다. 음악을 만들어 내는 것처럼 치유가 되는 게 또 있을까? 그리고 덧붙여 말하자면 내 목소리도 좋아지고 있었다!

대부분은 'SWAP 여성들의 묘책 보따리!'에 언급된 몇몇 여성들처럼 임신을 하거나 집을 리모델링하거나 의대 학위를 위해 학교로 들어갈 수는 없다. 그렇지만 우리는 모두 노래하고, 춤추고, 그림을 그리고, 책을 읽고, 산책하고, 볼링을 하고, 칵테일 바 음악을 듣고, 당신의 혈기왕성함을 느끼게 해 주는 무언가를 할 수 있다. 당신을 막을 사람은 아무도 없다!

친애하는 애비(그리고 베티와 수잔과 캐롤)

앞의 목록은 여성들이 사용한 요령이 무엇이었냐는 질문에 대한 답변이었다. 이제는 당신과 같은 처지에 있었지만 회복의 기로에서 조금 더 나아간 SWAP 참여자들이 약간 더 심오한 의견을 제시할 것이다. 그들이 깨달은 삶에 대한 진리와 어떻게 살아가야 하는지에 대한 것들 말이다. 이 생각들은 당신이 위기를 넘기는 데 도움이 될 것이지만, 고통을 겪게 되는 삶의 어느 지점에서나 적용 가능하다.

조언의 첫 번째 흐름은 '시간이 해결해 줄 것이다.'라는 것이다. 이건 우리가 모두 이론적으로는 알고 있지만 마음에 상처를 입었을 때에도 이 생각을 하기는 쉽지 않다. 삶에서 알 수 없는 일들이 일어나고, 고통은 시간과 함께 옅어진다는 것을 깨달을 수만 있다면, 당신의 슬픔은 자포자기의 기미를 띠지 않을 것이다. 만약 당신이 항상 비참할 것이고 행복한 날이 단 하루도 없을 거라고 믿는 쪽을 선택한다면, 당신은 방향을 잘못 잡은 것이다. 정말로 고통스러울 때, "내 인생이 절대 좋아질 수 없을 거라고 느껴지지만, 마음 속 깊은 곳에서는 시간이 해결해 주리라는 것을 안다."라고 스스로에게 상기시켜라. 다음은 당신을 격려하기 위해 SWAP 참여자들이 보내는 메시지다.

> 견디세요. 생을 놓지 마세요! 이걸 기억하세요. 지금은 쓰나미에 휩쓸린 기분이겠지만 당신은 살아남을 수 있을 거예요. 그리고 하루는 그 해변을 걸으면서 당신을 더 강한 사람으로 만들어 준 것에 대해 바다를 축복할 수도 있을 거예요.

당신이 회복할 수 있을 거라고 사람들이 말할 때 '헛소리 하네. 나를 가만히 놔둬. 내 고통 속에서 뒹굴고 싶단 말이야.'라고 생각할지 모르겠지만, 당신은 더 나아질 거고 그것 때문에 더 강해질 거예요. 인생이 당신을 기다리고 있어요.

안전벨트를 매세요. 최소 첫 일 년 동안은 힘든 여정이 될 테니까요. 상황이 좋아지는 일이 직선처럼 될 거라고 생각하지 마세요. 상실감과 혼란감은 오랫동안 계속되고 쉬이 사라지지 않는답니다.

끔찍하고 어둡고 무서운 터널 같을 거예요. 하지만 그것을 느끼고 통과해 지나가세요. 끝에 빛이 있어요. 약속드립니다. 새롭게 드러나는 자신을 발견하세요. 변화해 가는 자신에 대해 당신도 놀랄 거예요. 스스로에게 더욱더 친절하고 사랑하고 관대해지세요.

"이것 또한 지나가리라."라는 조언에 대한 하위 조항은 당신이 회복할 시간을 가지라는 것이다. 전에도 한 이야기지만, 남들이 원하는 만큼 자신이 빨리 회복하지 못한다고 해서 당신이 실패했다고 느껴서는 안 된다는 얘기는 반복할 가치가 있다. 여기서 우리는 '피할 수 없으면 맞서야 한다.'는 격언을 기억하게 된다. 치유라는 것을 비유적으로 생각해 보면, 당신이 손을 베었을 때 당신의 몸이 그것을 고치는 데는 시간이 필요하다. 손상이 생긴 핏줄을 봉합하고 찢긴 세포조직을 회복하기 위해서는 어떤 과정을 거쳐야만 한다. 당장 당신이 내일 낫길 아무리 바란다 해도 회복에는 시간이 필요하다.

당신은 상처를 깨끗하게 관리하고, 푹 쉬고 잘 먹는 것으로 회복 과정이 빨라지게 할 수는 있지만, 회복을 위해 소요되는 최소한의 시간이 존재하고 이것에 대해서는 당신이 어떻게 할 수 없다. 그러나 당신은 시간의 흐름과 함께 회복의 진전을 목격할 것이다. 피부의 붉은 기가 점차 사라지고 부드러워지며, 딱지가 생긴다. 만약 몇 주가 지났는데도 상처가 나을 기미가 보이지 않는다면 그때는 전문가의 도움을 청해야 한다. 무언가가 신체의 자연적 치유 능력을 방해하고 있을지도 모른다. 이 비유를 우리의 상황에 맞춰 보자면, 만약 당신이 일 년 후에도 심각한 위기에 처해 있다면, WAS를 이해하는 상담자의 도움을 요청할 차례다.

같은 일을 겪은 여성들은 이 경험이 계속되는 자기연민에 대한 핑계가 되지 않도록 주의하라고 경고한다. 그중 몇은 '잘 사는 것이 가장 좋은 복수다.'라는 좌우명을 거듭 강조했고 자신이 할 수 있는 최선의 인간이 될 것을 격려했다. 다른 그 누구도 아닌 자신을 위해서 말이다. 다음은 그들의 이야기다.

> 당신의 복수는 아주 잘 사는 거예요. 그리고 자신을 가엾게 여기지 마세요. 즐거운 삶을 사세요!

> 정도(正道)를 따르세요. 그러면 모든 것이 단순해질 거예요.

절망에 빠지지 않도록 하고, 대신 스스로를 위해 더 좋은 삶을 꾸리려고 노력하세요. 억울해하기보다는 빛과 사랑을 믿으세요. 이 점이 가장 중요합니다.

그 일에 사로잡혀서는 안 돼요! 가끔 저는 제 인생의 좋은 면들, 제 아이들, 좋은 친구들, 가족들, 건강 등에 대한 목록을 만들어 보곤 했어요. 그리고 화나거나 슬프거나 안 좋은 기분이 들면 제 인생에서 그런 긍정적인 면에 대해 생각하고 거기에 집중하려고 했어요.

최대한 빨리 극복하세요. 울며 가슴 아파할 만큼의 가치가 있는 남자는 세상에 없어요. 행복해지기 위해 온갖 노력을 하세요. 인생은 멋져요. 혼자라도 말이에요.

내가 정말 힘들 때, 이런 종류의 메시지가 가장 와 닿았다. 측은함은 내가 살고 싶은 인생의 방식이 아니라는 생각을 했고, 스스로에게 '척추에 강철을 붓고', 감정을 다스리고 굳건해지자고 되뇌었다. 척추를 바로 세우는 이미지가 도움이 되었는데, 이혼의 법적 절차를 밟으면서 남편과 대면해야 했을 때 특히 그랬다. 또한 나는 몸속 깊숙이 손을 넣어 용기를 좀 꺼내라고 스스로에게 말했다. 그 이미지는 내가 너무 징징대는 것에 익숙해지는 걸 막기 위해서도 사용되었다. 남편이 나에게 한 짓은 정말 형편없었지만, 인간 세상에 만연해 있는 잔인한 악행과 불의 앞에서는 한낱 작은 일에 지나지 않는다는 것을 늘 기억하려고 했다. 그 관점을 유지하는 것이 도움이 되었다.

마지막으로 SWAP 여성들이 전하고 싶은 또 하나의 메시지가 있다. 그것은 자신을 믿으라는 것이다. 당신이 어떤 사람이며 얼마나 가치 있는 사람인지 기억하고, 다른 사람들이 당신을 사랑한다는 것을 받아들이고, 완벽하지 못했던 자신을 그만 몰아붙이고, 당신이 그런 대우를 받을 이유가 없다는 것을 알라. 당신은 이것을 스스로를 벌하는 기회로 삼아서는 안 된다. 스스로를 사랑으로 대해야 한다. 그들은 다음과 같이 말했다.

> 자존감을 지키세요. 이건 당신의 잘못이 아니었고, 그걸 막기 위해 당신이 할 수 있는 일은 없었어요. 이건 당신 때문이 아니니까 자책하지 마세요.

> 힘을 내세요! 무슨 일이 생기든 자신을 믿으세요.

> 스스로를 돌보세요! 당신이 어떤 사람으로 변했는지 발견하세요.

> 당신이 나쁜 사람이 아니라는 것을 믿고, 우리는 모두 최선을 다한다는 것과 우리는 모두 살아 있을 자격, 좋은 인생을 살 자격이 있다는 것을 믿으세요.

> 제 생각에 가장 중요한 것은 일어나는 일들에 대한 자신의 감정을 믿

는 것 같아요. 자신을 믿는 것은 단단한 땅으로 돌아가기 위한 첫 걸음이에요.

나는 이 훌륭한 조언들에 동의하며 당신이 이 현명한 여성들의 말에 귀 기울일 것을 바란다. 그들의 조언은 이 시점에서 실행에 옮기기 어려워 보일지도 모르겠지만, 값을 따질 수 없이 귀중한 것이고 당신이 정말로 향해야 할 방향, 즉 수용과 성장으로 당신을 이끌 것이다.

15
전환점

나는 모든 상황에는 장단점이 있다고 말하곤 했지만, WAS를 겪는 여성들이 남편이 떠남으로써 생긴 긍정적인 측면을 볼 수 있으려면 오랜 시간이 필요하다. 거기에 도달하지 못하는 사람도 있고, 많은 이는 좋은 일 몇 개 정도는 말할 수 있게 되는 한편, 놀라우리만치 많은 여성이 버려짐의 위기로 인해 그들이 편안한 결혼생활에 머물렀다면 절대 할 수 없었던 일들을 이루었음을 말하였다. 버림받은 아내들이 말한 긍정적인 일들은 크게 네 개의 범주로 나눌 수 있다.

① 남편의 비관적인 성향에서 해방되었다.
② 자신이 능력 있고 독립적이라는 것을 알게 되었다.
③ 자유롭다.
④ 전에는 생각지도 못했을 새로운 방향으로 나아가게 되었다.

남편이 떠나기 전까지만 해도 자신들이 얼마나 남편의 기분에 따라 눈치를 봤는지 많은 여성은 깨닫지 못했다. 그들은 남편이 사교적인 자리나 가족과 모였을 때 '불평쟁이'가 되는 것에 익숙해져 갔고, 그의 반감과 비판이 자아내는 긴장감을 견뎌야 했다. 한 여성은 남편이 "많은 일에서 재미를 세탁해서 없애 버렸다."라고 썼다. 결혼생활 동안 그런 부정적인 태도를 접하는 것은 '기정사실'이 었으나, 결혼생활이 끝났을 때 더 이상 그 검은 구름들을 대하지 않아도 된다는 사실은 아내에겐 정말 안심할 만한 일이었다. 다른 SWAP 참여자가 쓰길, "일 년이 지나고 난 뒤, 제가 얼마나 불행했는지, 남편이 얼마나 제 에너지를 소모시켰는지 깨달았어요. 십 년 묵은 체중이 내려간 느낌이었어요."

몇몇 여성은 그들의 아이들이 더 이상 매일 아빠의 짜증을 견디지 않아도 된다는 사실에 기뻐했고, 뇌우 단계의 혼란만 지나가면 집안 분위기는 더 유쾌해졌다고 썼다. 19년간 결혼생활을 한 46세의 루시는 이렇게 덧붙였다. "제 큰딸이 최근에 대학에서 돌아왔는데 친구를 데리고 왔어요. 그들은 닷새 동안 머물렀어요. 평화롭고, 웃음이 끊이지 않고, 유쾌한 방문이었어요. 그가 아직 여기 있었다면 절대 불가능했을 거예요. 우리 집에 찾아온 평화에 감탄할 수 있을 때까지 거의 2년이 걸렸어요."

남편이 떠났을 때 몇몇 여성이 처음에 느꼈던 공포는 자신들이 살아가는 데 필요한 복잡한 임무들을 수행하지 못할 것이라는 느낌에서 비롯되었다. 예를 들면, 몇몇은 한 번도 수표책을 결산해 본 적이 없었고, 집주인과 임대조건을 협상해 본 적도 없었으며, 자동차의 엔진오일을 바꾸어 본 적도 없어서, 이런 일은 자신의 능력 밖이라고 생각했던 것이다. 도망친 남편들이 그들의 아내를 도와주는 일은 거의 없으니, 여성들은 갑자기 생전 처음 해 보는 과업들과 마주하게 되었다. 도와주는 가족이나 친구가 없는 이상, 그들은 요령을 터득해서 홀로 헤쳐 가야 했다.

대부분은 이러한 일들이 그다지 어렵지 않은 일이라는 것을 알게 됐고, 그것들을 완벽히 해냈을 뿐만 아니라 어쩌면 그들의 남편보다 더 훌륭하게 해냈다. 아이가 셋인 40세의 테리는 스스로의 재주에 아주 기뻐했다. "잔디 깎는 기계의 플러그가 맞지 않아서 잔디를 깎는 도중 자꾸만 빠지던 코드를 교환했거든요. 제가 이런 걸할 수 있는지 전엔 몰랐어요!" 나와 비슷한, 한 번도 혼자 살아본 적 없는 여성들은 끊임없이 남편과 어떤 조건을 협상해야 할 필요 없이 스스로 일을 해치우는 것을 만끽하게 되었다.

당신이 할 수 없을 거라고 생각했던 무언가를 해냈을 때 자부심이 쌓인다. 나는 "손이 닿는 거리보다 더 멀리 팔을 뻗어야 한다."라는 격언을 매우 좋아한다. 현재 자신이 지닌 능력에서 벗어난 일들을 해 보려고 도전해야 한다는 뜻이다. 한계를 밀어붙여야 성장할 수 있기 때문이다. 갑자기 홀로 남겨졌을 때, 당신은 스스로의 인생을 다시 설계하는 기회를 마주해야만 한다. 마지막에는 자신을 자랑스럽게 여기게 될 것이다. 우리는 절벽의 끝까지 가 봤고, 심연을 내려다보았으며 빛으로 다시 걸어왔고 변화되었다. 우리는 스스로에 대해 우리가 자신의 인생을 지키는 싸움꾼이라는 것, 그리고 그 힘을 자랑스럽게 여긴다는 것을 배웠다. 이것은 누구도 우리에게서 빼앗을 수 없는 것이다.

이른 봄 단계와 그 이후에 있는 여성들이 자주 얘기하는 긍정적인 정서는 자유로움의 순수한 만끽이었다. 대부분은 아무리 완전한 자유라고 해도 배우자와의 친밀한 관계와는 바꾸지 않을 것이라고 말했지만, 어차피 이런 자유를 강제로 떠맡게 되었으니 그것을 한껏 즐겼다. 결혼생활이 끝난 지 십 년도 더 지났는데 자진해서 SWAP에 참여한 레아는 시간이 많이 지난 덕분에 그녀 인생에서의 변화를 한 발짝 떨어져 분석해 볼 수 있었다.

> 다른 사람이 좋든 싫든 간에 저는 제가 살고 싶은 대로 살아요! 그게 바로 재미있는 부분이죠! 세 살 먹은 제 손녀 레베카를 보면, 그 애는 꾸밈없는 그녀 자신의 모습이에요. 그리고 이런 생각을 하게 돼요. '그 애는 아무것도 구속받지 않고 자유롭고 자연스러워. 그건 너무 멋진 일이야.' 제가 느끼는 바도 같아요. 난 내가 하고 싶은 걸 하고, 뭔가가 마음에 들지 않는다면 그렇다고 말할 거예요. 더욱더 자유로울 수 있다는 점이 참 좋아요.

레아는 또한 남편과 하는 여행과 비교했을 때 친구들과 하는 여행이 얼마나 여유로운지를 비교했다. "친구들이랑 여행할 때 만약 우리가 길을 잘못 들었다면, '아차, 잘못 왔구나! 이제 우리는 목적지에서 두 시간 더 멀어져 버렸어.'라고 말하죠. 그런 다음 웃으며

'뭐, 할 수 없지. 커피나 한잔 마시자!'라고 말해요."

레아는 자신이 느끼는 자율성에 대한 기쁨을 묘사했는데, 이 기쁨은 사람들을 만족시키려는 성향이 몸에 배어 있는 많은 아내가 경험하지 못하는 것이다. 우리 여성들은 자신의 것을 제외한 다른 사람들의 욕구를 만족시켜 주는 데 재능이 있다. 주변에 아무도 없을 때, 우리는 비로소 예전에는 무시하고 살았던 우리 내면의 작은 목소리들을 들을 수 있게 된다. 그 목소리는 우리에게 우리가 다른 사람을 돌보는 것처럼 스스로를 돌보는 것이 죄가 아니라고 속삭인다.

홀로 살아가려면 우리는 어쩔 수 없이 더 독립적으로 사고해야 한다. 짐을 나누어 들 수 있는 사람이 없기 때문에 우리가 내린 결정에 대해 책임을 져야 한다. 그 결정이라는 것에는 어디에 살지, 어떤 변호사를 고용할지, 그리고 타고 다니던 자가용을 바꿀 것인지 같은 중요한 결정들과 어떤 식당에 갈지, 휴가를 어디로 갈지와 같은 작은 결정들이 포함된다. 덧붙이자면, 여성들은 더 이상 슬금슬금 남편의 눈치를 보지 않아도 된다. 수많은 여성이 누구에게 설명할 필요 없이 원하는 것을 살 수 있어서 기뻤다고 썼다.

우리는 SWAP 참여자들이 말한, 전에는 전혀 생각지도 못했을 새로운 방향으로 나아가게 된 마지막 긍정적인 결과에 대해 얘기할 것이다.

상자 밖으로 나가기

  햇볕이 잘 드는 쪽으로 길을 건넜던 사건은 내 회복에 있어 작은 전환점이라고 할 만하다. 전환점이란 인생에서 결정적인 변화가 일어나는 순간이다. 어떤 사건의 결과가 될 수도 있다. 예를 들어, 당신 남편이 불륜을 저지르고 있다는 결정적인 단서를 얻은 순간이든가 아니면 여러 생각 끝에 눈에 쓰이었던 콩깍지가 떨어지고 갑자기 세상이 다르게 보이는 것일 수도 있다. 전환점들은 중대할 수도 있고(불륜에 대해 알게 된 것) 사소할 수도 있다(마음대로 햇볕 아래 걸어도 된다는 사실을 깨달은 것). 하지만 사소한 것이라도 큰 차이를 만들 수 있으며 회복에 도움이 된다.

  피나의 전환점은 전자의 것이었다. 그녀는 남편이 불륜을 저지르고 있다는 증거를 우연히 발견하게 되었다. 그녀는 남편의 일기장을 보고 읽지 않을 수가 없었다. 불현듯 그녀는 그가 결혼을 끝낸 이상한 방식에 대해 설명할 수 있게 되었다.

> 일기장에는 그가 내게 말해 주지 않은 모든 것이 있었어요. 그가 말한, 떠나는 이유는 모두 거짓말이었어요. 그는 우리 결혼이 끝나기 전부터 만난 다른 여자와 미친 듯이 사랑에 빠져 있었어요. 이것으로 그의 태도와 그의 광기가 설명되었어요. 정말 기이한 순간이었어요. 아무렇게나 널부러져 있던 퍼즐 조각들이 한순간에 제자리에 맞춰지는 듯한 느낌이었어요. 두 달 동안 계속 떨어지기만 하다가, 그날

발이 땅에 닿는 걸 느꼈어요. 읽으면서 엄청나게 충격을 받았지만 그게 제 인생을 구했어요. 내가 미친 게 아니었다는 걸 알게 되었으니까요.

마아시는 다른 종류의 전환점에 대해 묘사한다. 만약 그것을 따라 할 기회가 있다면 그렇게 하는 것이 우리에게 큰 도움을 주리라고 생각한다. 이 전환점은 그녀의 남편이 떠난 지 2년 후에 나타났고 이해심 많은 새로운 남자친구의 격려 덕분에 가능한 것이었다.

하루는 몇 번인지 모를 정도로 울고 있었는데, 그의 품에 안겨서 "난 저 접시들이 항상 끔찍하게 싫었어!"라고 불쑥 소리쳐 버렸어요(남편이 산 접시들이었어요). 제 남자친구는 저를 뒤 베란다로 데리고 나가서 그것들을 전부 부숴 버려도 된다고 했는데, 다만 내가 왜, 무엇에 화가 났는지 말해야 한다고 했죠. 그다음 그는 나에게 망치 하나와 접시 열두 개를, 한 번에 하나씩 넘겨줬어요. 그건 내가 처음으로 화났다는 것을 소리 내어 말하는, 굉장히 중요한 순간이었어요. 게다가 못생긴 접시들까지 다 없애 버렸죠!

마아시가 묘사하는 것은 갑절로 후련한 경험이다. 그녀의 남자친구는 그녀가 속에 간직하고 있던 모든 분노를 내뱉으라고 격려했을 뿐만 아니라, 그녀가 그 감정들을 말로 표현하기를 고집했다. 망치와 베란다, 그리고 열두 개의 접시의 도움이 없더라도 우리는 그 감정들을 밖으로 끄집어낼 수 있고 그럴 방법을 찾아야만 한다.

그건 주로 자기표현의 행위를 통해 가능한데, 일기 쓰기, 춤추기, 그림 그리기, 체육관에 다니거나 킥복싱 등 우리가 이미 살펴보았던 것들이다. 그리고 많은 여성은 새로운 방향으로 자신을 이끈 것이 '상자 밖으로 나가야 하는' 행위들이었다고 말한다. 다니타는 과거를 뒤로할 준비가 되어 있었고 그래서 그녀가 익숙한 것에서 벗어나 평소 그녀답지 않은 행동을 하게 되었다. 그녀가 희망을 가질 수 있도록 도운, 그녀의 행동은 작은 전환점의 한 예다.

> 어느 금요일 저녁 저는 여섯 살 난 딸을 근처 스키장으로 데려가기로 마음먹었어요. 저는 스키를 타 본 지가 30년도 더 됐고 겨울을 매우 싫어하지만, 딱히 할 일이 없었기 때문에 스키를 빌려서 타고 언덕을 활강했어요. 공기는 상쾌했고 까만 하늘에는 별들이 박혀 있었고 눈 상태는 완벽했어요. 저는 그렇게 웃어 본 지가 너무 오래됐고 내가 정말 살아 있다고 느꼈어요. 다시 용기를 낼 수 있게 됐어요. 나를 그 스키장에 오게 하고 내가 가진 인생에 대해 감사할 수 있게 해 줘서 고맙다고 하느님에게 기도했던 기억이 나요. 그 스키장에서 인생의 리듬을 다시 찾았죠.

깨달음의 끝에 찾아온 전환점의 또 다른 예로는 헤더가 담낭 발작이 와서 병원으로 급히 실려 갔을 때 일어난 일을 들 수 있다. 그녀의 아이들과 주치의는 모두 지역을 떠나 있는 상태였고, 신체적, 감정적 고통을 견디며 그녀는 최근 떠난 남편에게 자신이 더 이상 의지할 수 없다는 사실을 받아들여야만 했다.

저는 홀로 병원에 있는 자신을 발견했어요. 남편은 제가 거기 있는 걸 알면서도 와서 같이 있어 주기는커녕 전화조차 하지 않더군요. 그가 떠난 지 4개월째에 일어난 일이었고, 그가 저를 사랑하기는커녕 관심도 없다는 걸 깨닫게 되었어요. 그리고 그 이후로는 제가 혼자 힘으로 살아가야 한다는 것도요. 큰 깨달음을 얻었고, 퇴원할 때 즈음 저는 삶이 나에게 가져다준 것들을 기꺼이 받아들이고 거기에 맞설 수 있는 상태가 되었습니다.

마지막으로 전환점에 대한 아니타의 답변은 우리 모두에게 희망을 줄 것이다. 그녀가 해낼 수 있었다면 당신도 할 수 있다.

저는 그에 대해 매일, 가끔은 매일매일 깨어 있는 매 순간 생각했어요. 그리고 제가 그런 종류의 생각과 불안한 공포로 괜히 힘을 빼는 것 같아 유감스러웠어요. 그러던 어느 날, 그에 대해 생각하다가 깨달았어요. '맙소사! ……어제는 그에 대해 생각하지 않았어. 어제 그에 대해 생각하지 않았던 것 같아! 어제 그에 대해 생각하지 않았던 것 같아!!' 그에 대해 쉴새없이 생각하기를 8년, 이제 더 이상 그 짓을 안 해도 된다는 생각에 행복했어요. 그에게 내 세상이 붙잡히도록 더 이상 놔두지 않는 일의 시작이었어요. 전에 사람들이 내게 말했던 것처럼 하느님께서는 결국 문을 열어 주셨어요. 그리고 제가 고개를 들어 문이 열렸다는 것을 발견한 순간, 맙소사, 제가 얼마나 빨리 뛰어갔는데요!

아니타의 인생은 좋아졌고 변화할 준비가 되었다. 그녀는 기회를 보았고 그것을 붙잡았다. 자신이 극복했다는 걸 한순간 깨달은 아니타의 이야기를 발판 삼아, 우리도 '이른 봄 단계'에서 '따뜻한 여름날 단계'로 넘어가 보도록 하자. 여기서 우리는 굉장한 일들, 즉 몇몇 SWAP 참여자들이 WAS 이후 변화된 그들의 삶에 대해 얼마나 진심으로 행복해하는지 목격하게 될 것이다.

16
변화 받아들이기

　남편이 떠난 지 8개월 정도가 지났을 때, 친구 린이 남자친구 휴와 함께 나를 만나러 캘리포니아에서 왔다. 휴는 무슨 일이 일어났는지에 대해 꽤 궁금해했고, 우리는 그것에 대해 이야기하는 데 많은 시간을 보냈다. 내가 남편과 그의 뜻에 대한 지겨운 주제들로 돌아갈 때마다 휴는 나에게 조용히 말하곤 했다. "그가 아니라, 당신에 관한 거예요." 주말 동안 그는 그 말을 몇 번이나 반복했고, 그가 그럴 때마다 내 생각을 다시 정리하게 되었다. 한 번으로는 충분하지 않았을 테지만 계속해서 그 말을 듣는 건 거의 최면과도 같은 효과를 냈고 정말로 나에게 강한 인상을 남겼다. 점차적으로 나는 그 메시지를 받아들였다. 그는 더 이상 상관없다. 이건 나에 관한 것이다. 내 치유, 내 성장, 그리고 내 삶에 대해 내가 어떡할 것인지에 대한 것이었다.

여기서는 어떻게 하면 '새로운 나'와 더 친해질 수 있는지를 배우게 할, 영감과 격려가 중심이 될 것이다. 완전히 극복하려면 갈 길이 남았을지도 모르지만, '따뜻한 여름날 단계'에 들어서는 당신은 스스로의 행복을 위한 싸움꾼이 되는 법을 배우고 있는 중이다. 이쯤 되면, 당신이 앞으로 나아가기 위한 7가지 단계의 여섯 번째 단계인 '눈을 과거에서 미래로 돌리자.'를 이행하는 데 거의 성공했기를 바라며, 일곱 번째 단계인 '싱글로서의 새로운 삶을 즐기자.'를 가능하게 할 마음의 준비를 하고 있을 거라고 믿는다.

회복에서 가장 어려운 부분 중 하나는 당신이 싱글이라는 사실을 받아들이는 것이다. 당신은 커플이 아니며 혼자다. 일과 친구들, 가족들로 바쁘게 지낼 수 있겠지만 하루의 끝에 당신은 홀로 잠자리에 든다. 싱글이라는 것은 많은 의미로 가득 차 있다. 어릴 때 우리는 커플이 되고 싶어 하고, 일단 부부가 되면 서류에 '기혼' 부분에 체크해야 안심이 되지 않는가? 그래서 가끔은 시간이 걸리기도 하고, 우리가 고독을 진정으로 즐길 수 있는 시점이 왔을 때 놀라기도 한다. 결혼하는 것을 선호하지 않는다는 얘기는 아니지만, 우리는 종종 홀로 있는 시간의 기쁨을 만끽할 수 있도록 진화할 수 있다.

나는 여기서 독립적일 수 있는 것(자신의 두 발로 스스로 서 있을 수 있고 지붕에서 물이 샐 때 집주인을 상대하는 것)과 곁에 아무도 없이 혼자 시간을 보내는 것을 구분하고 있다. 처음에 불안과 걱정으로 가득 찬 여성들은 어떤 일이 있더라도 혼자 있는 것을 피하려 하는데,

혼자 있는다는 것이 외로움과 같은 말이라고 생각하기 때문이다. 하지만 많은 사람이 혼자여도 삶이 괜찮다는 것뿐만 아니라 혼자만의 시간을 만끽하는 데에는 특별함이 있다는 것을 깨닫게 된다. 그것을 누릴 수 있게 되면 불안과 공포가 눈 녹듯 사라진다. 어쨌든 스스로와의 시간을 즐길 수 있으려면 스스로를 좋아해야 한다. 그래서 회복의 마지막 단계에서는 혼자서도 행복하게 사는 게 가능하다는 깨달음에 마음을 열어라. 왜냐하면 '그가 아니라, 당신에 대한 것'이기 때문이다.

트라우마로 인한 성장이라는 역설

내가 대학생이었을 때, 위기의 시간이 성장을 위한 예기치 못한 기회를 준다는 것을 배웠다. 사람들은 고통을 줄이기 위해 무엇이든 시도할 준비가 되어 있고, 그래서 새로운 생각에 훨씬 더 열려 있다. 우리는 트라우마가 될 만한 사건들을 모두 부정적이라고 생각하기 쉽지만, 크리스토퍼 리브스, 릭 한슨, 그리고 테리 폭스 같은 사람들이 이룬 업적을 생각해 보면 긍정적인 부분도 분명 있다. 이들은 손실에서 이득을 만들어 낸 트라우마 생존자들인데, 그 이득은 트라우마 그 자체가 아니라 견디려는 그들의 노력에서 비롯되었다. 노스캐롤라이나 대학교의 연구자들인 로렌스 칼훈과 리차드 테데시는 그들이 쓴 『외상 후 성장을 돕는 방법(Faciltating Posttraumatic Growth)』이라는 책에서 이러한 역설에 대해 말하고 있다. 그들은 외상 후 성장을 '외상적 사건에 맞서 싸운 것에 대한 결과로서 개인이 경험하는 긍정적인 변화'라고 정의하고 있다. 그들에 의하면 개인들은 크게 세 부문에서 성장을 경험한다고 한다. 즉, 타인과의 관계에서의 변화, 자아의식에 대한 변화, 그리고 인생관의 변화다.

앞에서 만났던 투손에 사는 건축가, 38세의 제인은 WAS라는 경험이 세 부문 모두에서 어떻게 자신의 인생을 바꿨는지 완벽하게 보여 주고 있다.

> 저는 그러한 고통을 경험했다는 것에 고마워하고 있는데, 그로 인해 저는 공감을 더 잘할 수 있는 사람이 되었기 때문이에요. 남편이 떠난 지 일 년쯤 지났을 때, 버지니아의 어떤 동굴이 함몰되어서 광부 세 명이 그 안에 갇혔어요. 그 남자들 중 한 명의 부인이 인터뷰를 했는데 소식을 듣기 위해 기다리는 시간의 고통에 대해 이야기하더군요. 그 얘기를 들었을 때, 저는 이해했어요! 저는 일 분의 괴로움이 어떤 느낌인지 알기 때문에 그녀가 두 시간이라고 말했을 때 두 시간의 괴로움이 어떨지 짐작이 갔어요. 갑자기 깨닫게 되었고 만약 제가 그것을 유지할 수 있다면, 저는 이제 단순히 머리로만 공감하면서 '슬프겠다.' 하는 게 아니라 정말 마음으로 느낄 수 있다는 걸 알았어요. 그 고통을 통해서 세상과 다른 사람들과 관계 맺는 방식이 완전히 바뀌었어요. 이건 전혀 다른 존재방식이고, 저는 단 일 분이라도 예전으로 돌아가고 싶지 않아요. 제 가치관이 분명히 세워졌어요. 이제 저에게 중요한 것이 무엇인지 알고 그것을 위해 노력해요. 저는 전에

는 자각할 수 없었던 것들을 자각해요. 저는 제 상담자에게 정말 고맙다고 말한 적이 있는데, 제가 다시 태어난 것 같은 느낌이기 때문이죠. 저는 그 어느 때보다 더욱더 '나'다워요. 저는 세상을 보고 이해하는데, 이건 예전과는 다른 수준의 자각이에요.

이 시기에 제가 정말 존경한 사람 중 한 명은 랜스 암스트롱이에요. 내가 느끼는 것이 암을 극복한 사람들이 느끼는 그것과 비슷하다고 생각해요. 저는 이제 많은 걸 당연하게 생각하지 않아요. 제 인생은 점차 안정되고 있는 중이지만, 예전의 것으로 돌아가는 것은 아니에요. 그건 저를 바꿔 놨어요. 저는 그걸 겪어 냈지만 그것 없이는 이 상태에 도달하지 못했을 거고, 저는 깨어났어요.

제인은 트라우마 후 성장의 세 가지 조건에 꼭 들어맞는다. 그녀는 타인과의 관계에서의 변화에 대해 설명하는데, 이제 다른 사람이 고통에 대해 얘기할 때 그것을 이해할 수 있게 되었다. 그녀는 자아의식에 대한 변화에 대해서 얘기하는데, '다시 태어난'이라는 표현을 써 가면서까지 깨어났다고 느낀다. 그리고 그녀의 인생관에 큰 변화가 생겼는데, 그녀에게 무엇이 중요한지 알고, 암 극복자들처럼 무언가를 당연하게 여기지 않게 되었다. 당신은 제인이 경험한 것 같은 깨달음을 경험하지 못했을 수 있고 그런 깨달음은 아주 조금씩 침투하고 있는지도 모른다. 그러나 극적으로 새로운 수준의 자각을 달성하지 못했다고 해서 상심하면 안 된다. 대부분의 사람들에게 이 과정은 겹겹으로 이루어져 있고, 결과는 누적되어 나타난다. 변화는 천천히 일어나고 당신은 스스로가 달라졌다는 것을 조금씩밖에 인식하지 못할 것이다. 그리고 '그가 아니라, 당신에 대한 것'임을 기억하라.

전문적 도움

제인은 그녀의 상담자에 대해 얘기하면서 자신이 얼마나 그 상담자에게 고마움을 느끼는지를 말했다. WAS를 겪은 수많은 여성들은 틀림없이 상담자에게 도움을 청했고, 결과는 제각각이었다. 우리는 WAS가 전형적인 이혼과 어떻게 다른지 이야기했지만, 어떤 상담자들은 그 차이에 무감각하기도 하다. 그들은 경고 징후가 모두 있었는데, 당신이 머리를 모래에 파묻고 그것들을 외면하고 있었다고 짐작할지도 모른다. 그들은 당신이 느끼는 고통과 슬픔의 강렬함에 놀라, 너무 빨리 당신을 회복의 길로 끌어들일지도 모른다. 그들은 당신의 끊이지 않는 울음이 병적인 것이며 유아기의 이른 상실로 인한 것이라고 생각할 수도 있다. 어렸을 적의 기억은 당신이 어른이 되어 상처에 어떻게 반응하는지에 영향을 미친다는 것이 사실일지라도 당신의 상태가 좋지 않다는 사실이 항상 기저의 정서적 문제들을 나타내는 것은 아니다.

몇몇 여성은 상담자와 이야기하는 것이 친구에게 이야기하는 것과 크게 다르지 않다고 느꼈다. 그중 몇은 자신의 이야기를 할 때 상담자의 눈에 눈물이 맺히는 것을 보고 실망했다고 한다. 대부분 여성은 그들을 믿어 주고, 과정에 대해 통찰력을 발휘해 주는 상담자에게 고마움을 느꼈다. 그중 다수는 남편에게 나르시시스트적 혹은 소시오패스적 성향과 같은 심리적인 문제가 있었을 거라고 상담자가 말했을 때 안도감을 느꼈다.

프리실라는 그녀의 상담자의 접근법에 대해 말해 주었는데, 그녀의 필요성을 잘 충족해 주는 것이었다.

> 제 상담자는 굉장히 이해심이 많아요. 제가 그를 필요로 할 때 100퍼센트 거기 있어 줘요. 남자가 그렇게 공감해 줄 수 있다니 믿을 수가 없어요. 그는 제 슬픔을 받아 주고, 제 감정을 지지해 주고, 제 상실감에 공감해 줘요. 그는 지시하지 않고 제가 스스로 해답을 찾아갈 수 있도록 도와줘요. 그는 자문해 주는 방법을 사용하고, 제 과제를 줄이는 걸 도와줬어요. 그는 내가 좋은 사람이라는 것과 가장 큰 문제는 남편의 심리적인 기질이었다는 사실을 장담했어요. 가장 중요한 것은 그가 내 얘기를 객관적으로 들어 줬다는 거예요.

프리실라의 상담자는 아주 보석 같은 사람이다. 제인에게도 잘못된 시작 끝에 딱 알맞은 상담자를 찾은 행운이 있었다.

> 저는 상담을 받기 시작했고 그건 확실히 도움이 되었지만 결국 두 번째로 만난 상담자가 제 인생을 정말로 바꿔 놓았어요. 저는 그녀가 아는 것이 매우 많다고 생각해요. 상담 초기에 그녀가 남편의 자기도취성을 밝혀냈던 세션이 기억나요. 그게 저에게는 정말 중요했어요.

첫 번째 상담자는 많은 면에서 정말 괜찮은 사람이었지만, 그는 "당신이 이것을 왜 예견하지 못했는지에 대해 이야기할 필요가 있어요."라고 말했어요. 제가 정상적이지 않은 사람과 대면하고 있었다는 것과 그게 어떻게 모든 걸 바꾸는지 이해하지 못했던 거죠. 저는 두 번째 상담자에게 정말, 정말 고마움을 느끼는데, 남편의 자기도취성뿐만 아니라 우리 엄마도 자기도취적이라는 것을 말해 줬거든요. 퍼즐이 모두 제자리를 찾은 듯했고, 모든 감정이 이해되기 시작했어요.

아마 WAS를 겪은 모든 여성에게 우울증이 수반되기 때문에, 항우울제가 의사들에 의해 처방되거나 상담자들에 의해 권고될 것이다. 항우울제를 먹는 것이 나약하다고 느껴지거나 약에 의존하게 될까 봐 그 조언을 따르기 꺼려 한다는 것을 알고 있다. 상담자로서의 경험을 떠올려 보면, 우울한 사람들 중 상당수가 약을 먹었을 때 더 나아졌다. 그들은 자신의 감정을 더 잘 제어할 수 있고 정상적으로 기능할 수 있게 된다. 두통이나 불면증 같은 부작용을 경험하는 사람들도 있고 약이 전혀 도움이 되지 않는 사람들도 있지만, 만약 의사가 항우울제를 처방한다면 당신이 약이 잘 듣는 행운아인지 한번 시도해 보는 것도 나쁘지 않다고 생각한다.

덧붙여서 많은 여성은 이혼 회복 그룹에 가입하는 것에서 큰 도움을 얻었다고 말했다. 그룹은 소외감을 없애 주고 당신이 이런 일을 겪은 유일한 사람이라는 생각을 없애 주기 때문에 매우 효과적이다. 비슷한 경험을 하고 있는 다른 사람들과 함께하게 되면, 당신은 서로 격려할 수 있고 두 인생을 분리해 내는 복잡한 시스템에서 길을 찾는 것에 대한 전략들을 나눌 수도 있다. 그리고 그룹 리더의 안내는 건설적인 분위기를 유지할 수 있도록 한다. 62세의 쇼나는 이렇게 썼다. "저는 이혼 회복 그룹에서 유능한 상담자들을 만났고 그들은 저와 계속 연락을 유지했어요. 매주 그들과 이메일을 주고받고, 그들을 만날 때면 가족을 보는 것 같아요. 그들은 제가 다시 회복하는 데 도움이 되었고, 그래서 저는 이제 훨씬 안정되었답니다."

이상적으로, 그룹 리더들은 참여자들이 '그가 아니라, 당신에 대한 것'이라는 사실을 잊지 않도록 상기시켜 줄 것이다.

명료함의 선물

모든 것을 고려해 볼 때 WAS로부터의 회복은 결국 당신이 얼마나 변화를 받아들일 수 있는지에 대한 문제다. 알코올중독자협회의 12단계의 첫 걸음처럼 우리가 무력하다는 것을 인정하는 것이 가장 어렵다. 고민하는 것과 이해하려 하는 것, 전략을 짜는 것과 발버둥치는 것 모두 우리의 인생에 대해 어떤 지배력을 행사해 보고자 하는 인간적 욕구에 의한 것이다. 하지만 우리가 예측할 수 없었고 아무리 노력해도 되돌릴 수 없는, 햇볕 쨍쨍한 날에 쓰나미 같은 일이 일어났다. 갑작스러운 이혼은 구체적인 많은 일이 바뀔 것이라는 것을 뜻하지만(직장을 구해야 할 수도 있고, 새로운 아파트로 이사를 가거나, 전남편과 그의 여자친구와 아이들을 나눠야 할지도 모른다), 가장 큰 변화는 당신의 내면에서 일어난다. 당신의 미래가 계획했던 대로 펼쳐지지 않을 것이라는 사실을 받아들이는 것이다. "과거의 경험으로부터 뜻밖의 일을 예상하라."라는 것을 배운 사람들은 좀 더 쉽게 마음을 다잡고 앞으로 나아갈 수 있을 것이다. 인생에서 큰 변화를 경험해 보지 못한 사람이나 자신의 미래가 미리 정해진 길을 벗어나면 어찌할 바를 모르는 사람이라면 변화하는 것을 더 어려워할 것이다.

우리에게 주어진 삶을 받아들이고 그것에서 배움을 얻을 수 있다면 이상적이겠지만, 우리는 자꾸만 그것을 조종하려 든다. 자신의 인생을 우리가 지배할 수 있다는 믿음은 허상이다. 미래에 무슨 일이 생길지 우리는 알 수 없다. 그래서 인생의 사건들로 인해 매우 많은 것을 포기하도록 강요받을 때, 회복과정의 어떤 부분은 당신이 더 많은 것을 자발적으로 버릴 것을 요구한다.

남편과 함께하는 미래에 대한 비전을 버려라. 함께 손주들의 재롱을 보는 것이나 은퇴 후 함께 여행하는 것에 대한 바람을 버려라. 이혼 통계율에 일조하지 않는다는 것에 대한 자부심을 버려라. 몇십 년 동안 당신을 알았던 사람과의 우정, 행복하거나 즐거웠던 과거의 시간들에 대해 함께 반추하는 것의 기쁨을 버려라. 자신의 미래가 어떨지 과거에 바라고 예상했던 것들을 버려라. 그냥 다 버려라. 어차피 당신에겐 선택의 여지가 없다. 그냥 다 흘려보내라.

그 대신 당신이 어떻게 해 볼 수 있고 이제 당신이 창조해야만 하는 미래로 눈을 돌려라. 당신을 사랑하는 친구들, 가족들과 함께 당신이 좋아하는 일을 하는 것을 상상하라. 세상에는 많은 종류의 사랑이 있고, 배우자의 사랑은 중요할지언정 그중 하나일 뿐이라는 사실을 받아들여라. 시간이 해결해 줄 거라는 것과 기분이 나아지는 날이 올 것이라는 걸 명심하라. 당신이 이룬 모든 일에 대한 자부심을 누리고 만약 당신이 이렇다 할 일을 충분히 하지 않았다고 생각되면, 무언가 용기 있는 일을 하기에 아직도 늦지 않았다는 것을 기억하라. 자기연민에 빠지지 않기 위해 노력한 것과 결혼생활의 끝을 세상에 자랑할 전리품으로 만들지 않았다는 점을 자랑스럽게 생각하라. 그리고 가장 중요한, 스스로를 사랑하는 법을 배우고 홀로 보내는 시간을 두려워하지 않는 법을 배우라. 결국 이것은 환상 속의 인생이 아니라, 당신의 인생이다. 이것은 당신의 진짜 인생이다. 받아들이고 세상에 당신이 무얼 할 수 있는지 보이라!

갑작스러운 변화에 대처하는 이 주제에 대해 제네비브는 이렇게 썼다.

> 4년이 지나서야 한 가지를 깨달았어요. 명료함. 남편이 그렇게 갑작스럽게 떠났을 때 저는 매우 혼란에 빠졌지만, 빨리 재편성하고, 재정의하고, 그 밖의 다른 것들을 모두 '다시' 해야 했어요. 그렇지만 어떤 면에서는 다른 많은 사람이 경험하는 수년간의 결혼생활의 악화와 붕괴의 과정인 말다툼, 비난, 혼란과 추함에 비하면 더 쉬웠다고 말할 수도 있겠네요. 그래요, 저는 강하게, 제대로 강타당했지만

그것으로 인해서 제 우선순위가 명백하게 정확해졌어요. 이제야 제가 어떤 선물을 받았는지, 즉 명료함이라는 선물을 받았음을 깨닫고 있어요. 같은 기분을 느낀 사람이 몇 명이나 있을지 모르겠지만, 이 통찰력이 위기 한가운데 있는 사람들에게 도움이 될 수도 있을 거라고 생각했어요.

여성들은 변화에 대한 두려움과 평생을 두고 감수해야 하는 결정을 내리는 것에 대한 거리낌 때문에 변화에 어려움을 겪는다. 그들은 자신이 실수를 하고 후회하게 될까 봐 걱정하는데, 그것이 그들을 꽁꽁 얼어붙게 하고 움직이지 못하게 한다. 침체를 막기 위해 이행은 필수적이며, 이 과정과 함께 결단력 있는 행동이 요구된다. 육아 강좌를 할 때, 나는 종종 엄마와 아빠가 아이에게 줄 수 있는 가장 좋은 선물은 아이 스스로 결정을 내리는 법을 알려 주는 것이라고 말한다. 어린아이가 아이스크림 가게 앞에서 어떤 맛이 제일 맛있을지 고심할 때, 아이는 한 가지 맛을 정할 수 있는 용기를 내야 한다. 비록 그녀의 오빠가 고른 맛이 더 맛있어 보일지라도 말이다. 요령은 바로 이것이다. 스스로에게 이렇게 말할 수 있도록 하는 것이다. "다음 번에는 다른 맛을 골라야지. 그렇지만 오늘은 내가 고른 것을 즐길 거야, 완벽하지는 않더라도." 옳은 선택을 하는 것보다 중요한 건 결단력 있게 결정하고 자신의 행복이 딱히 그것에 좌우되지는 않는다는 것을 깨닫는 것이다.

여성들은 종종 세부사항에 집착한 나머지 인생에서 앞으로 나아가는 데 어려움을 겪는다. 만약 당신이 결정을 내리는 데 심각한 어려움을 겪는 사람이라면, 이런 조언을 하고 싶다. 꼭 들어맞는 결정을 내리려고 하지 말고, 대신 아무 결정이나 내리고 거기서부터 나아가라는 것이다. 이것으로 인해 당신은 삶이 융통성 있다는 것과 한 가지 목표에 도달하는 길이 여러 가지가 있다는 것을 깨닫게 될 것이다. 이것을 말하는 이유는 여성들이 혼자가 되고 중요한 일들을 혼자서 결정하는 것이 익숙지 않을 때, 인생의 도전을 처리하는 데 어려움을 겪기 때문이다. 다른 사람들이 그녀의 인생에 대해 그녀 자신보다 더 잘 아는 양, 그녀는 다른 사람들이 자신을 위해 결정을 내려 주기를 바라기도 한다. 결단력 있게 행동하고 후회에 머무르는 것을 삼가라. 일단 결정을 내렸으면, 앞으로 나아가라. 똑같은 결정을 되풀이해서 내리지 마라.

17
새로운 나

여성은 남성과 함께해야 완전하다는 생각에 우리가 너무나 익숙해져 있는 것은 결코 놀랍지 않은 일이다. 우리는 모두 왕자가 공주를 구해 주는 동화와 함께 자라지 않았던가? 학대와 집안일에서 구원된 신데렐라, 혼수상태에서 깨어난 잠자는 숲 속의 공주, 죽었다 깨어난 백설공주, 탑에서 구출된 라푼젤, 그리고 인어공주까지 모두 왕자의 키스를 통해 점잖은 아가씨들이 되었다. 그래서 못생긴 마녀가 우리의 동화 속 왕자님을 시끄럽게 울어 대는 당나귀로 바꿔 놨을 때, 그래서 우리가 다시 외로운 탑 안으로 숨어 들어갈 때, 아마 당신은 우리의 첫 본능이 숲길을 바라보며 다음 구원자가 나타나기를 바라는 것이라고 여길 수도 있다.

땡! 잠깐. 결혼생활이 무너진 다음 제일 처음 다가온 남자와 함께 침대로 돌진한 몇몇 여성이 있긴 하지만, 대부분 여성은 또 다른 남성이 가까이 접근하도록 놔두리라는 생각은 들지도 않았다고 한다. 한 여성이 말했듯, 그들은 '다시 태어난 처녀'가 된 것이다. 시간이 지나고 그들이 많은 부분에서 치유되었다고 느꼈을 때도, 남성과 신뢰를 다시 쌓는 것은 그들에게 도전이라고 느껴졌다. 남성과 여성의 역할에 대한 믿음이 WAS로 인해 어떤 영향을 받았는지에 대한 질문에 멜바의 답변은 SWAP 참여자들에게서 흔히 나타나는 것이다.

> 제가 남편과 결혼했을 때 가졌던 신뢰의 수준으로 절대 돌아가지 못할 거예요. 저는 이 경험을 통해 사람들은 본성적으로 예측 불가능하고 이 지구상에 확실한 일은 없다는 점을 깨닫게 된 것 같아요. 제 소유물이나 가정이나 가족을 어떤 남자와 나누는 것에 대해서 아주 진지하게 생각해 봐야 할 거예요. 저는 거의 모든 것에 언제든 이용할 수 있는 비상구가 필요하다는 걸 아주 잘 알고 있어요. 헌신과 장기적인 관계를 아직도 굳게 믿지만, 저는 앞으로 나아가는 데 훨씬 더 조심스러워요.

리네트는 그녀의 관점을 우리와 나누지만 한 발짝 더 나아간다.

> 그 경험으로 인해 결혼에 대한 낭만적인 환상은 오랫동안 사라졌어요. 저는 결혼생활이 세상에서 겪은 어려움을 피해 쉴 수 있는 곳이라고 생각했어요. 그가 떠난 이후, 저는 누구라도 그가 저지른 부정을 반복할까 봐 걱정해요. 그러나 몇 년이 지나고 두세 명의 남자친구를 겪은 뒤에, 저는 제 인생에 누구를 들일지에 대해 더 나은 경계

선을 정할 수 있었고, 누군가와 제 인생을 나눈다는 것에 대해 더 희망을 가질 수 있게 되었어요. 의식적인 노력이 필요해요. 힘들지만 저는 제가 한 번 더 시도해 보고 싶다는 걸 알아요. 결혼을 하고 싶은 게 아니에요. 저는 협력적이고, 기쁘고, 사랑으로 가득 차 있고, 서로 존중하는 관계를 원해요. 저와 상대방에게 맞는 관계라면 뭐든지요.

두 여성의 답변 모두에서 조심성이 엿보인다. 그들이 얼마나 다시 신뢰할 수 있기를 바라고 또 얼마나 두려워하는지가 여전히 남아 있다. 여성이 남성 전반에 대해 어떻게 생각하는지, 즉 그녀가 남편의 행동을 모든 남성의 전형적인 특징이라고 생각하는지, 아니면 한 개인의 특정한 결함이었다고 생각하는지에 많은 것이 달려 있다. 다음은 전체 스펙트럼 범위에서의 예다.

- XY 유전자 보유자들에게 내재된 결함: "제 생각에 남자들은 기본적으로 감정을 스위치처럼 켰다 껐다 할 수 있는 얄팍한 생물체들이에요. 이제 제가 다른 남자를 완전하게 믿는 일은 없을 거예요."
- 특정한 한 개인의 결함: "제가 경험한 일이 '글쎄, 남자들은 모두 개자식들이야.' 등으로 일반화될 수 없고, 그래서도 안 된다고 생각해요. …… 한 명의 개인이 엉망이었던 거고 마음을 아프게 했고 그래서 그런 사람들이 존재하는 건 맞지만, 그렇다고 해서 남성 전체가 고약하다는 말은 아니에요."

- 아직 결정을 내리기는 이르다: "모든 남자가 돼지 같은 놈들이라는 생각이 가끔 들긴 하지만, 제 아버지와 오빠는 훌륭한 사람들이기 때문에 그게 사실이 아니라는 걸 알아요."

마지막 진술이 말해 주는 것처럼, 여성이 과거에 남성들과 어떤 경험이 있었는지에 많은 것이 좌우된다. 만약 그녀의 아버지가 바람둥이였다면, 남편의 행동은 그녀가 남성에 대해 사실이라고 알고 있었던 것, 즉 그들을 믿어서는 안 된다는 것에 대한 증명이 될 것이다.

그럼에도 불구하고, 당신이 따뜻한 여름날 단계에 도달했고 사랑에 다시 한 번 기회를 주고자 한다면, 21세기의 연애라는 수수께끼와 마주하게 될 것이다. 지난 20년간 분명 많은 것이 바뀌었다. 성병과 비아그라를 조심해야 하고, 온라인 만남이라는 새로운 지평에 벅찰 수도 있다. 당신과 동년배의 남자들은 당신 딸뻘의 여자를 원할 수도 있고, 당신에게 관심이 있는 남자들은 이미 한 발을 무덤에 묻고 있을 수도 있다. 웃어라! 단지 과장일 뿐이다. 그렇게 나쁘지만은 않지만, 다시 밖으로 나가는 데에는 용기가 필요하다.

내가 처음으로 나간 데이트는 인터넷 사이트에서 연락이 닿은 그럭저럭 괜찮은 남자였다. 어느 금요일 우리가 만나기로 한 레스토랑으로 가는 길에, 나는 손을 잡고 길을 걷는 많은 커플을 지나쳤다. 앞으로 다가올 만남에 대해 내 안의 모든 세포가 반발하고 있었고, 머릿속엔 온통 '나는 내 남편을 원한다.'라는 생각만이 가득했다. 처음 보는 사람에게 내 인생에 대해 이야기하는 것은 대단한 노력을 필요로 했다. 우리가 얘기한 모든 주제가 지뢰밭이었다. 그가 "케이프 코드에 가 본 적이 있나요?"라고 물으면, "네, 우리는 여름에 종종 갔어요." "이러이러한 영화 본 적 있나요?" "네, 우리는 그걸 참 좋아했어요." "왜 몬트리올로 이사 오셨나요?" "제 남편이 캐나다로 오고 싶어 했어요." 나는 감정의 마라톤을 뛰고 있었고 곧 벽에 부딪혔다. 나는 실례를 무릅쓰고 자리를 떠나 집에 돌아와 울고 또 울었다.

많은 여성에게 데이트는 회복과정에 있어 중요한 기점이고, 그게 6개월 후든 6년 후든, 남아 있는 고통을 다시 불러낼 것이다. 첫 번째 데이트에서 느꼈던 불편한 감정은 다른 남자들을 만나면서 서서히 사라졌고, 데이트가 더 이상 이상하게 느껴지지 않았다. 나는 "놀라운 일이 평범한 일이 된다."라는 말을 좋아하는데, 정말 그렇게 되었다. 결국 나는 편안하고 만족스러운 관계를 쌓을 수 있는 남자를 만났고, 내가 만난 그 누구와도 다르다. 이건 미친 듯이, 정열적으로 사랑에 빠지는 것이 아니라, 천천히 시간을 두고 깊은 동지애를 쌓는 것이다. SWAP 참여자인 45세의 앰버는 데이트에서 그녀의 변화과정을 이렇게 기록했다.

다시 데이트를 할 준비가 되었다고 느꼈을 때, 저는 라바라이프(인터넷 데이트 사이트)에 가입했어요. 저는 괜찮은 남자들과 몇 번의 데이트를 했지만 진정한 연결은 없었어요. 한번은 재미있고 섹시한 변호사랑 잠시 사귀게 되었는데 제가 다시 매력 있는 사람이라는 걸 느끼게 해 줬고 그건 아주 멋진 기분이었어요! 그는 제가 매력적이고 똑똑하다고 느끼게 해 줌으로써 제가 자부심을 가지게 해 주었는데, 저는 오랫동안 그런 기분을 느끼지 못했거든요. 안타깝게도 그는 진지하게 사귀는 데에는 관심이 없었지만, 함께한 두 달은 매우 재미있었고 제가 스스로에게 만족할 수 있도록 해 줬어요. 그 후 곧 제가 사랑하는 남자를 만났고 4주년을 함께 자축했어요. 그를 만난 건 중요한 전환점이었는데, 다시 행복을 얻을 수 있다는 걸 그가 다시 느끼게 해 줬기 때문이에요. 그는 아이가 없지만 제 아이들을 사랑해 주고, 또 아이들도 그를 좋아한답니다.

새로운 남자와 또 다른 장기적인 약속을 하는 것이 모두에게 알맞은 것은 아니다. 만약 당신이 혼자로 남는 것에 만족하거나 당신이 인생에서 남자를 원하지 않는다고 해서 누구도 당신에게 틀렸다고 말할 수 없다는 걸 명심하라.

이것이 우리였어

회복과정의 막바지로 접어들수록, 겪어야 할 자질구레한 일들이 있을 것이다. 그중 몇몇은 눈에 보이는 것이고 다른 것들은 실존적인 것이다. 남편이 선물한 보석, 그가 써 준 사랑의 편지들, 결혼 증명서, 웨딩드레스를 어떻게 할 것인가? 20년간 모아 왔던 둘이 함께 찍은 사진들은 어떻게 할 것인가? 이런 물건들이 지금 어떤 의미를 지니는가? 그것들이 어떤 가치를 가지는가? 아니면 버려져야 할 새까맣게 타 버린 잔여물일 뿐인가? 등이다.

이것에 대한 스스로만의 대답이 있을 거라고 생각하지만 신중한 경고의 말을 제안하고 싶다. 그 물건들은 한때 소중한 것들이었지만, 지금은 그것을 바라보는 것이 상처일 수도 있다. 하지만 세월이 흘러 고통이 잦아들었을 때, 그것들을 다시 정리하면서 무언가 의미를 찾아낼 수도 있을 것이다. 그것들은 당신 인생에서 중요한 단계에 대한 기록이다. 강물의 굽이가 당신을 어디로 데려갈지 모르지만 이것 또한 여정의 일부다. 무언가 좋은 미래로 당신을 인도할 수도 있고, 어떤 일이 일어나더라도 전체의 한 부분으로 당신의 결혼생활과 그 끝을 자신의 자서전에 포함해야 할 것이다.

기타리스트인 마크 노플러는 2006년에 〈이것이 우리야(This is Us)〉라는 노래를 만들었다. 함께 살아온 날들이 담긴 사진 앨범을 같이 보면서 둘이 함께한 일들을 회상하는 내용의 노래다. "당신 아버지 차에 탄 우리야…… 신혼여행에서의 우리야…… 이건 우리 그리고 우리 아들이야…… 당신과 나와 우리의 기억, 이것이 우리야." 글쎄, 당신은 남편과 이렇게 할 수는 없을 테지만 당신의 아이들과 혹은 다른 가족들이나 친구들과 나중에 할 수 있을지도 모른다. 그래서 나는 줄리의 방식을 권장하고 싶다. "저는 우리가 함께했던 물건들을 한데 모아서 박스에 넣은 다음 보관했어요. 사람들은 다들 저에게 그걸 불태우라고 했지만, 이건 제 인생에서 굉장히 긴 부분이었고, 이후에 제가 되돌아보고 싶을 때가 올 수도 있을 것 같아요. 그래서 저는 상자에 담아 두었지요. 제가 그걸 봐도 괜찮을 때까지요."

나는 몰리가 말해 준 소중한 감정을 지지한다. "결혼반지를 버리거나 남편을 떠오르게 하는 모든 물건을 버리지 마세요. 당신의 과거에 대해 자부심과 책임감을 가지세요. 그것이 미래를 위한 기반이 될 거예요."

그리고 당신은 특별한 날들과 장소들에 대해 어떻게 대처할 것인가? 휴가 때가 되면 어떻게 할 것인가? 기념일, 혹은 그가 당신을 떠난 날이 되면 매번 우울해할 것인가? 당신이 즐겨 찾던 레스토랑을 피해서 길을 돌아갈 것인가? 나는 당신이 스스로에게 권한을 줄 수 있는 방법은 당신 인생의 모든 부분을 되찾는 것이라고 생각한다. 당신은 이미 충분히 잃었다. 더 이상 무언가를 잃고 싶지는 않을 것이다.

당신이 '그날'을 뭔가 더 좋은 일을 하는데 사용하도록 제안하고 싶다. 역사 속에서 그날 무슨 일이 일어났는지 알아보고 그것을 축하하라. 그날은 마하트마 간디의 생일일 수도 있는데 당신은 아침에 일어나 모든 사람에게 '해피 간디 데이!'라며 인사를 할 수도 있다. 내 남편은 내 어머니의 생일날 떠났으므로, 내 경우에는 그날을 사랑하는 어머니를 기념하는 날로 만드는 것이 쉬웠다. 스스로가 우울 속으로 빠져들도록 놔두지 마라. 싸우라!

크리스마스, 아버지의 날, 유대교 신년제, 그리고 함께 보내곤 했던 다른 기념일들도 마찬가지다. 첫 일이 년이 지난 후, 축하할 기념일이 있는데 고통 속에 취해 있는 사치를 당신 스스로에게 허용하지 마라. 가족의 의식들을 계속해서 따르거나 그날들을 즐길 수 있는 새로운 방법들을 고안하라. 그와 함께하지 않는 것이 처음에는 불안하고 이상하게 느껴질 수도 있지만, 곧 익숙해질 것이다. 그날들을 재미있게 보내기 위해 노력하라.

그리고 또 한 가지 중요한 점은 그와 마주칠지도 모른다는 걱정에 당신이 자주 가던 곳을 피하지 마라. 당신이 그와 마주칠 수도 있지만 부끄러워할 것은 전혀 없다는 것을 명심하라. 옛 남편 때문에 당신 행동에 스스로 제약을 걸어서는 안 된다. 당신이 사는 곳은 그의 것인 만큼이나 당신 것이기도 하고, 당신은 사는 곳의 마지막 1인치까지 즐길 것이다!

내가 말하고자 하는 바를 이해했을 것이다. 중요한 것은 계속 삶을 살아가라는 것이다! '그가 아니라, 당신에 대한 것'이라는 걸 기억해라.

진정으로 치유되기 위해 용서해야 한다고 사람들이 말할 수도 있다. 용서한다는 것은 거의 불가능하다는 것을 알기 때문에 당신이 그렇게 하지 못한다고 해서 스스로 실패했다고 느끼지 않았으면 한다. 다음은 용서에 대한 로즈의 조언이다.

그건 아주 무거운 단어였고, 제게 있어 최고의 치유는 그 단어에 대해 전혀 생각하지 않는 것이었어요. 저는 제 남편을 용서하지도, 용서하지 않지도 않아요. 용서로 스스로에게 부담을 주지 말아요. 당신이 읽을 모든 자기계발서에 위배되는 말이겠지만, 제 생각에는 용서가 당신의 회복에 꼭 필요한 것은 아니에요. 당신이 용서하도록 누군가가 압박하는 것을 절대 용납하지 마세요. 만약 용서에 도달한다면, 그건 스스로 자연스럽게 이루어질 거예요.

천 리 의 여정

동양에서 연꽃은 변화의 상징이다. 그것의 뿌리는 진흙투성이 습지에서 자라지만, 꽃은 물 밖으로 몇 센티쯤 올라와 하얀 어여쁨을 뽐낸다. 연꽃이 주는 교훈은 우리가 추함과 고통을 초월하고 이 세상에서 아름다움을 창조할 수 있다는 것이다. SWAP 참여자 프리실라는 나에게 20세기 초반에 흑인 여성으로는 최초로 전문적인 합창단 지휘자로서 국제적 인정을 받은 에바 제시의 말을 인용해 줬다. 이 인용구의 주제는 후회다. "당신은 과거에 의해 고통받아서는 안 된다. 당신은 과거를 마치 헐렁한 옷처럼 입었다가 벗은 다음 바닥으로 흘러내리도록 놔둬야 한다." 그게 말처럼 쉬우면 얼마나 좋을까? 아마 시간의 흐름과 함께 과거는 모양을 바꾸어 결국 덜 사나운 형태를 띠게 될 것이다. 우리는 결혼생활의 예상치 못한 끝에서 왔던 고통과 함께 결혼생활의 즐거움을 찾아낼 수 있게 될지도 모른다. 남편에게 결혼선물로 받은 시계가 그녀의 인생에서 한때 좋았던 것을 상징한다는 걸 받아들일 수 있게 된 조지아처럼 우리도 나쁜 것을 걸러 내고 좋은 것들을 보존할 수 있게 될 것이다. 그리고 어느 날, 마음속으로 그에게 이렇게 말할 수도 있을 것이다. "변화의 중재자가 되어 주어서 고마워!"라고.

페그는 6년 전 남편의 떠남으로 인해 그녀 인생에서 생긴 몇몇 변화에 대해 얘기한다.

> 저는 다른 두 명의 여성과 함께 커뮤니케이션 회사를 차렸어요. 일생에 한 번 있을 경험이었고 만약 제가 남편과 함께였다면 절대 할 수 없었을 일이죠. 저는 최근 취미로 음악을 다시 하기 시작했고 이제껏 제가 간 것보다 더 먼 곳에 가 보았어요. 위치타 근처의 다른 음악인들과 함께 연주하고 그 동네에 익숙해졌어요. 저는 이제 수백 명의 사람들을 알아요. 만약 제가 결혼생활을 계속 유지했다면 음악을 하면서 이렇게 멀리 올 수 없었을 거예요.

마리조 또한 그녀의 새로운 인생을 긍정적으로 생각하고 스스로에 대해 큰 자부심을 느낀다. WAS 이후 5년이 지난 지금 그녀는 이해심 많은 남자친구와 아이를 한 명 낳았고 집도 샀다.

> 문제상황을 견뎌 내고 문제가 제 인생을 좌지우지하는 것을 거부하고, 제가 원하는 것과 저에게 중요한 것을 마음속에 품고 있었던 것과 제가 꿈꿨던 것들과 원하던 인생을 얻을 수 있도록 위험을 감수한 제가 얼마나 대단한지 알 것 같아요. 물론 또 다른 문제들을 한아름 안게 되었죠. 그렇지만 그것들을 다룰 수 있다는 자신감이 더 생겼어

요. 그리고 그건 저를 전보다 더 나은 엄마와 배우자로 만들었어요. 제 생각에 저는 더 좋은 사람이 되었어요. 그렇지만 솔직히 말하면, 할 수 있다면 그런 '교훈'들을 다른 방식으로 배우는 것이 훨씬 더 나았겠죠.

SWAP에 참여한 여성들은 그들이 완전히 회복될 수 없다고 느끼기도 하지만, 대부분은 그들이 앞으로 나아갔다고 느낀다. "큰 수술 이후 회복하는 것과 비슷해요. 고통은 사라졌을지 모르지만 상처는 계속 남아 있죠." 그렇지만 우리가 그 비유를 가지고 한 걸음 더 나아간다면 상처는 더 건강한 삶을 위한 새로운 기회를 상징할 수도 있다. 당신의 안에서 무언가 나쁜 것이 자라고 있었지만, 이제는 그것이 제거되었고, 당신에겐 살아가야 할 날들이 많이 남아 있다.

내 경우에는 나의 삶이 '새로운 정상'에 안착했다는 걸 느낀 건 2년 반 정도가 지났을 때였다. 나는 인생에 대해 정말 많이 배웠고 눈에 띄게 바뀌었다. 아마 가장 많이 변화한 부분은 내가 스트레스 없는 생활방식을 받아들였다는 점일 것이다. 나는 종종 행복하다는 느낌을 받고 내 인생에서 모든 것과 모든 사람에게 감사함을 느낀다. 새로운 나는 내가 도달한 지점에 안정감을 느끼고 그런 안정감이 앞으로 계속 늘어날 것이라고 믿는다. 그렇다고 해서 내가 얼마나 행복한 결혼생활을 했는지, 혹은 남편의 배신에 대해서 생각하는 것이 아프지 않은 것은 아니다. 분명 아프다. 그렇지만 나는 그것을 나쁘다고 보지 않는다. 그건 단지 내 인생의 한 부분일 뿐이다.

"천 리 길도 한 걸음부터."라는 중국 속담이 있다. 노자가 한 이 말은 우리가 가야 할 길이 멀더라도 목적지에 도착하기 위해서는 우리가 현재 있는 곳에서부터 시작해야 된다는 것을 깨닫게 한다.

일단 첫 걸음을 떼고, 그다음과 그다음 발걸음을 떼고, 그렇게 가다 보면 당신은 목적지에 결국 도달해 있을 것이다. 그러나 당신은 목적지가 어디인지 아는가? 그렇지 않다. 뒤를 돌아보지 말고 앞을 바라보라! 그가 아니라 당신에 관한 것이다. 당신은 어디로 가고 있는가? 5년 뒤 당신의 인생이 어땠으면 좋겠는가? 당신이 이루고 싶은 일은 무엇인가? 이런 일들에 대해 쭉 생각해 보라! 그렇지만 너무 복잡하지 않고 가능하게 해낼 수 있을 정도로 유지하라. 무엇이 당신을 자랑스럽게 할 것인가? 거대한 계획일 필요는 없고, 단지 당신이 해낼 수 있는 것이기만 하면 된다. 그리고 인생에서 성공의 열쇠는 간단하다. 그저 계속 하는 것이다. 나탈리처럼, 당신은 결국 결승점에 도달하게 될 것이다.

나탈리 이야기

남편이 떠나고 난 후 두 번째 여름에, 저는 카누 경기에 참여하게 되었어요. 겨울에 열린 모임에서 한 친구가 저에게 노를 저을 수 있냐고 물어봤어요. 그녀는 우리가 봄에 함께 훈련하면서 내가 경주를 좋아하는지 알아보는 게 어떻겠냐고 제안했어요. 우리는 그렇게 했고 그건 참 재미있었어요. 장거리 훈련을 하면서 저는 그 친구에게 남편이 떠난 것에 대해 불평하고 앓는 소리를 하곤 했어요. 그 친구도 몇 년 전에 끔찍한 이혼을 당했어요. 그녀는 "우리가 강을 따라서 746km 아래에 있는 도슨 시티에 도달할 때쯤이면, 머릿속에서 그 남자 생각이 다 없어질 거야."라고 말하곤 했어요.

저는 결국 과거를 돌아보지 않는 법을 배웠는데 그렇지 않으면 그 보트를 똑바로 유지할 수 없었기 때문이에요. 신체적인 운동과 훈련은 제 슬픔의 단계에서 정말 큰 도움이 됐어요. 저는 제가 가진 모든 것을 보트와 경주에 쏟아부었고 잠시 동안만이라도 상처를 잊는 데에 도움이 되었어요. 그때는 순전히 육체적으로 노 젓는 것의 리듬과 스피드가 저를 구했어요. 6년이 지난 지금, 저는 아직도 경주에 참여하고 있고 제일 긴 카누와 카약 경주에서 세계에서 제일 빠른 여성이라는 기록을 세웠어요.

그 강과 노 젓기는 저에게 정말 큰 영향을 미쳤어요. 한 번에 하루를 사는 것처럼, 한 번에 노 젓기는 단 1회였어요. 도대체 누가 (저는 절대 못했거든요) 첫 노 젓기로 시작해서 746km 후에 도슨 시티에 도달하는 것을 상상할 수 있었겠어요? 저는 한 번에 노 젓기 한 번씩으로 그걸 해냈어요. 왕도는 없고 그냥 계속 가다 보면, 당신은 목적지에 도달하게 될 거고 슬픔은 분명 옅어질 거예요.

당신의 여정에서 내가 셰르파가 되어 당신을 인도할 수 있게 해 줘서 감사하다. 당신이 이 책을 처음 폈을 때의 그 시작점에서 멀리 왔다는 것을 안다. 물론 중간에 눈물도 흘렸을 것이다. 하지만 당신 인생에 앞으로 생길 좋은 일들에 대한 기대로 기분이 나아졌기를 바란다. 당신은 더 이상 혼자가 아니고, WAS를 경험한 많은 다른 여성이 당신 곁에서 함께 걷고 있다. 나는 당신을 믿고 당신이 스스로의 미래를 결정할 힘이 있다는 것과 또한 당신이 곧 새로운, 새로워진 당신을 만나게 될 것을 안다.

부록 A
행복한 결혼생활을 하는
여성들이 알아야 할 것

    SWAP 참여자들 중 상당수가 WAS 이후 행복한 결혼생활을 시작하게 됐다는 소식은 참 다행이다. 그리고 보니 차후의 결혼생활이 처참했다는 말을 한 사람은 극소수였다. 버림받은 여성들은 건강한 관계에 대해 많은 것을 배웠다. 만약 당신의 결혼생활이 WAS를 향해 가고 있는지 알아보려면, 다음의 경고 사항들에 대해 자문해 보길 바란다.

- 남편이 과거에 불륜을 저질렀거나 당신과의 결혼생활 이전에 그러한 경험이 있었는가? 이것은 그가 그런 일을 또 할 수 있다는 가장 강력한 예측 변수다.
- 남편이 갑자기 자신의 삶에 대해 불만족스러워하는가? 그가 표시하는 불만이 결혼생활과는 관계없는 것일지라도 말이다. 이것은 그가 무언가를 재고하고 있다는 징후다.

- 남편의 성격에 변화가 있는가? 다른 사람처럼 행동하는가? 내성적으로 변했거나 혹은 갑자기 짜증이 많아졌는가? 아이들에게 잔소리가 늘었거나 가족 모임에 참여하기 싫어하는가?
- 남편의 취미생활에 변화가 있는가? 갑자기 체육관을 다닌다거나, 새 옷을 산다거나, 염색을 한다거나, 문신을 한다거나, 비싼 차를 구입하는가?
- 남편의 가치관에 변화가 있는가? 예전에는 하찮게 여기던 생각들을 받아들이거나 혹은 큰 가치를 두던 것들을 경시하는가? 그가 당신을 놀라게 하는 새로운 신념을 옹호하는가?
- 남편이 쉬쉬하며 출장을 가거나 특정 기간에 사라지고 그 이유로 대는 것들이 말도 안 되는 것들인가?
- 남편이 직장의 여직원에 대해 종종 별 거 아니라는 투로 언급하기 시작했는가?
- 남편이 교수, 목사, 회사 사장과 같은 직업상 권력이나 권위를 쥐고 있는, 그래서 어린 여성들이 그를 존경할 만한 자리에 있는가?

SWAP 참여자들은 알지만 오랫동안 한 명의 남편과 결혼생활을 한 여성들이 모르는 가장 중요한 사실은 WAS가 가능하다는 것이다. 나와 상담치료를 하는 여성들은 많은 경우 "내 남편이 불륜을 저지를 리가 없어요. 내가 알아요. 그는 그럴 사람이 아니에요."라며 분명한 증거들을 무시했다. 갑자기 아내의 사소한 행동 하나하나를 못마땅해하면서 회사 여직원의 장점을 칭찬하는 남자들. 하키 경기는 11시에 끝났는데도 스포츠 바에 새벽 네 시까지 머무르다가 그 뒤로는 휴대 전화가 꺼져 연락이 되지 않는 남자들. 낡아 빠진 바지만 입다가 갑자기 옷장의 내용물 전체를 메이커로 바꾸겠다는 남자들. 이 일을 한 번 겪었던 여성들이라면 뭔가가 잘못됐다는 것을 금세 알아챌 것이다. 용기가 필요한 일이지만, 만약 증거들이 눈앞에 있다면, 당신 남편의 외도 가능성을 열어 두어야 한다. 심호흡을 깊게 하고 상황을 정면으로 바라보자.

만약 그러한 분명한 증거들이 없는 경우에 결혼생활을 지켜 내기 위해서 할 수 있는 일은 무엇인가? 두 가지가 있다. 첫째는 때때로 남편과 대화를 나누고 '우리 어때?'라는 질문을 던져라. 버림받은 여성들 중 많은 경우는 모든 일이 잘 돌아가고 있다고 너무나 확신한 나머지 정말로 그런 질문을 한 번도 하지 않았다. 두 번째는 남편이 하는 모든 불평을 진지하게 받아들이라는 것이다. 때때로 남편은 그의 불만을 최소화하거나, 또는 제기된 쟁점이 너무 사소해 보이는 나머지 그것이 남편에게 얼마나 중요한 문제인지 아내가 인식하지 못한다는 것이다.

SWAP 연구는 도망친 남편들 스스로가 작성한 설문지를 포함하고 있는데, 조나단은 여기서 그가 떠나기 전 11년간의 결혼생활에서의 역학 관계에 대한 아주 흥미로운 해설을 제공한다.

이 모든 일을 통해 내가 배운 건 어떤 커플이 자기들은 싸우지 않는다고 말할 때 그건 아마 나쁜 조짐이리라는 사실입니다. 우리도 절대 싸우지 않았어요. 나는 남자와 여자가 서로 다른 목적을 위해 의사소

통한다고 생각합니다. 여자들은 문제나 쟁점에 대해 이야기할 때 그 것에 대해 이야기를 나눔으로써 인정받는 느낌을 받기를 원하죠. 그 런데 남자들은 문제를 해결하기 위해 이야기합니다. 어느 것이 더 낫 다고 말하는 게 아니에요. 내가 보기엔 그냥 그렇다는 거죠. 그래서 내가 내 입장을 이야기했고 아무것도 바뀌지 않았을 때 얼마 후 난 그냥 신경과 관심을 꺼 버렸어요.

남자들은 자기의 감정에 대해 잘 얘기하지 않아요. 그렇지만 얘기를 한다면, 그 후 뭔가 일이 일어나기를 바랍니다. 제 아내는 이렇게 말 했어요. "만약 당신이 화가 났다면 왜 나한테 소리치지 않았어?" 나 는 내가 무언가 말하고 있었다면, 아내가 제 말을 들어야 하고 그다 음엔 행동으로 나타나야 한다고 생각했던 거죠.

특히 몇십 년을 결혼생활을 한 부부의 경우에는 서로가 서로를 너무 잘 아는 나머지 배우자에 대해 깊이 생각해 볼 필요가 없다고 믿는다. 배우자를 당연시하게 되는 것이다. 도망친 남편들은 아마 그들의 걱정을 매우 소극적으로 표현했을 것이고, 그들이 결혼생 활에서 느꼈던 불만은 아내의 눈에 잘 띄지 않았을 것이다. 조나단 의 아내는 "당신은 왜 화가 났는데도 나한테 소리치지 않았어?"라 고 물었다. 이에 대한 대답은 그가 감정적으로 이미 단절되어 있었 고 그녀가 그 사실을 전혀 몰랐다는 것이다.

여성들은 좋은 사람들과 교류함으로써 결혼생활의 문제에서 자 신을 보호할 수 있다. 우리는 모두 다양한 수준에서의 관계들을 유 지할 필요가 있다. 그래야 결혼생활이 붕괴되거나, 남편이 갑작스럽게 세상을 떠났다 할지라도 이미 당신의 네트워크의 일부인 사람들의 도움을 받을 수 있기 때문이다. 나는 우정이라는 가치를 중요하게 생각하며, 친구, 이웃에게 도움을 주고 격려를 해 주는 것이 좋다.

여성들은 또한 집안의 경제적 상황에 대해서도 잘 알고 있어야 하며, 스스로 먹고 살 수 있을 정도의 수단을 가져야 한다. 아내들은 은행 업무, 자동차 관리 등 가계를 운영하는 데 필수적인 일들을 할 줄 알아야 한다. 여성이 가계를 운영하며 일어나는 일들을 남편이 모두 관리하리라고 여기고 그에 의지할 수 있었던 시대는 이미 오래 전 지나가 버렸다.

부록 B
갑작스럽게 버림받은 아내들
프로젝트(SWAP) 설문지

안녕하세요! 저는 '아내를 버리는 현상', 즉 문제가 있었다는 것을 알지도 못했는데 남편으로부터 결혼생활이 끝났다는 통보를 받는, 끔찍한 경험을 연구하는 가족 상담자이자 연구자입니다. 이 연구의 목적은 남성들로 하여금 사전 경고도 없이 아내를 떠나게 하는 동기들을 분석하고, 그로 인해 생기는 감정들을 이해하고, 여성들이 어떻게 그 경험을 견디고 그것으로부터 회복하는지 배우기 위해서입니다.

설문지를 작성하고 돌려줌으로써, 당신은 이 주제에 대한 책의 준비와 홍보를 위해 당신의 답변들이 사용되는 것에 동의를 표시하게 됩니다. 개인정보는 밝혀지지 않을 것이니 걱정하지 마십시오.

참여하기 위해서 당신은 다음의 조건을 충족해야 합니다.

- 장기적 결혼관계가 있었던 여성이다.
- 자신의 결혼생활이 비교적 건강하다고 믿었다.
- 당신의 배우자가 떠나려는 계획이 있었다는 걸 그 일이 일어나기 전에는 알지 못했다.
- 결혼생활이 갑자기 끝났다.

이 연구에 대한 당신의 참여에 깊이 감사드리며 자신의 이야기를 함으로써 자유로워지고 치유받기를 바라겠습니다. 시작하기 전에, 물 한 잔이나 다른 마실 것을 옆에 두고 좋은 음악을 틀고, 결혼생활의 끝에 대해 무언가 새로운 것을 이해하기 위해 자리 잡고 앉으십시오. 숨 쉬는 것도 잊지 마시구요!

매우 감사드립니다.
비키 스타크

1. 거주지는 어디입니까? 이 연구에 대해 어떻게 알게 되었습니까?
2. 당신의 나이와 직업은 무엇입니까?
3. 남편의 나이와 직업은 무엇이었습니까?
4. 결혼생활이 얼마나 지속되었습니까?
5. 관계가 끝난 지는 얼마나 됐습니까?
6. 그 관계, 혹은 그 전의 관계에서 아이들이 있었습니까? 결혼생활이 끝날 때 아이들의 나이는 몇 살이었습니까?

7. 끝났다는 사실을 알기 전에 당신의 결혼생활을 어떻게 말하곤 했습니까?

8. 부부관계에 대해 배우자와 어느 정도까지 의논했으며 갈등의 주제는 주로 어떤 것들이었습니까?

9. 전 배우자의 성격을 어떻게 설명하시겠습니까?

10. 부부관계의 끝에 대해 어떻게 알게 되었는지, 그 이유로 무엇이 제시되었는지 자세하게 얘기해 주십시오.

11. 그 소식을 들었을 때 어떤 생각을 했고 무엇을 느꼈는지 기억하십니까?

12. 관계가 끝났다는 걸 알고 난 뒤, 둘 중 한 명이 집에서 나가는데 얼마나 걸렸습니까?

13. 첫 6개월에서 8개월에 어떤 감정을 제일 자주 느꼈습니까? (절망, 분노, 집착, 공포, 우울, 수치, 안도, 후회, 짜증, 관용, 확고함, 혼란, 증오, 트라우마, 갈망, 외로움, 그 외)

14. 고통에 어떻게 대처했습니까?

15. 복수에 대한 환상이 있었습니까? 혹은 전 배우자에게 상처를 주기 위해 실제로 무언가를 했습니까?

16. 제일 힘들었던 부분은 무엇이었습니까? 마음속 가장 어두웠던 부분은?

17. 자신이 한 제일 정신 나간 행동은 무엇이었습니까?

18. 회복과정에서 전환점이 있었습니까?

19. 버림받았다는 사실에 신체적인 영향을 받았습니까? (몸무게 변화, 불면증, 건강 관련 문제, 항우울제, 과음, 혹은 마약 사용, 위험한 행

동, 그 외)

20. 남편이 그러한 방식으로 떠난 것에 대한 당신의 가설은 무엇입니까?

21. 이 경험 때문에 스스로에 대한 당신의 감정이 바뀌었습니까? 어떻게 바뀌었습니까?

22. 당신이 갖고 있던 당신의 결혼생활 이미지에 이 사건이 어떻게 작용했습니까?

23. 이 사건이 인간과 세상 전반에 대한 당신의 믿음에 영향을 끼쳤습니까? 여성이나 남성에 대한 믿음에는?

24. 남편이 성장하면서 그의 어머니와 어떤 관계를 맺었습니까?

25. 남편이 성장하면서 그의 아버지와 어떤 관계를 맺었습니까?

26. 관계에서 당신이 얼마만큼이나 보호자 역할을 했다고 생각하십니까?

27. 되돌아봤을 때, 그 사건에 대한 징조를 발견할 수 있었습니까? 무엇입니까?

28. 그 사건의 타이밍이 당신의 인생에서 어떤 특별히 중요한 일과 일치합니까?

29. 만약 불륜이 있었다면, 그것에 대해 어떻게 알게 되었습니까? 불륜이 있었다는 점이 당신에게 어떻게 작용했습니까? 불륜 상대는 어떤 사람이었습니까?

30. 만약 아이들이 있었다면, 그들은 어떤 식으로 연루되었습니까? 아이들에게 어떤 영향을 미쳤습니까?

31. 가족과 친구들이 했던 말이나 행동 중 도움이 되었거나 상처

가 되었던 것들에 대해 자세히 말씀해 주십시오. 그들은 어떤 역할을 맡았습니까?

32. 상담을 받으러 갔습니까? 상담자가 당신이 겪고 있는 상황을 이해한다고 느꼈습니까?

33. 힘든 상황을 헤쳐 나가기 위해서 자신에게 어떤 행동과 말을 했습니까? 당신에게 도움이 되었던 것은 무엇입니까? 자신만의 비법이 있었습니까?

34. 관계를 끝냄으로써 생기는 긍정적인 일들이 있었습니까? 만약 있었다면, 언제 그것을 느꼈습니까?

35. 그 사건 이후 당신의 인생이 어떻게 달라졌습니까?

36. 최근에 버림받은 다른 여성들에게 해 주고 싶은 조언은 무엇입니까?

37. 남편과 현재 어떤 관계입니까?

38. 완전히 회복되었고 이제 그것이 과거의 일이라고 느낍니까?

39. 남편을 다시 받아 줄 의향이 있습니까?

40. 덧붙일 말이 있다면?

감사합니다!

이제, 심호흡을 깊게 하고 즐거운 것들에 대해 생각하세요.

자신을 사랑하세요!

부록 C
SWAP 참여자들에게 힘이 되었던 노래

- 2 the Left - Beyoncé
- Before He Cheats - Carrie Underwood
- Better Things - The Kinks
- Big Girls Don't Cry - Fergie
- Billy - James Blunt
- Change - Tracy Chapman
- Closer to Fine - The Indigo Girls
- Every rose Has Its Thorn - Poison
- Far Away - Nickelback
- Gone, Gone, Gone - Robert Plant and Allison Klauss
- Goodbye My Lover - James Blunt
- Hallelujah - Leonard Cohen
- Hit 'Em Up Style - Blu Cantrell
- I Will Survive - Gloria Gaynor
- I'm Still Standing - Elton John
- Just Can's Last - Natalie Merchant
- Karma - Alicia Keys
- Landslide - The Dixie Chicks
- Last Day of Our Acquaintance - Sinéad O'Connor
- Leave (Get Out) - Jojo
- Life is Sweet - Natalie Merchant
- Me - Paula Cole
- Monkey Wrench - Foo Fighters
- Morphine - The Rolling Stones
- My Happy Ending - Avril Lavigne
- My Immortal - Evanescence

- Never again - Pink
- Not In this Life - Natalie Merchant
- Not Ready to Make Nice - The Dixie Chicks
- Off the Hook - Barenaked Ladies
- On My Own - Patti LaBelle
- On My Own - Whitney Houston
- Only a Memory - Garth Brooks
- Over You - Chris Daughtry
- Pictures - Sheryl Crow
- Question - The Moody Blues
- Right Now - Carrie Underwood
- Since U Been Gone - Kelly Clarkson
- Smile - Lilly Allen
- Strength, Courage and Wisdom - India Arie
- Taking the Long Way - the Dixie Chicks
- Tubthumping - Chumbawamba
- Water of Love - Dire Straits
- White Flag - Dido
- Why - Annie Lennox
- Wild Women Don't Get the Blues - Lyle Lovett
- You Learn - Alanis Morrisette
- You Oughta Know - Alanis Morrisette
- You Were Meant for Me - Jewel
- Your Love is a Lie - Simple Plan
- You've Got a Friend - Carole King

저자 소개

Vikki Stark

30년 이상 수많은 사람을 상담한 부부 및 가족 상담자, 가족치료사, 교육자다. 뉴욕에서 태어나 컬럼비아 대학교에서 심리학을 전공하였고, 현재는 캐나다 몬트리올에 거주하며 세도나상담센터(Sedona Counseling Center)의 센터장을 맡고 있다. *Psychology Today Magazine*에 '결별 후 고통의 여정(Schlepping through Heartbreak)'이라는 블로그를 운영하고 있다.

*My Sister, My Self*라는 저서를 통하여 여성의 삶에 자매관계가 어떤 영향을 미치는지를 다루었으며, *Divorce: How to Tell the Kids*를 출판하여 자녀에게 부모의 이혼을 어떻게 전달할지에 대한 지침을 제공하고 있다. 'Runaway Husbands'라는 원제를 가진 이 책은 21년간의 안정적인 결혼생활을 하던 중 어느 날 갑자기 남편이 "이제 우리 관계는 끝났어."라는 말을 한 후 자신을 떠나 버린, 충격적이고 고통스러운 실제 경험을 다루고 있다.

역자 소개

서미아(Seo Mi-a)

부부 및 가족 상담 전문가이며, 지난 20여 년간 부부갈등, 청소년 자녀로 인한 가족갈등, 이혼위기, 정신장애가 있는 개인, 부부, 가족을 대상으로 상담을 해 왔다. '서울가정법원 이혼전문 상담위원' '여성가족부 공정사회위원회 위원' '정부업무평가 자문위원' 등을 역임하였다. 현재는 단국대학교 단국가족사랑상담실 실장이며, EBS 〈부부가 달라졌어요〉의 전문상담위원으로 출연 중이다. 국제정서중심치료학회(International Center for Excellence in Emotionally Focused Therapy) 정회원으로 활동하고 있으며, 부부 및 가족을 대상으로 정서중심상담을 실시하고 있다. 「중년기 부부갈등이 부부적응에 미치는 영향」 「애착손상을 경험한 유방암 여성의 부부친밀감 및 정신건강에 대한 용서의 매개효과」 「이혼위기 부부에 대한 정서중심집단치료 효과」 등 다수의 논문을 저술하였으며, 『삶과 꿈 그리고 직업』 『전문적 정신상담기술』 등의 저서가 있다.

버림받음, 고통 그리고 회복
-여성을 위한 회복 안내서-

Runaway Husbands
The Abandoned Wife's Guide to Recovery and Renewal

2016년 2월 15일 1판 1쇄 인쇄
2016년 2월 25일 1판 1쇄 발행

지은이 • Vikki Stark
옮긴이 • 서미아
펴낸이 • 김진환
펴낸곳 • (주) **학지사**

04031 서울특별시 마포구 양화로 15길 20 마인드월드빌딩
대표전화 • 02)330-5114   팩스 • 02)324-2345
등록번호 • 제313-2006-000265호

홈페이지 • http://www.hakjisa.co.kr
페이스북 • https://www.facebook.com/hakjisa

ISBN 978-89-997-0797-1 03180

정가 14,000원

인터넷 학술논문 원문 서비스 **뉴논문** www.newnonmun.com

이 도서의 국립중앙도서관 출판시도서목록(CIP)은 서지정보유통지
원시스템 홈페이지(http://seoji.nl.go.kr)와 국가자료공동목록시스템
(http://www.nl.go.kr/kolisnet)에서 이용하실 수 있습니다.
(CIP제어번호: 2015024017)